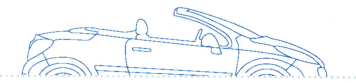

| | |
|---|---|
| 工单 1　离合器检修 | 1 |
| （二）技能操作 | 1 |
| 项目 1　离合器的维护与检查 | 1 |
| 项目 2　离合器的拆检 | 3 |
| 项目 3　离合器打滑故障诊断 | 5 |
| 工单 2　手动变速器检修 | 7 |
| （二）技能操作 | 7 |
| 项目 1　手动变速器的保养与维护 | 7 |
| 项目 2　变速器渗漏油的检查 | 9 |
| 工单 3　自动变速器检修 | 11 |
| （二）技能操作 | 11 |
| 项目 1　自动变速器维护 | 11 |
| 项目 2　自动变速器调整 | 13 |
| 项目 3　自动变速器故障诊断与维修 | 15 |
| 工单 4　车桥检修 | 19 |
| （二）技能操作 | 19 |
| 项目 1　车桥维护检查 | 19 |
| 项目 2　更换传动轴防护罩 | 20 |
| 项目 3　大修前驱动轮毂 | 22 |
| 工单 5　车轮与悬架检修 | 24 |
| （二）技能操作 | 24 |
| 项目 1　轮胎维护与检修 | 24 |
| 项目 2　前减震器维修 | 25 |

  项目3 后减震器维修 …………………………………………………… 27
  项目4 后悬架纵臂维修 ………………………………………………… 30
  项目5 四轮定位检测与调整 …………………………………………… 31

## 工单6 转向系统检修 …………………………………………………… 34
 （二）技能操作 ……………………………………………………………… 34
  项目1 转向系统维护 …………………………………………………… 34
  项目2 转向分配阀的检修 ……………………………………………… 36
  项目3 转向柱的检修 …………………………………………………… 37

## 工单7 制动系统检修 …………………………………………………… 39
 （二）技能操作 ……………………………………………………………… 39
  项目1 制动液的检查与更换 …………………………………………… 39
  项目2 检查调整驻车制动器 …………………………………………… 41
  项目3 更换制动灯开关 ………………………………………………… 42
  项目4 更换后轮毂轴承 ………………………………………………… 43

# 工单 1
## 离合器检修

### (二) 技能操作

#### 项目1　离合器的维护与检查

(1) 离合器的维护与检查作业表如表 1-1 所示。

表 1-1　离合器的维护与检查作业表

| 姓名 | | 班级 | | 学号 | | 组别 | |
|---|---|---|---|---|---|---|---|
| 车型 | | 变速器型号 | | 作业单号 | | 作业日期 | |
| 检测项目 | | | | 检测情况记录 | | | |
| 离合器液位 | | | | | | | |
| 液体渗漏 | | | | | | | |
| 踏板是否回弹无力 | | | | | | | |
| 踏板是否有异常噪声 | | | | | | | |
| 踏板是否过度松动 | | | | | | | |
| 踩制动踏板是否感觉沉重 | | | | | | | |
| 踏板高度 | | | | | | | |
| 踏板行程 | | | | | | | |
| 离合器分离点 | | | | | | | |
| 离合器是否有噪声 | | | | | | | |
| 离合器是否沉重 | | | | | | | |
| 离合器是否磨损 | | | | | | | |
| 结论 | | | | | | | |
| 建议处理意见 | | | | | | | |

(2) 检查踏板自由行程作业表如表 1-2 所示。

表1-2　检查踏板行程作业表

| 学生姓名 | | 车型 | | 踏板标准行程 | |
|---|---|---|---|---|---|
| 测量前准备 ||||||
| 踏板处于静止位置 L1 | | | 将踏板踩到底 L2 | | |
| 测量后计算 ||||||
| 踏板行程 X | | $X = L2 - L1$<br>$X =$ ||||
| 测量值和标准值对比结论：<br>（行程过大、行程过小和符合标准。怎样进行调整？） | |||||

（3）离合器的维护与检查项目评分表如表1-3所示。

表1-3　离合器的维护与检查项目评分表

| 基本信息 | 姓名 | | 学号 | | 班级 | | 组别 | |
|---|---|---|---|---|---|---|---|---|
| | 规定时间 | 30 min | 完成时间 | | 考核日期 | | 总评成绩 | |
| 任务工单 | 序号 | 步骤 || 完成情况 || 标准分 | 评分 |
| | | | | 完成 | 未完成 | | |
| | 1 | 考核准备：<br><br>材料：<br><br>工具：<br><br>设备： | | | | 10 | |
| | 2 | 检查离合器液位 | | | | 5 | |
| | 3 | 检查液体渗漏 | | | | 5 | |
| | 4 | 检查离合器踏板性能（回弹力、异常噪声、过度松动） | | | | 10 | |
| | 5 | 检查踏板高度 | | | | 5 | |
| | 6 | 测量、检查踏板行程 | | | | 5 | |
| | 7 | 离合器分离点 | | | | 15 | |
| | 8 | 离合器是否有噪声 | | | | 10 | |
| | 9 | 离合器是否沉重 | | | | 5 | |
| | 10 | 离合器是否磨损 | | | | 5 | |

续表

| 基本信息 | 姓名 | | 学号 | | 班级 | | 组别 | |
|---|---|---|---|---|---|---|---|---|
| | 规定时间 | 30 min | 完成时间 | | 考核日期 | | 总评成绩 | |
| 安全 | | | | | | | 5 | |
| 5S | | | | | | | 5 | |
| 团队协作 | | | | | | | 5 | |
| 沟通表达 | | | | | | | 5 | |
| 工单填写 | | | | | | | 5 | |

## 项目 2　离合器的拆检

（1）离合器的拆检作业表如表 1-4 所示。

表 1-4　离合器的拆检作业表

| 姓名 | | 班级 | | 学号 | | 组别 | |
|---|---|---|---|---|---|---|---|
| 车型 | | 变速器型号 | | 作业单号 | | 作业日期 | |
| 操作项目 | | | | 操作结果 | | | |
| 拆卸离合器 | | | | | | | |
| 检查损坏或有刮痕的飞轮面 | | | | | | | |
| 检查磨损的飞轮 | | | | | | | |
| 检查起动机环形齿轮 | | | | | | | |
| 检查曲轴油封 | | | | | | | |
| 检查限位导向套油封 | | | | | | | |
| 是否标记离合器和飞轮的相对位置（如果重新使用盖罩） | | | | | | | |
| 安装离合器片时，带有数码 PSA XXX XXX 80 的一面必须在变速器一侧 | | | | | | | |
| 操作完后状况 | | | | | | | |
| 结论 | | | | | | | |
| 建议处理意见 | | | | | | | |

（2）离合器的拆检项目评分表如表 1-5 所示。

表 1-5　离合器的拆检项目评分表

| 基本信息 | 姓名 | | 学号 | | 班级 | | 组别 | |
|---|---|---|---|---|---|---|---|---|
| | 规定时间 | 30 min | 完成时间 | | 考核日期 | | 总评成绩 | |
| 任务工单 | 序号 | 步骤 | | 完成情况 | | 标准分 | 评分 |
| | | | | 完成 | 未完成 | | |
| | 1 | 考核准备：<br><br>材料：<br><br>工具：<br><br>设备： | | | | 10 | |
| | 2 | 拆卸离合器 | | | | 10 | |
| | 3 | 检查损坏或有刮痕的飞轮面 | | | | 5 | |
| | 4 | 检查磨损的飞轮 | | | | 5 | |
| | 5 | 检查起动机环形齿轮 | | | | 5 | |
| | 6 | 检查曲轴油封 | | | | 10 | |
| | 7 | 检查限位导向套油封 | | | | 10 | |
| | 8 | 是否标记离合器和飞轮的相对位置（如果重新使用盖罩） | | | | 10 | |
| | 9 | 安装离合器片时，带有数码 PSA XXX XXX 80 的一面必须在变速器一侧 | | | | 10 | |
| 安全 | | | | | | 5 | |
| 5S | | | | | | 5 | |
| 团队协作 | | | | | | 5 | |
| 沟通表达 | | | | | | 5 | |
| 工单填写 | | | | | | 5 | |

## 项目3　离合器打滑故障诊断

（1）离合器打滑故障诊断作业表如表1-6所示。

表1-6　离合器打滑故障诊断作业表

| 姓名 | | 班级 | | 学号 | | 组别 | |
|---|---|---|---|---|---|---|---|
| 车型 | | 离合器类型 | | 作业单号 | | 作业日期 | |
| 故障原因分析 | | | | | | | |
| 故障诊断方法及步骤 | 检查项目 | | | | | | 检查结果 |
| | 检查离合器踏板自由行程或离合器踏板行程 | | | | | | |
| | 检查分离轴承的回位情况及分离杠杆的高度 | | | | | | |
| | 检查离合器盖固定螺栓是否松动 | | | | | | |
| | 检查摩擦片是否磨损过大或沾有油污 | | | | | | |
| | 检查压紧弹簧是否损坏或弹力不足 | | | | | | |
| | 检查压盘、飞轮的工作表面的平面度误差 | | | | | | |
| | 检查发动机支座是否松动、移位 | | | | | | |
| 结论 | | | | | | | |
| 建议解决故障方法 | | | | | | | |

（2）离合器打滑故障诊断项目评分表如表1-7所示。

表1-7 离合器打滑故障诊断项目评分表

| 基本信息 | 姓名 | | 学号 | | 班级 | | 组别 | |
|---|---|---|---|---|---|---|---|---|
| | 规定时间 | 30 min | 完成时间 | | 考核日期 | | 总评成绩 | |
| 任务工单 | 序号 | 步骤 | | 完成情况 | | 标准分 | 评分 |
| | | | 完成 | 未完成 | | |
| | 1 | 考核准备：<br><br>材料：<br><br>工具：<br><br>设备： | | | 20 | |
| | 2 | 检查离合器踏板自由行程或离合器踏板行程 | | | 10 | |
| | 3 | 检查分离轴承的回位情况及分离杠杆的高度 | | | 5 | |
| | 4 | 检查离合器盖固定螺栓是否松动 | | | 5 | |
| | 5 | 检查摩擦片是否磨损过大或沾有油污 | | | 5 | |
| | 6 | 检查压紧弹簧是否损坏或弹力不足 | | | 10 | |
| | 7 | 检查压盘、飞轮的工作表面的平面度误差 | | | 10 | |
| | 8 | 检查发动机支座是否松动、移位 | | | 10 | |
| 安全 | | | | | 5 | |
| 5S | | | | | 5 | |
| 团队协作 | | | | | 5 | |
| 沟通表达 | | | | | 5 | |
| 工单填写 | | | | | 5 | |

# 工单 2

## 手动变速器检修

### （二）技能操作

**项目1　手动变速器的保养与维护**

（1）手动变速器的保养与维护作业表如表2-1所示。

表2-1　手动变速器的保养与维护作业表

| 姓名 | | 班级 | | 学号 | | 组别 | |
|---|---|---|---|---|---|---|---|
| 车型 | | 变速器型号 | | 作业单号 | | 作业日期 | |
| 检测项目 | | | | 检测情况记录 | | | |
| 变速器换挡杆换挡情况 | | | | | | | |
| 变速器油液位 | | | | | | | |
| 变速器油液更换量 | | | | | | | |
| 油液渗漏情况 | | | | | | | |
| 驱动轴防护罩 | | | | | | | |
| 变速器盖有无变形、裂纹、破损 | | | | | | | |
| 齿面金属是否剥落、磕伤、折断 | | | | | | | |
| 互锁、自锁及倒挡锁弹簧有无锈蚀、断裂 | | | | | | | |
| 同步器是否磨损或弹簧安装是否正确 | | | | | | | |
| 密封垫圈、油封是否漏装或损坏 | | | | | | | |
| 变速杆下端工作面或换挡拨叉导块是否磨损 | | | | | | | |
| 齿轮与齿轮轴键槽是否磨损 | | | | | | | |
| 结论 | | | | | | | |
| 建议处理意见 | | | | | | | |

（2）手动变速器的保养与维护项目评分表如表 2-2 所示。

表 2-2　手动变速器的保养与维护项目评分表

| 基本信息 | 姓名 | | 学号 | | 班级 | | 组别 | |
|---|---|---|---|---|---|---|---|---|
| | 规定时间 | 30 min | 完成时间 | | 考核日期 | | 总评成绩 | |
| 任务工单 | 序号 | 步骤 | | 完成情况 | | 标准分 | 评分 | |
| | | | | 完成 | 未完成 | | | |
| | 1 | 变速器换挡杆换挡情况 | | | | 10 | | |
| | 2 | 变速器油液位 | | | | 5 | | |
| | 3 | 变速器油更换量 | | | | 5 | | |
| | 4 | 油液渗漏情况 | | | | 5 | | |
| | 5 | 驱动轴防护罩 | | | | 5 | | |
| | 6 | 变速器盖有无变形、裂纹、破损 | | | | 5 | | |
| | 7 | 金属齿面是否剥落、磕伤、折断 | | | | 5 | | |
| | 8 | 互锁、自锁及倒挡锁弹簧有无锈蚀、断裂 | | | | 5 | | |
| | 9 | 同步器是否磨损或弹簧安装是否正确 | | | | 5 | | |
| | 10 | 密封垫圈、油封是否漏装或损坏 | | | | 5 | | |
| | 11 | 变速杆下端工作面或换挡拨叉导块是否磨损 | | | | 5 | | |
| | 12 | 齿轮与齿轮轴键槽是否磨损 | | | | 5 | | |
| 安全 | | | | | | 5 | | |
| 5S | | | | | | 5 | | |
| 沟通表达 | | | | | | 5 | | |
| 工单填写 | | | | | | 10 | | |
| 结论填写 | | | | | | 10 | | |

## 项目 2　变速器渗漏油的检查

(1) 变速器渗漏油的检查作业表如 2-3 所示。

表 2-3　变速器渗漏油的检查作业表

| 姓名 | | 班级 | | 学号 | | 组别 | |
|---|---|---|---|---|---|---|---|
| 车型 | | 变速器类型 | | 作业单号 | | 作业日期 | |
| 故障原因分析 | | | | | | | |
| 故障诊断方法及步骤 | | 检查项目 | | | 检查结果 | | |
| | | 检查判断漏油部位 | | | | | |
| | | 将车辆上举升机举起，拆发动机下护板（根据车型装备） | | | | | |
| | | 清理清洁油污 | | | | | |
| | | 由变速器通气塞口加注适量的专用荧光剂（ZQ92276480）到变速器油中 | | | | | |
| | | 根据渗漏油量，试车 3~5 km | | | | | |
| | | 将车辆上举升机举起，戴上检漏专用眼镜和荧光灯寻找渗漏油源 | | | | | |
| | | 若渗漏油源不够清晰，再试车 10 km 左右；确认渗漏油部位后，按照售后维修工艺处理 | | | | | |
| 结论 | | | | | | | |
| 建议解决故障方法 | | | | | | | |

（2）变速器渗漏油的检查项目评分表如表2-4所示。

表 2-4 变速器渗漏油的检查项目评分表

| 基本信息 | 姓名 | | 学号 | | 班级 | | 组别 | |
|---|---|---|---|---|---|---|---|---|
| | 规定时间 | 30 min | 完成时间 | | 考核日期 | | 总评成绩 | |
| 任务工单 | 序号 | 步骤 | | 完成情况 | | 标准分 | 评分 | |
| | | | | 完成 | 未完成 | | | |
| | 1 | 考核准备：设备、工具的准备 | | | | 5 | | |
| | 2 | 判断油封位置 | | | | 5 | | |
| | 3 | 拆卸护板 | | | | 5 | | |
| | 4 | 清洁油污，加注荧光剂 | | | | 10 | | |
| | 5 | 试车 3~5 km 确定渗油量 | | | | 10 | | |
| | 6 | 戴专用眼镜，利用荧光灯查找渗漏部位 | | | | 10 | | |
| | 7 | 排除，否则再试车 10 km | | | | 10 | | |
| | 8 | 整理工具，清理现场 | | | | 10 | | |
| 安全 | | | | | | 5 | | |
| 5S | | | | | | 5 | | |
| 沟通表达 | | | | | | 5 | | |
| 工单填写 | | | | | | 10 | | |
| 结论填写 | | | | | | 10 | | |

# 工单 3 自动变速器检修

(二) 技能操作

项目1 自动变速器维护

(1) 自动变速器维护作业表如表 3-1 所示。

表 3-1 自动变速器维护作业表

| 姓名 | | 班级 | | 学号 | | 组别 | |
|---|---|---|---|---|---|---|---|
| 车型 | | 作业项目 | | 作业单号 | | 作业日期 | |
| 操作项目与结果 | 操作项目 | | | | 操作结果 | | |
| | 故障诊断仪读取故障信息 | | | | | | |
| | 检查条件准备 | | | | | | |
| | 加油操作 | | | | | | |
| | 放油操作 | | | | | | |
| | 液位高度检查判断 | | | | | | |
| | 油液损耗计数值调整 | | | | | | |
| | 自动变速器检查操作 | | | | | | |
| | 油门踏板初始化操作 | | | | | | |
| | 车辆运行状况复查 | | | | | | |
| 结论 | | | | | | | |
| 建议解决方法 | | | | | | | |

（2）自动变速器维护项目评价表如表3-2所示。

表3-2 自动变速器维护项目评价表

| 基本信息 | 姓名 | | 学号 | | 班级 | | 组别 | |
|---|---|---|---|---|---|---|---|---|
| | 规定时间 | 30 min | 完成时间 | | 考核日期 | | 总评成绩 | |

| | 序号 | 步骤 | 完成情况 | | 标准分 | 评分 |
|---|---|---|---|---|---|---|
| | | | 完成 | 未完成 | | |
| 任务工单 | 1 | 考核准备：<br><br>材料：<br><br>工具：<br><br>设备： | | | 10 | |
| | 2 | 故障诊断仪读取故障信息 | | | 5 | |
| | 3 | 检查条件准备 | | | 5 | |
| | 4 | 加油操作 | | | 10 | |
| | 5 | 放油操作 | | | 10 | |
| | 6 | 液位高度检查判断 | | | 10 | |
| | 7 | 油液损耗计数值调整 | | | 10 | |
| | 8 | 油门踏板初始化操作 | | | 10 | |
| | 9 | 车辆运行状况复查 | | | 5 | |
| 安全 | | | | | 5 | |
| 5S | | | | | 5 | |
| 团队协作 | | | | | 5 | |
| 沟通表达 | | | | | 5 | |
| 工单填写 | | | | | 5 | |

## 项目 2　自动变速器调整

（1）自动变速器调整作业表如表 3-3 所示。

表 3-3　自动变速器调整作业表

| 姓名 | | 班级 | | 学号 | | 组别 | |
|---|---|---|---|---|---|---|---|
| 车型 | | 作业项目 | | 作业单号 | | 作业日期 | |
| 操作项目与结果 | 操作项目 | | | | 操作结果 | | |
| | 考核准备 | | | | | | |
| | 内部选挡控制机构调整 | | | | | | |
| | 多功能开关调整 | | | | | | |
| | 拉索的调整 | | | | | | |
| | 车辆运行状况复查 | | | | | | |
| 结论 | | | | | | | |
| 建议解决方法 | | | | | | | |

（2）自动变速器调整项目评价表如表3-4所示。

表3-4 自动变速器调整项目评价表

| 基本信息 | | 姓名 | | 学号 | | 班级 | | 组别 | |
|---|---|---|---|---|---|---|---|---|---|
| | | 规定时间 | 30 min | 完成时间 | | 考核日期 | | 总评成绩 | |
| 任务工单 | 序号 | 步骤 | | 完成情况 | | | | 标准分 | 评分 |
| | | | | 完成 | | 未完成 | | | |
| | 1 | 考核准备：<br><br>材料：<br><br>工具：<br><br>设备： | | | | | | 10 | |
| | 2 | 内部选挡控制机构调整 | | | | | | 20 | |
| | 3 | 多功能开关调整 | | | | | | 15 | |
| | 4 | 拉索的调整 | | | | | | 15 | |
| | 5 | 车辆运行状况复查 | | | | | | 15 | |
| 安全 | | | | | | | | 5 | |
| 5S | | | | | | | | 5 | |
| 团队协作 | | | | | | | | 5 | |
| 沟通表达 | | | | | | | | 5 | |
| 工单填写 | | | | | | | | 5 | |

## 项目 3　自动变速器故障诊断与维修

（1）自动变速器故障诊断与维修作业表如表 3-5 所示。

表 3-5　自动变速器故障诊断与维修作业表

| 学生姓名 | | | 作业日期 | |
|---|---|---|---|---|
| 车型 | | | | |
| 行驶里程 | | | | |
| VIN 号 | | | | |
| 车辆状态 | 车辆可行驶　□是　□否<br>"SIP"和"＊"灯交替闪烁　□是　□否<br>车辆只能用三挡行驶　□是　□否 | | | |
| 用户反映症状描述 | | | | |
| 变速器油检查 | 外观：□正常　　　　　□烧糊　　　　　□颜色非常深<br>油温 60°检查油面：　□正常　　　　　□不足　　　　　□太多<br>泄漏状况：□渗漏　　　□流<br>位置： | | | |
| 自动变速器油门踏板行程初始化了没有 | | | □是 | □否 |
| 变速器运行缺陷 | □抖动　　　　　　　　　　　　　　　　□不适当换挡<br>□打滑然后抖动　　　　　　　　　　　　□强制换挡工作<br>□打滑　　　　　　　　　　　　　　　　□不换挡<br>□N-D 或 N-R 挂挡反应迟缓　　　　　　　□前进挡不驱动<br><br>□在加挡时出现　　□突发　　□行驶中　　□停驶中<br>□在减挡时出现　　□冷态　　□热态　　　□偶尔<br>□逐渐变坏　　　　其他：<br>□在自动换挡时出现，是哪些挡；<br>□在手动变换操纵杆位置时出现，说明位置；<br>从 P 挡到 1 挡操纵杆位置时与仪表板显示是否一致　□是　□否 | | | |
| 噪声 | 速度：整车_____km/h　　　发动机_____r/min<br>出现的条件：□行驶中　　　□加速　　　□减速<br>噪声类型：□金属声　　　□摩擦声　　　□汽笛声　　　□周期性的 | | | |
| 用诊断仪读取故障诊断 | 发动机故障诊断： | | 自动变速器故障诊断： | |

续表

| 核对故障现象及故障发生的条件： |
| --- |
| 工作原理（信息流程示意图）分析： |
| 利用电路图分析可能的故障点： |
| 检测工具：<br><br><br>检测结果： |

续表

| 检测结果分析及维修故障： |
| --- |
|  |
| 功能恢复检查及维修总结： |
|  |
| 备注： |
|  |

（2）自动变速器故障诊断与维修项目评价表如表3-6所示。

表3-6  自动变速器故障诊断与维修项目评价表

| 基本信息 | 姓名 | | 学号 | | 班级 | | 组别 | |
|---|---|---|---|---|---|---|---|---|
| | 规定时间 | 60 min | 完成时间 | | 考核日期 | | 总评成绩 | |

| | 序号 | 步骤 | 完成情况 | | 标准分 | 评分 |
|---|---|---|---|---|---|---|
| | | | 完成 | 未完成 | | |
| 任务工单 | 1 | 考核准备：<br><br>材料：<br><br>工具：<br><br>设备： | | | 10 | |
| | 2 | 故障诊断仪的使用 | | | 10 | |
| | 3 | 管路压力检查与检查结果分析 | | | 10 | |
| | 4 | 故障情况分析 | | | 10 | |
| | 5 | 电路检查工具与结果 | | | 10 | |
| | 6 | 电路检测结果分析 | | | 10 | |
| | 7 | 功能恢复与维修 | | | 10 | |
| | 8 | 车辆运行状况复查 | | | 5 | |
| 安全 | | | | | 5 | |
| 5S | | | | | 5 | |
| 团队协作 | | | | | 5 | |
| 沟通表达 | | | | | 5 | |
| 工单填写 | | | | | 5 | |

# 工单 4
## 车桥检修

### (二) 技能操作

**项目 1　车桥维护检查**

(1) 车桥维护检查作业表如表 4-1 所示。

表 4-1　车桥维护检查作业表

| 姓名 | | 班级 | | 学号 | | 组别 | |
|---|---|---|---|---|---|---|---|
| 车型 | | 作业项目 | | 作业单号 | | 作业日期 | |
| 检查项目与结果 | | 检查项目 | | | 检查结果 | | |
| 检查项目与结果 | | 检查前后轮毂轴承间隙 | | | | | |
| | | 三角臂球头（左、右各 1 处） | | | | | |
| | | 转向球头（左、右各 1 处） | | | | | |
| | | 横向稳定杆连接杆球头（左、右各 2 处） | | | | | |
| | | 检查三角臂（左、右各 2 处）弹性铰接间隙 | | | | | |
| | | 检查前后减震器弹性铰接间隙 | | | | | |
| | | 检查横向稳定杆（左右各 1 处）弹性铰接间隙 | | | | | |
| | | 传动轴（左右各 2 处）（转动检查） | | | | | |
| 结论 | | | | | | | |
| 建议解决方法 | | | | | | | |

（2）车桥维护检查项目评分表如表4-2所示。

表4-2 车桥维护检查项目评分表

| 基本信息 | 姓名 | | 学号 | | 班级 | | 组别 | |
|---|---|---|---|---|---|---|---|---|
| | 规定时间 | 30 min | 完成时间 | | 考核日期 | | 总评成绩 | |
| 任务工单 | 序号 | 步骤 | | 完成情况 | | 标准分 | 评分 | |
| | | | | 完成 | 未完成 | | | |
| | 1 | 检查前后轮毂轴承间隙 | | | | 10 | | |
| | 2 | 三角臂球头（左右各1处） | | | | 5 | | |
| | 3 | 转向球头（左右各1处） | | | | 5 | | |
| | 4 | 横向稳定杆连接杆球头（左右各2处） | | | | 10 | | |
| | 5 | 检查三角臂（左右各2处）弹性铰接间隙 | | | | 10 | | |
| | 6 | 检查前后减震器弹性铰接间隙 | | | | 10 | | |
| | 7 | 检查横向稳定杆（左右各1处）弹性铰接间隙 | | | | 5 | | |
| | 8 | 传动轴（左右各2处）（转动检查） | | | | 10 | | |
| 安全 | | | | | | 5 | | |
| 5S | | | | | | 5 | | |
| 沟通表达 | | | | | | 5 | | |
| 工单填写 | | | | | | 10 | | |
| 结论填写 | | | | | | 10 | | |

## 项目2 更换传动轴防护罩

（1）更换传动轴防护罩作业表如表4-3所示。

表4-3 更换传动轴防护罩作业表

| 姓名 | | 班级 | | 学号 | | 组别 | |
|---|---|---|---|---|---|---|---|
| 车型 | | 作业项目 | | 作业单号 | | 作业日期 | |
| 操作步骤 | 操作项目 | | | | | 操作结果 | |
| | 拆卸传动轴 | | | | | | |
| | 检查驱动轴 | | | | | | |
| | 清洁操作 | | | | | | |
| | 拆卸车轮端防护罩 | | | | | | |

续表

| 学生姓名 | | 班级 | | 学号 | | 组别 | |
|---|---|---|---|---|---|---|---|
| 车型 | | 作业项目 | | 作业单号 | | 日期 | |
| 操作步骤 | 操作项目 | | | | 操作结果 | | |
| | 安装车轮端防护罩 | | | | | | |
| | 拆卸变速器端防护罩 | | | | | | |
| | 安装变速器端防护罩 | | | | | | |
| | 安装传动轴 | | | | | | |
| | 操作完后状况 | | | | | | |
| 结论 | | | | | | | |
| 建议解决方法 | | | | | | | |

（2）更换传动轴防护罩项目评分表如表4-4所示。

表 4-4 更换传动轴防护罩项目评分表

| 基本信息 | 姓名 | | 学号 | | 班级 | | 组别 | |
|---|---|---|---|---|---|---|---|---|
| | 规定时间 | 90 min | 完成时间 | | 考核日期 | | 总评成绩 | |
| 任务工单 | 序号 | 步骤 | | 完成情况 | | 标准分 | 评分 |
| | | | | 完成 | 未完成 | | |
| | 1 | 拆卸传动轴 | | | | 10 | |
| | 2 | 检查驱动轴 | | | | 5 | |
| | 3 | 清洁操作 | | | | 10 | |
| | 4 | 拆卸车轮端防护罩 | | | | 10 | |
| | 5 | 安装车轮端防护罩 | | | | 5 | |
| | 6 | 拆卸变速器端防护罩 | | | | 10 | |
| | 7 | 安装变速器端防护罩 | | | | 5 | |
| | 8 | 安装传动轴 | | | | 10 | |
| | 9 | 操作完成后状况 | | | | 5 | |
| 安全 | | | | | | 5 | |
| 5S | | | | | | 5 | |
| 沟通表达 | | | | | | 5 | |
| 工单填写 | | | | | | 10 | |
| 结论填写 | | | | | | 5 | |

## 项目 3　大修前驱动轮毂

(1) 大修前驱动轮毂作业表如表 4-5 所示。

表 4-5　大修前驱动轮毂作业表

| 姓名 | | 班级 | | 学号 | | 组别 | |
|---|---|---|---|---|---|---|---|
| 车型 | | 作业项目 | | 作业单号 | | 作业日期 | |
| 操作步骤 | 操作项目 | | | | 操作结果 | | |
| | 拆卸前转向节 | | | | | | |
| | 清洁检查前转向节各机件 | | | | | | |
| | 分解前驱动轮毂 | | | | | | |
| | 清洁检查前驱动轮毂各机件 | | | | | | |
| | 组装前驱动轮毂 | | | | | | |
| | 安装前转向节 | | | | | | |
| | 定位与紧固扭矩操作 | | | | | | |
| | 大修完成后状况 | | | | | | |
| 结论 | | | | | | | |
| 建议解决方法 | | | | | | | |

（2）大修前驱动轮毂项目评分表如表4-6所示。

表4-6  大修前驱动轮毂项目评分表

| 基本信息 | 姓名 | | 学号 | | 班级 | | 组别 | |
|---|---|---|---|---|---|---|---|---|
| | 规定时间 | 90 min | 完成时间 | | 考核日期 | | 总评成绩 | |
| 任务工单 | 序号 | 步骤 | | 完成情况 | | 标准分 | 评分 | |
| | | | | 完成 | 未完成 | | | |
| | 1 | 拆卸前转向节 | | | | 10 | | |
| | 2 | 清洁检查前转向节各机件 | | | | 5 | | |
| | 3 | 分解前驱动轮毂 | | | | 10 | | |
| | 4 | 清洁检查前驱动轮毂各机件 | | | | 5 | | |
| | 5 | 组装前驱动轮毂 | | | | 10 | | |
| | 6 | 安装前转向节 | | | | 10 | | |
| | 7 | 定位与紧固扭矩操作 | | | | 10 | | |
| | 8 | 维修完成后技术状况 | | | | 5 | | |
| 安全 | | | | | | 5 | | |
| 5S | | | | | | 5 | | |
| 沟通表达 | | | | | | 5 | | |
| 工单填写 | | | | | | 10 | | |
| 结论填写 | | | | | | 10 | | |

工单 4  车桥检修

# 工单 5
## 车轮与悬架检修

### (二) 技能操作

#### 项目 1　轮胎维护与检修

(1) 轮胎维护与检修如表 5-1 所示。

表 5-1　轮胎维护与检修作业表

| 姓名 | | 班级 | | 学号 | | 组别 | |
|---|---|---|---|---|---|---|---|
| 车型 | | 作业项目 | | 作业单号 | | 作业日期 | |
| 检查项目与结果 | 检查项目 | | | 检查结果 | | | |
| | 轮胎维护检查操作 | 清洁 | | | | | |
| | | 目视检查状况 | | | | | |
| | | 测量花纹深度、胎压、螺检扭矩 | | | | | |
| | 轮胎动平衡检测 | 检测前的准备 | | | | | |
| | | 检测操作步骤和方法 | | | | | |
| | | 平衡后结果分析 | | | | | |
| | 轮胎调整 | 分解轮胎操作 | | | | | |
| | | 调整方法与步骤 | | | | | |
| | | 调整结果分析 | | | | | |
| | 车轮径向跳动测量 | 测量方法 | | | | | |
| | | 测量结果分析 | | | | | |
| 结论 | | | | | | | |
| 建议解决方法 | | | | | | | |

（2）轮胎维护与检修项目评分表如表 5-2 所示。

表 5-2 轮胎维护与检修项目评分表

| 基本信息 | 姓名 | | 学号 | | 班级 | | 组别 | |
|---|---|---|---|---|---|---|---|---|
| | 规定时间 | 60 min | 完成时间 | | 考核日期 | | 总评成绩 | |
| 任务工单 | 序号 | | 步骤 | 完成情况 | | 标准分 | 评分 |
| | | | | 完成 | 未完成 | | |
| | 1 | 轮胎维护检查操作 | 清洁 | | | 5 | |
| | 2 | | 目视检查状况 | | | 10 | |
| | 3 | | 测量花纹深度、胎压、螺检扭矩 | | | 5 | |
| | 4 | 轮胎动平衡检测 | 检测前的准备 | | | 5 | |
| | 5 | | 检测操作步骤和方法 | | | 10 | |
| | 6 | | 平衡后结果分析 | | | 5 | |
| | 7 | 轮胎调整 | 分解轮胎操作 | | | 10 | |
| | 8 | | 调整方法与步骤 | | | 10 | |
| | 9 | | 调整结果分析 | | | 5 | |
| | 10 | 车轮径向跳动测量 | 测量方法 | | | 5 | |
| | 11 | | 测量结果分析 | | | 5 | |
| 安全 | | | | | | 5 | |
| 5S | | | | | | 5 | |
| 沟通表达 | | | | | | 5 | |
| 工单填写 | | | | | | 5 | |
| 结论填写 | | | | | | 5 | |

## 项目 2  前减震器维修

（1）前减震器维修作业表如表 5-3 所示。

表 5-3  前减震器维护作业表

| 姓名 | | 班级 | | 学号 | | 组别 | |
|---|---|---|---|---|---|---|---|
| 车型 | | 作业项目 | | 作业单号 | | 作业日期 | |
| 操作步骤 | 操作项目 | | | 检查结果 | | | |
| | 拆解操作 | 准备 | | | | | |
| | | 拆下前车轮 | | | | | |
| | | 拆下前减震器总成 | | | | | |
| | | 分解前减震器总成 | | | | | |
| | 拆卸后检查与更换 | | | | | | |
| | 组装前减震器总成 | | | | | | |
| | 安装前减震器 | | | | | | |
| | 安装完毕后，复查与调整 | | | | | | |
| 结论 | | | | | | | |
| 建议解决方法 | | | | | | | |

（2）前减震器维修项目评分表如表 5-4 所示。

表 5-4 前减震器维修项目评分表

| 基本信息 | 姓名 | | 学号 | | 班级 | | 组别 | |
|---|---|---|---|---|---|---|---|---|
| | 规定时间 | 90 min | 完成时间 | | 考核日期 | | 总评成绩 | |
| 任务工单 | 序号 | | 步骤 | 完成情况 | | 标准分 | 评分 | |
| | | | | 完成 | 未完成 | | | |
| | 1 | 拆解操作 | 准备 | | | 5 | | |
| | 2 | | 拆下前车轮 | | | 5 | | |
| | 3 | | 拆下前减震器总成 | | | 15 | | |
| | 4 | | 分解前减震器总成 | | | 10 | | |
| | 5 | | 拆卸后检查与更换 | | | 5 | | |
| | 6 | | 组装前减震器总成 | | | 10 | | |
| | 7 | 安装前减震器 | 装上前减震器总成 | | | 10 | | |
| | 8 | | 装上前车轮 | | | 5 | | |
| | 9 | | 按规定扭矩拧紧 | | | 5 | | |
| | 10 | | 安装完毕后，复查与调整 | | | 5 | | |
| 安全 | | | | | | 5 | | |
| 5S | | | | | | 5 | | |
| 沟通表达 | | | | | | 5 | | |
| 工单填写 | | | | | | 5 | | |
| 结论填写 | | | | | | 5 | | |

## 项目 3  后减震器维修

（1）后减震器维修作业表如表 5-5 所示。

表 5-5　后减震器维修作业表

| 姓名 | | 班级 | | 学号 | | 组别 | |
|---|---|---|---|---|---|---|---|
| 车型 | | 作业项目 | | 作业单号 | | 作业日期 | |
| 操作步骤 | 操作项目 | | | 检查结果 | | | |
| 操作步骤 | 拆解操作 | 工具准备 | | | | | |
| | | 举升前操作 | | | | | |
| | | 拆下车轮 | | | | | |
| | | 拆卸左、右减震器总成 | | | | | |
| | | 分解后减震器总成 | | | | | |
| | 拆卸后清洁与检查 | | | | | | |
| | 组装后减震器总成 | | | | | | |
| | 安装 | 安装左后减震器 | | | | | |
| | | 安装右后减震器 | | | | | |
| | | 预紧固定螺母 | | | | | |
| | | 四柱举升机上紧固 | | | | | |
| | 安装完毕后，复查与调整 | | | | | | |
| 结论 | | | | | | | |
| 建议解决方法 | | | | | | | |

（2）后减震器维修项目评分表如表 5-6 所示。

表 5-6 后减震器维修项目评分表

| 基本信息 | 姓名 | | 学号 | | 班级 | | 组别 | |
|---|---|---|---|---|---|---|---|---|
| | 规定时间 | 90 min | 完成时间 | | 考核日期 | | 总评成绩 | |
| 任务工单 | 序号 | 步骤 | | 完成情况 | | 标准分 | 评分 | |
| | | | | 完成 | 未完成 | | | |
| | 1 | 拆解操作 | 工具准备 | | | 5 | | |
| | 2 | | 举升前操作 | | | 5 | | |
| | 3 | | 拆下车轮 | | | 5 | | |
| | 4 | | 拆卸左右减震器总成 | | | 5 | | |
| | 5 | | 分解后减震器总成 | | | 10 | | |
| | 6 | 拆卸后清洁与检查 | | | | 5 | | |
| | 7 | 组装后减震器总成 | | | | 10 | | |
| | 8 | 安装 | 安装左后减震器 | | | 5 | | |
| | 9 | | 安装右后减震器 | | | 5 | | |
| | 10 | | 预紧固定螺母 | | | 5 | | |
| | 11 | | 四柱举升机上紧固 | | | 10 | | |
| | 12 | 安装完毕后,复查与调整 | | | | 5 | | |
| 安全 | | | | | | 5 | | |
| 5S | | | | | | 5 | | |
| 沟通表达 | | | | | | 5 | | |
| 工单填写 | | | | | | 5 | | |
| 结论填写 | | | | | | 5 | | |

## 项目 4　后悬架纵臂维修

（1）后悬架纵臂维修作业表如表 5-7 所示。

表 5-7　后悬架纵臂维修作业表

| 姓名 | | 班级 | | 学号 | | 组别 | |
|---|---|---|---|---|---|---|---|
| 车型 | | 作业项目 | | 作业单号 | | 作业日期 | |
| 操作步骤 | 操作项目 | | | 检查结果 | | | |
| | 拆解操作 | 工具准备 | | | | | |
| | | 举升前操作 | | | | | |
| | | 拆下车轮 | | | | | |
| | | 分离后转向节与后减震器 | | | | | |
| | | 拆下后悬架纵臂 | | | | | |
| | 拆卸后清洁与检查 | | | | | | |
| | 挠性支撑更换 | | | | | | |
| | 安装 | 安装后悬架纵臂 | | | | | |
| | | 车身高度调整 | | | | | |
| | | 预紧固定螺母 | | | | | |
| | | 四柱举升机上紧固 | | | | | |
| | 安装完毕后，复查与调整 | | | | | | |
| 结论 | | | | | | | |
| 建议解决方法 | | | | | | | |

（2）后悬架纵臂维修项目评分表如表 5-8 所示。

表 5-8　后悬架纵臂维修项目评分表

| 基本信息 | 姓名 | | 学号 | | 班级 | | 组别 | |
|---|---|---|---|---|---|---|---|---|
| | 规定时间 | 90 min | 完成时间 | | 考核日期 | | 总评成绩 | |
| 任务工单 | 序号 | 步骤 | | 完成情况 | | 标准分 | 评分 | |
| | | | | 完成 | 未完成 | | | |
| | 1 | 拆解操作 | 工具准备 | | | 5 | | |
| | 2 | | 举升前操作 | | | 5 | | |
| | 3 | | 拆下车轮 | | | 5 | | |
| | 4 | | 分离后转向节与后减震器 | | | 5 | | |
| | 5 | | 拆下后悬架纵臂 | | | 5 | | |
| | 6 | | 拆卸后清洁与检查 | | | 5 | | |
| | 7 | | 挠性支撑更换 | | | 10 | | |
| | 8 | 安装 | 安装后悬架纵臂 | | | 5 | | |
| | 9 | | 车身高度调整 | | | 10 | | |
| | 10 | | 预紧固定螺母 | | | 5 | | |
| | 11 | | 四柱举升机上紧固 | | | 10 | | |
| | 12 | | 安装完毕后，复查与调整 | | | 5 | | |
| 安全 | | | | | | 5 | | |
| 5S | | | | | | 5 | | |
| 沟通表达 | | | | | | 5 | | |
| 工单填写 | | | | | | 5 | | |
| 结论填写 | | | | | | 5 | | |

## 项目 5　四轮定位检测与调整

（1）四轮定位检测与调整作业表如表 5-9 所示。

表 5-9 四轮定位检测与调整作业表

| 姓名 | | 班级 | | 学号 | | 组别 | |
|---|---|---|---|---|---|---|---|
| 车型 | | 作业项目 | | 作业单号 | | 作业日期 | |
| 操作步骤 | \multicolumn{3}{l}{操作项目} | | \multicolumn{3}{l}{检查结果} | |

| 操作步骤 | | 操作项目 | 检查结果 |
|---|---|---|---|
| | | 四轮定位前期准备 | |
| | | 检查是否符合四轮定位条件 | |
| | 四轮定位检测 | 设定参数 | |
| | | 安装传感器 | |
| | | 锁正转向盘 | |
| | | 传感器调整 | |
| | | 测量结果分析 | |
| | 车轮定位调整 | 锁正转向盘 | |
| | | 后轮前束调整 | |
| | | 前轮前束调整 | |
| | | 拆卸工具与整理 | |
| | | 安装完毕后，复查与调整 | |
| 结论 | | | |
| 建议解决方法 | | | |

（2）四轮定位检测与调整项目评分表如表 5-10 所示。

表 5-10 四轮定位检测与调整项目评分表

| 基本信息 | 姓名 | | 学号 | | 班级 | | 组别 | |
|---|---|---|---|---|---|---|---|---|
| | 规定时间 | 60 min | 完成时间 | | 考核日期 | | 总评成绩 | |
| | 序号 | 步骤 | | 完成情况 | | 标准分 | 评分 | |
| | | | | 完成 | 未完成 | | | |
| 任务工单 | 1 | 四轮定位前期准备 | | | | 5 | | |
| | 2 | 检查是否符合四轮定位条件 | | | | 5 | | |
| | 3 | 四轮定位检测 | 设定参数 | | | 5 | | |
| | 4 | | 安装传感器 | | | 5 | | |
| | 5 | | 锁正转向盘 | | | 5 | | |
| | 6 | | 传感器调整 | | | 5 | | |
| | 7 | | 测量结果分析 | | | 5 | | |
| | 8 | 车轮定位调整 | 锁正转向盘 | | | 5 | | |
| | 9 | | 后轮前束调整 | | | 10 | | |
| | 10 | | 前轮前束调整 | | | 10 | | |
| | 11 | 拆卸工具与整理 | | | | 5 | | |
| | 12 | 安装完毕后，复查与调整 | | | | 10 | | |
| 安全 | | | | | | 5 | | |
| 5S | | | | | | 5 | | |
| 沟通表达 | | | | | | 5 | | |
| 工单填写 | | | | | | 5 | | |
| 结论填写 | | | | | | 5 | | |

# 工单 6
## 转向系统检修

### （二）技能操作

#### 项目 1　转向系统维护

（1）转向系统维护作业表如表 6-1 所示。

表 6-1　转向系统维护作业表

| 姓名 | | 班级 | | 学号 | | 组别 | |
|---|---|---|---|---|---|---|---|
| 车型 | | 作业项目 | | 作业单号 | | 作业日期 | |
| 操作项目 | | | | 操作情况记录 | | | |
| 保护措施（五件套的正确使用） | | | | | | | |
| 检查储油罐液位（是否正常） | | | | | | | |
| 动力转向机构的检查（是否泄漏、软管是否损坏） | | | | | | | |
| 检查转向盘自由行程（是否在正常范围） | | | | | | | |
| 检查转向盘锁止（是否正常） | | | | | | | |
| 转向连接机构检查（是否有松动和摇摆） | | | | | | | |
| 转向器工作情况检查（是否正常） | | | | | | | |
| 两个学员的配合情况 | | | | | | | |

（2）转向系统维护项目评分表如表 6-2 所示。

表 6-2 转向系统维护项目评分表

| 基本信息 | 姓名 | | 学号 | | 班级 | | 组别 | |
|---|---|---|---|---|---|---|---|---|
| | 规定时间 | 30 min | 完成时间 | | 考核日期 | | 总评成绩 | |
| 任务工单 | 序号 | 步骤 | | 完成情况 | | 标准分 | 评分 | |
| | | | | 完成 | 未完成 | | | |
| | 1 | 考核准备：<br><br>材料：<br><br>工具：<br><br>设备： | | | | 10 | | |
| | 2 | 检查储油罐液位 | | | | 5 | | |
| | 3 | 检查动力转向机构泄漏 | | | | 5 | | |
| | 4 | 检查动力转向软管是否有裂纹或其他损伤 | | | | 10 | | |
| | 5 | 检查转向盘自由行程 | | | | 10 | | |
| | 6 | 检查转向盘锁止 | | | | 10 | | |
| | 7 | 检查转向连接机构是否有松动和摇摆 | | | | 10 | | |
| | 8 | 检查转向连接机构有无弯曲和损坏 | | | | 10 | | |
| | 9 | 检查转向器工作情况 | | | | 5 | | |
| 安全 | | | | | | 5 | | |
| 5S | | | | | | 5 | | |
| 团队协作 | | | | | | 5 | | |
| 沟通表达 | | | | | | 5 | | |
| 工单填写 | | | | | | 5 | | |

## 项目 2　转向分配阀的检修

(1) 转向分配阀的检修作业表如表 6-3 所示。

表 6-3　转向分配阀的检修作业表

| 姓名 | | 班级 | | 学号 | | 组别 | |
|---|---|---|---|---|---|---|---|
| 车型 | | 作业项目 | | 作业单号 | | 作业日期 | |
| 操作项目 | | | | 操作情况记录 | | | |
| 保护措施（五件套的正确使用） | | | | | | | |
| 分配阀外观检查（是否有变形、裂纹） | | | | | | | |
| 分配阀与连接油管处检查（是否渗漏） | | | | | | | |
| 塑料减振装置检查（是否良好） | | | | | | | |
| 滑阀在阀体内检查（是否发卡） | | | | | | | |
| 输入轴配合表面检查（损伤情况） | | | | | | | |
| 分配阀上动力转向管接头扭紧力矩检查（是否正常） | | | | | | | |
| 装复后检查（是否正常） | | | | | | | |

(2) 转向分配阀的检修项目评分表如表 6-4 所示。

表 6-4　转向分配阀的检修项目评分表

| 基本信息 | 姓名 | | 学号 | | 班级 | | 组别 | |
|---|---|---|---|---|---|---|---|---|
| | 规定时间 | 30 min | 完成时间 | | 考核日期 | | 总评成绩 | |

| | 序号 | 步骤 | 完成情况 | | 标准分 | 评分 |
|---|---|---|---|---|---|---|
| | | | 完成 | 未完成 | | |
| 任务工单 | 1 | 考核准备：<br><br>材料：<br><br>工具：<br><br>设备： | | | 10 | |
| | 2 | 检查分配阀外观 | | | 5 | |
| | 3 | 检查分配阀与连接油管处是否渗漏 | | | 5 | |
| | 4 | 检查塑料减振装置是否良好 | | | 10 | |
| | 5 | 检查滑阀在阀体内是否发卡 | | | 10 | |
| | 6 | 检查输入轴配合表面的损伤情况 | | | 10 | |

续表

| 基本信息 | 姓名 | | 学号 | | 班级 | | 组别 | |
|---|---|---|---|---|---|---|---|---|
| | 规定时间 | 30 min | 完成时间 | | 考核日期 | | 总评成绩 | |
| 任务工单 | 7 | 检查分配阀上动力转向管接头扭紧力矩 | | | | | 10 | |
| | 8 | 检查调整转向齿条预加载柱塞 | | | | | 10 | |
| | 9 | 装好后检查转向情况 | | | | | 5 | |
| 安全 | | | | | | | 5 | |
| 5S | | | | | | | 5 | |
| 团队协作 | | | | | | | 5 | |
| 沟通表达 | | | | | | | 5 | |
| 工单填写 | | | | | | | 5 | |

## 项目3 转向柱的检修

(1) 转向柱的检修作业表如表6-5所示。

表6-5 转向柱的检修作业表

| 姓名 | | 班级 | | 学号 | | 组别 | |
|---|---|---|---|---|---|---|---|
| 车型 | | 作业项目 | | 作业单号 | | 作业日期 | |
| 操作项目 | | | | 操作情况记录 | | | |
| 保护措施（五件套的正确使用） | | | | | | | |
| 安全气囊和座椅安全带系统检查（是否关闭） | | | | | | | |
| 蓄电池检查（是否断开） | | | | | | | |
| 转向轮检查（是否处于直线行驶位置） | | | | | | | |
| 转向柱的检查（变形与损坏情况） | | | | | | | |
| 转向柱轴承的检查（磨损与烧蚀情况） | | | | | | | |
| 转向柱上下支撑环检查（磨损情况） | | | | | | | |
| 转向柱装复后检查（转向情况） | | | | | | | |

(2) 转向柱的检修项目评分表如表6-6所示。

表 6-6　转向柱的检修项目评分表

| 基本信息 | 姓名 | | 学号 | | 班级 | | 组别 | |
|---|---|---|---|---|---|---|---|---|
| | 规定时间 | 30 min | 完成时间 | | 考核日期 | | 总评成绩 | |

| | 序号 | 步骤 | 完成情况 | | 标准分 | 评分 |
|---|---|---|---|---|---|---|
| | | | 完成 | 未完成 | | |
| 任务工单 | 1 | 考核准备：<br><br>材料：<br><br><br>工具：<br><br><br>设备： | | | 10 | |
| | 2 | 检查安全气囊和座椅安全带系统是否关闭 | | | 5 | |
| | 3 | 检查蓄电池是否断开 | | | 5 | |
| | 4 | 检查转向轮是否处于直线行驶位置 | | | 10 | |
| | 5 | 检查转向盘与转向柱的位置标记 | | | 10 | |
| | 6 | 检查转向柱的变形与损坏情况 | | | 10 | |
| | 7 | 检查转向柱轴承的磨损与烧蚀情况 | | | 10 | |
| | 8 | 检查转向柱上下支撑环的磨损情况 | | | 10 | |
| | 9 | 检查转向柱装复后转向情况 | | | 5 | |
| 安全 | | | | | 5 | |
| 5S | | | | | 5 | |
| 团队协作 | | | | | 5 | |
| 沟通表达 | | | | | 5 | |
| 工单填写 | | | | | 5 | |

# 工单 7
## 制动系统检修

**(二) 技能操作**

**项目 1　制动液的检查与更换**

(1) 制动液的检查与更换作业表如表 7-1 所示。

表 7-1　制动液的检查与更换作业表

| 姓名 | | 班级 | | 学号 | | 组别 | |
|---|---|---|---|---|---|---|---|
| 车型 | | 作业项目 | | 作业单号 | | 作业日期 | |
| 操作项目 | | | | 操作情况记录 | | | |
| 保护措施（五件套的正确使用） | | | | | | | |
| 制动液液位的检查（有无渗漏） | | | | | | | |
| 制动液管路的检查 | | | | | | | |
| 一级排气的方法是否正确 | | | | | | | |
| 诊断仪的正确使用 | | | | | | | |
| 按照操作顺序对各管路排气 | | | | | | | |
| 加注完检查液位及渗漏情况 | | | | | | | |
| 两个学员的配合情况 | | | | | | | |

(2) 制动液的检查与更换项目评分表如表 7-2 所示。

### 表 7-2 制动液的检查与更换项目评分表

| 基本信息 | 姓名 | | 学号 | | 班级 | | 组别 | |
|---|---|---|---|---|---|---|---|---|
| | 规定时间 | 45 min | 完成时间 | | 考核日期 | | 总评成绩 | |

| | 序号 | 步骤 | 完成情况 | | 标准分 | 评分 |
|---|---|---|---|---|---|---|
| | | | 完成 | 未完成 | | |
| 任务工单 | 1 | 考核准备：<br><br>材料：<br><br>工具：<br><br>设备： | | | 10 | |
| | 2 | 保护措施（五件套的正确使用） | | | 5 | |
| | 3 | 制动液液位的检查（有无渗漏） | | | 5 | |
| | 4 | 制动液管路的检查 | | | 5 | |
| | 5 | 一级排气的方法是否正确 | | | 5 | |
| | 6 | 诊断仪的正确使用 | | | 10 | |
| | 7 | 按照操作顺序对各管路排气 | | | 10 | |
| | 8 | 加注完检查液位及渗漏情况 | | | 10 | |
| | 9 | 两个学员的配合情况 | | | 10 | |
| | 10 | 清洁及整理 | | | 5 | |
| 安全 | | | | | 5 | |
| 5S | | | | | 5 | |
| 团队协作 | | | | | 5 | |
| 沟通表达 | | | | | 5 | |
| 工单填写 | | | | | 5 | |

## 项目 2  检查调整驻车制动器

（1）检查调整驻车制动器作业表如表 7-3 所示。

表 7-3  检查调整驻车制动器作业表

| 姓名 | | 班级 | | 学号 | | 组别 | |
|---|---|---|---|---|---|---|---|
| 车型 | | 作业项目 | | 作业单号 | | 作业日期 | |
| 操作项目 | | | | 操作情况记录 | | | |
| 后车轮是否悬空 | | | | | | | |
| 驻车指示灯的情况 | | | | | | | |
| 拉起 2 个棘齿时驻车制动器是否开始起作用 | | | | | | | |
| 检查 4~6 个棘齿时是否正常 | | | | | | | |
| 调整时制动踏板的使用情况 | | | | | | | |
| 螺母紧固情况 | | | | | | | |
| 在手刹已解除的情况下，检查并确认后轮是否可以用手自由转动 | | | | | | | |
| 检查注意事项 | | | | | | | |

（2）检查调整驻车制动器项目评分表如表 7-4 所示。

表 7-4  检查调整驻车制动器项目评分表

| 基本信息 | 姓名 | | 学号 | | 班级 | | 组别 | |
|---|---|---|---|---|---|---|---|---|
| | 规定时间 | 45 min | 完成时间 | | 考核日期 | | 总评成绩 | |

| | 序号 | 步骤 | 完成情况 | | 标准分 | 评分 |
|---|---|---|---|---|---|---|
| | | | 完成 | 未完成 | | |
| 任务工单 | 1 | 考核准备：<br><br>材料：<br><br>工具：<br><br>设备： | | | 10 | |
| | 2 | 后车轮是否悬空 | | | 5 | |
| | 3 | 驻车指示灯的情况 | | | 5 | |
| | 4 | 拉起 2 个棘齿时驻车制动器是否开始起作用 | | | 5 | |

续表

| 基本信息 | 姓名 | | 学号 | | 班级 | | 组别 | |
|---|---|---|---|---|---|---|---|---|
| | 规定时间 | 45 min | 完成时间 | | 考核日期 | | 总评成绩 | |
| 任务工单 | 5 | 4~6个棘齿时是否正常 | | | | | 5 | |
| | 6 | 调整时制动踏板的使用情况 | | | | | 10 | |
| | 7 | 螺母紧固情况 | | | | | 10 | |
| | 8 | 在手刹已解除的情况下，检查并确认后轮是否可以用手自由转动 | | | | | 10 | |
| | 9 | 检查注意事项 | | | | | 10 | |
| | 10 | 清洁及整理 | | | | | 5 | |
| 安全 | | | | | | | 5 | |
| 5S | | | | | | | 5 | |
| 团队协作 | | | | | | | 5 | |
| 沟通表达 | | | | | | | 5 | |
| 工单填写 | | | | | | | 5 | |

## 项目3　更换制动灯开关

（1）更换制动灯开关作业表如表7-5所示。

表7-5　更换制动灯开关作业表

| 姓名 | | 班级 | | 学号 | | 组别 | |
|---|---|---|---|---|---|---|---|
| 车型 | | 作业项目 | | 作业单号 | | 作业日期 | |
| 操作项目 | | | | 操作情况记录 | | | |
| 工具准备 | | | | | | | |
| 拆卸开关时是否关闭发动机 | | | | | | | |
| 制动灯开关取下时注意事项 | | | | | | | |
| 新制动灯开关的检查 | | | | | | | |
| 新制动灯开关安装前状态 | | | | | | | |
| 新制动灯开关安装时注意事项 | | | | | | | |
| 检查安装状况 | | | | | | | |
| 安装线束注意事项 | | | | | | | |

（2）更换制动灯开关项目评分表如表 7-6 所示。

表 7-6 更换制动灯开关项目评分表

| 基本信息 | 姓名 | | 学号 | | 班级 | | 组别 | |
|---|---|---|---|---|---|---|---|---|
| | 规定时间 | 45 min | 完成时间 | | 考核日期 | | 总评成绩 | |

| | 序号 | 步骤 | 完成情况 | | 标准分 | 评分 |
|---|---|---|---|---|---|---|
| | | | 完成 | 未完成 | | |
| 任务工单 | 1 | 考核准备：<br><br>材料： | | | 10 | |
| | 2 | 工具准备 | | | 5 | |
| | 3 | 拆卸开关时是否关闭发动机 | | | 5 | |
| | 4 | 制动灯开关取下时注意事项 | | | 5 | |
| | 5 | 新制动灯开关的检查 | | | 5 | |
| | 6 | 新制动灯开关安装前状态 | | | 10 | |
| | 7 | 新制动灯开关安装时注意事项 | | | 10 | |
| | 8 | 检查安装状况 | | | 10 | |
| | 9 | 安装线束注意事项 | | | 10 | |
| | 10 | 清洁及整理 | | | 5 | |
| 安全 | | | | | 5 | |
| 5S | | | | | 5 | |
| 团队协作 | | | | | 5 | |
| 沟通表达 | | | | | 5 | |
| 工单填写 | | | | | 5 | |

## 项目 4　更换后轮毂轴承

（1）更换后轮毂轴承作业表如表 7-7 所示。

表 7-7　更换后轮毂轴承作业表

| 姓名 | | 班级 | | 学号 | | 组别 | |
|---|---|---|---|---|---|---|---|
| 车型 | | 作业项目 | | 作业单号 | | 作业日期 | |
| 操作项目 | | | | 操作情况记录 | | | |
| 拆下后轮毂轴承 | | | | | | | |
| 拔出后轮毂轴承 | | | | | | | |
| 清洁后轮毂 | | | | | | | |
| 润滑脂的使用 | | | | | | | |
| 后轮毂轴承的安装位置 | | | | | | | |
| 后轮毂的拆卸方法是否正确 | | | | | | | |
| 后轮毂安装是否正确 | | | | | | | |
| 注意事项 | | | | | | | |

（2）更换后轮毂轴承项目评分表如表 7-8 所示。

表 7-8　更换后轮毂轴承项目评分表

| 基本信息 | 姓名 | | 学号 | | 班级 | | 组别 | |
|---|---|---|---|---|---|---|---|---|
| | 规定时间 | 45 min | 完成时间 | | 考核日期 | | 总评成绩 | |

| | 序号 | 步骤 | 完成情况 | | 标准分 | 评分 |
|---|---|---|---|---|---|---|
| | | | 完成 | 未完成 | | |
| 任务工单 | 1 | 考核准备：<br>材料：<br>工具：<br>设备： | | | 10 | |
| | 2 | 拆下后轮毂轴承 | | | 5 | |
| | 3 | 拔出后轮毂轴承 | | | 5 | |
| | 4 | 清洁后轮毂 | | | 5 | |
| | 5 | 润滑脂的使用 | | | 5 | |
| | 6 | 后轮毂轴承的安装位置 | | | 10 | |
| | 7 | 后轮毂的拆卸方法是否正确 | | | 10 | |
| | 8 | 后轮毂安装是否正确 | | | 10 | |
| | 9 | 注意事项 | | | 10 | |
| | 10 | 清洁及整理 | | | 5 | |

续表

| 基本信息 | 姓名 | | 学号 | | 班级 | | 组别 | |
|---|---|---|---|---|---|---|---|---|
| | 规定时间 | 45 min | 完成时间 | | 考核日期 | | 总评成绩 | |
| 安全 | | | | | | | 5 | |
| 5S | | | | | | | 5 | |
| 团队协作 | | | | | | | 5 | |
| 沟通表达 | | | | | | | 5 | |
| 工单填写 | | | | | | | 5 | |

"十四五"职业教育国家规划教材

# 汽车底盘检修

主　编　张宏坤
副主编　王永莉　王旭荣　纪世才
参　编　张　涛　毕巍巍　肖　尧
主　审　王国林

"互联网+"教材

全书富媒体资源

北京理工大学出版社
BEIJING INSTITUTE OF TECHNOLOGY PRESS

## 内 容 简 介

本书基于学习情境设计,以汽车底盘检修为主,重点讲解了现代汽车底盘常见的故障现象和维修方法以及维修过程中所需要的相关理论知识。内容涵盖了汽车底盘各系统的检修,共设计了离合器检修、手动变速器检修、自动变速器检修、车桥检修、车轮与悬架检修、转向系统检修、制动系统检修7个学习任务,每个学习任务中包含2~5个任务实施项目,有利于组织"任务驱动、项目实施"式教学。

本书紧密结合当前汽车维修行业的实际需要,对汽车底盘各系统的教学内容进行了整合,每部分既有必要的理论知识,又设计有实践操作训练,可供高职高专院校汽车运用技术专业、汽车检测与维修专业教学以及汽车维修技术培训使用。

**版权专有　侵权必究**

### 图书在版编目（CIP）数据

汽车底盘检修/张宏坤主编. —北京：北京理工大学出版社，2019.1（2023.8 重印）
ISBN 978-7-5682-6543-0

Ⅰ．①汽⋯　Ⅱ．①张⋯　Ⅲ．①汽车 - 底盘 - 车辆修理　Ⅳ．①U472.41

中国版本图书馆 CIP 数据核字（2018）第 291619 号

| | |
|---|---|
| 出版发行 / | 北京理工大学出版社有限责任公司 |
| 社　　址 / | 北京市海淀区中关村南大街5号 |
| 邮　　编 / | 100081 |
| 电　　话 / | (010)68914775(总编室) |
| | (010)82562903(教材售后服务热线) |
| | (010)68944723(其他图书服务热线) |
| 网　　址 / | http://www.bitpress.com.cn |
| 经　　销 / | 全国各地新华书店 |
| 印　　刷 / | 三河市天利华印刷装订有限公司 |
| 开　　本 / | 787 毫米 × 1092 毫米　1/16 |
| 印　　张 / | 23.5 | 责任编辑 / 张旭莉 |
| 字　　数 / | 645 千字 | 文案编辑 / 邢　琛 |
| 版　　次 / | 2019 年 1 月第 1 版　2023 年 8 月第 5 次印刷 | 责任校对 / 周瑞红 |
| 总 定 价 / | 59.80 元 | 责任印制 / 李　洋 |

图书出现印装质量问题，请拨打售后服务热线，本社负责调换

# 编审委员会

主　任　王建良

副主任　王福忠　丁在明　张宏坤

委　员　刘文国　李　勇　冯益增
　　　　许子阳　张世军　崔　玲
　　　　孙静霞

# 前 言
PREFACE

为贯彻落实党的二十大精神，以立德树人为根本宗旨，教材编写组深入汽车维修企业调研，紧密结合当前汽车维修行业的实际发展和需要，总结多年来职业院校汽车专业教学经验编写了本教材。本教材以当前典型汽车维修案例体现汽车维修行业的最新发展，以任务实施培养学员的职业能力，以职业警语等形式提醒学员注重职业素养的养成和提升。本教材具有以下特色：

1. 充分体现任务驱动的课程设计理念，按照工作过程确定学习任务，组织理论与实践一体化教学过程，每项学习任务既有必要的理论知识，又设计有实践操作训练，同时又有学习考核评价及课外知识拓展。

2. 积极体现工学结合的职业教学本质特征，推行工学结合的人才培养，采用基于工作过程的情境教学方法，提高学生的学习积极性。

3. 遵循高等教育规律，充分考虑汽车服务行业、企业的职业岗位能力需求，根据任务引领方式、理论与实践一体化教学的实际需要设计教材，坚持以能力为本位，坚持以学生为中心的原则，突出技能培养。

4. 教材图文并茂、深入浅出、通俗易懂，便于学生学习和理解以提高职业能力。

本教材重点讲解了现代汽车底盘常见的故障现象和维修方法以及维修过程中所需要的相关理论知识。内容涵盖了汽车底盘各系统的检修，全书设计了离合器检修、手动变速器检修、自动变速器检修、车桥检修、车轮与悬架检修、转向系统检修、制动系统检修7个学习任务。

全书由张宏坤担任主编，由王永莉、王旭荣、纪世才担任副主编，王国林担任主审。参加本书编写工作的有：张宏坤（负责编写学习任务3自动变速器检修、学习任务4车桥检修、学习任务5车轮与悬架检修）、王永莉（负责编写学习任务1离合器检修、学习任务2手动变速器检修）、王旭荣（负责编写学习任务6转向系统检修）、纪世才（负责编写学习任务7制动系统检修）；东风雪铁龙培训中心张涛、纪世才（负责核准本书中东风雪铁龙车系中有关资料）；东风日产培训中心毕巍巍（负责核准本书中日产车系中的有关资料）；东风标致培训中心肖尧（负责核准本书中标致车系中的有关资料）。

本教材在编写过程中参阅了许多国内外公开出版与发表的教材和文献，同时借鉴和参阅了大量国内外汽车厂家的技术资料，在此一并表示感谢。本教材实践训练中主要采用东风雪铁龙爱丽舍轿车作为教学用车，特此致谢。

限于编者经历和水平，内容难以覆盖全国各地的实际情况，也难免有不妥和错误之处，恳请读者提出宝贵意见。

编 者

# 目录
## CONTENTS

**学习任务 1　离合器检修** ………………………………… 001
　一、知识准备 ……………………………………………… 001
　　（一）离合器的保养与维护 ……………………………… 001
　　（二）离合器的检修 ……………………………………… 003
　　（三）离合器常见故障的诊断与检修 …………………… 011
　二、任务实施 ……………………………………………… 015
　　项目 1　离合器的维护与检查 …………………………… 015
　　项目 2　离合器的拆检 …………………………………… 016
　　项目 3　离合器打滑故障诊断 …………………………… 018
　三、学习评价 ……………………………………………… 020
　　（一）理论知识 …………………………………………… 020
　　（二）技能操作（见工单册） …………………………… 021
　四、拓展学习 ……………………………………………… 021

**学习任务 2　手动变速器检修** ………………………… 022
　一、知识准备 ……………………………………………… 022
　　（一）手动变速器的保养与维护 ………………………… 022
　　（二）变速器拆检 ………………………………………… 0240
　　（三）手动变速器主要检修项目 ………………………… 058
　　（四）手动变速器常见故障诊断与排除 ………………… 059
　二、任务实施 ……………………………………………… 061
　　项目 1　手动变速器的保养与维护 ……………………… 061
　　项目 2　变速器渗漏油的检查 …………………………… 065
　三、学习评价 ……………………………………………… 066
　　（一）理论知识 …………………………………………… 066
　　（二）技能操作（见工单册） …………………………… 066

四、拓展学习 ······ 066

## 学习任务 3　自动变速器检修 ······ 067

一、知识准备 ······ 067

（一）自动变速器维护 ······ 067

（二）自动变速器故障诊断与检查 ······ 074

（三）自动变速器拆解中的检查 ······ 084

（四）自动变速器零部件修理 ······ 087

（五）自动变速器故障分析与诊断 ······ 110

二、任务实施 ······ 118

项目 1　自动变速器维护 ······ 118

项目 2　自动变速器调整 ······ 122

项目 3　自动变速器故障诊断与维修 ······ 125

三、学习评价 ······ 129

（一）理论知识 ······ 129

（二）技能操作（见工单册） ······ 130

四、拓展学习（详见"拓展学习二维码"） ······ 130

## 学习任务 4　车桥检修 ······ 131

一、知识准备 ······ 131

（一）前轮毂和转向节的检修 ······ 131

（二）驱动轴检修 ······ 135

（三）后轮毂检修 ······ 142

（四）主减速器检修 ······ 142

（五）车桥故障分析 ······ 148

二、任务实施 ······ 151

项目 1　车桥维护检查 ······ 151

项目 2　更换传动轴防护罩 ······ 152

项目 3　大修前驱动轮毂 ······ 162

三、学习评价 ······ 171

（一）理论知识 ······ 171

（二）技能操作（见工单册） ······ 171

四、拓展学习（详见"拓展学习二维码"） ······ 171

## 学习任务 5　车轮与悬架检修 ······ 172

一、知识准备 ······ 172

（一）车轮与轮胎检修 ······ 172

（二）前悬架检修 …… 180
（三）后悬架检修 …… 188
（四）悬架故障诊断 …… 191

二、任务实施 …… 192
 项目1　轮胎维护与检修 …… 192
 项目2　前减震器维修 …… 199
 项目3　后减震器维修 …… 211
 项目4　后悬架纵臂维修 …… 219
 项目5　四轮定位检测与调整 …… 225

三、学习评价 …… 230
 （一）理论知识 …… 230
 （二）技能操作（见工单册） …… 230

四、拓展学习（详见"拓展学习二维码"） …… 230

## 学习任务6　转向系统检修 …… 231

一、知识准备 …… 231
 （一）转向系统维护 …… 231
 （二）转向系统检修 …… 234

二、任务实施 …… 260
 项目1　转向系统维护 …… 260
 项目2　转向分配阀的检修 …… 261
 项目3　转向柱的检修 …… 263

三、学习评价 …… 265
 （一）理论知识 …… 265
 （二）技能操作（见工单册） …… 266

四、拓展学习（详见"拓展学习二维码"） …… 266

## 学习任务7　制动系统检修 …… 267

一、知识准备 …… 267
 （一）制动系统的保养与维护 …… 267
 （二）鼓式与盘式制动器检修 …… 273
 （三）制动传动装置检修 …… 280
 （四）制动系统故障检修 …… 291
 （五）ABS系统故障检修 …… 295

二、任务实施 …… 300
 项目1　制动液的检查与更换 …… 300

项目2　检查调整驻车制动器 …………………………………………… 305
项目3　更换制动灯开关 …………………………………………………… 307
项目4　更换后轮毂轴承 …………………………………………………… 314

三、学习评价 …………………………………………………………………… 317
　　（一）理论知识 …………………………………………………………… 317
　　（二）技能操作（见工单册）…………………………………………… 317
四、拓展学习（详见"拓展学习二维码"）………………………………… 317

**参考文献** …………………………………………………………………………… 318

# 学习任务 1
## 离合器检修

 工作情境描述

一辆行驶 8 万公里[①]的配备手动变速器的轿车,客户感觉汽车起步时,放松离合器踏板后,汽车不能起步或起步困难;加速时,车速不能随着发动机转速的提高而提高。

根据故障现象确定为离合器故障,试分析原因,制订维修工艺并做相关实际维修操作。

 学习目标

通过本任务学习,应能够:
(1) 进行离合器的保养与维护。
(2) 进行离合器零部件的检修。
(3) 进行离合器的故障诊断与排除。

资源 1-1　离合器的工作原理

 一、知识准备

(一) 离合器的保养与维护

**1. 检查离合器踏板性能**

踩下离合器踏板时,检查是否存在下述故障:
(1) 踏板回弹无力。
(2) 噪声异常。
(3) 过度松动。
(4) 感觉踏板沉重。

**2. 离合器踏板行程的检查和调整**

离合器踏板行程包括离合器踏板有效行程和离合器踏板自由行程。

离合器踏板自由行程是指消除离合器分离杠杆内端后平面与分离轴承之间的间隙所需要的离合器踏板行程。

资源 1-2　摩擦式离合器的组成

---

① 1 公里=1 千米。

当离合器处于正常接合状态时,分离杠杆内端与分离轴承之间应留有一定量的间隙(3~4 mm),以保证摩擦片在正常磨损范围内离合器仍能完全接合;由于这一间隙的存在,驾驶员在踩下离合器踏板后,先要消除这一间隙,然后才能开始分离离合器。

离合器踏板自由行程过大会导致离合器分离不彻底、换挡困难等故障;离合器踏板自由行程过小会导致离合器打滑、烧蚀等故障。

资源1-3 离合器踏板自由行程的测量方法

1)离合器踏板自由行程检查

离合器踏板自由行程为15~20 mm,用一直尺抵在驾驶室底板上,先测量出踏板完全放松时的高度,再用手轻按踏板,当感到阻力增大时再次测量踏板高度,两次测量的高度差即为离合器踏板自由行程。

2)踏板行程检查

离合器踏板行程$X$,如图1-1所示,计算方法如下:

$$X = L2 - L1$$

$$X = 145 \text{ mm} \pm 5 \text{ mm}$$

式中 $L1$——转向盘到踏板自由状态时的距离;

$L2$——转向盘到离合器踏板踩到底时的距离。

资源1-4 离合器踏板自由高度测量L1和L2的方法

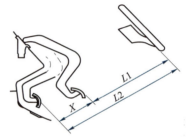

图1-1 检查离合器踏板自由行程

3)离合器踏板自由行程的调整

离合器踏板自由行程的调整是采用拉索式操纵机构的调整螺母进行的。逆时针旋转调整螺母可以增加离合器踏板自由行程,反之亦然。拧紧螺母是增加自由行程,拧松则是减少自由行程。图1-2所示为拉索式操纵机构。

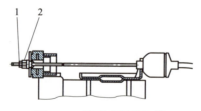

图1-2 拉索式操纵机构
1—锁紧螺母;2—调整螺母

液压操纵机构一般调整主缸推杆的长度。将主缸推杆锁紧螺母旋松,然后转动主缸推杆,从而调整踏板自由行程,调整后应将锁紧螺母旋紧。

有些车的操纵机构具有自调装置,可以免除离合器踏板自由行程的调整。

**3. 离合器液压操纵系统的排空气法**

离合器液压操纵系统经过检修，管路内可能进入空气；在添加制动液时也可能使液压操纵系统中进入空气。空气进入后，由于缩短了主缸推杆行程即踏板自由行程，从而使离合器分离不彻底，因此，液压操纵系统检修后或怀疑液压操纵系统进入空气时，就要排除液压操纵系统中的空气。

空气排除方法：

（1）将主缸储液罐中的制动液加至规定高度，升起汽车。
（2）在工作缸的放气阀上安装一软管，接到一个盛有制动液的容器内。
（3）排空气需要两个人配合工作，一人慢慢地踩离合器踏板数次，感到有阻力时踩住不动，另一人拧松放气阀直至制动液开始流出，然后拧紧放气阀。
（4）连续按上述方法操作数次，直到流出的制动液中不见气泡为止。
（5）空气排除干净之后，需要再次检查及调整离合器踏板自由行程。

**4. 离合器的润滑**

1）踏板轴的润滑

定期调整离合器的操纵机构，清除泥土，拧紧所有连接螺栓，按规定润滑离合器踏板轴。

2）分离轴承的润滑

清洁和更换离合器轴承后，应涂适量润滑脂。

## （二）离合器的检修

**1. 离合器总成的拆检**

拆装离合器总成所用专用工具如表1-1所示。

表1-1　拆装离合器总成所用专用工具

| 专用工具名称 | 专用工具 |
| --- | --- |
| 离合器机构压缩机 0217-A | |
| 支撑销（φ8 mm）0217-B2Z | |
| 离合器心轴 0217-C3 | |

1）拆卸

拆下离合器，拆下螺栓1、离合器盖及压盘2和离合器从动盘3，如图1-3所示。

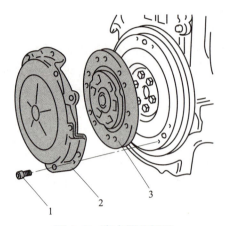

图1-3 离合器分解图

1—螺栓；2—离合器盖及压盘；3—离合器从动盘

2）离合器的检修

（1）目视检查。

①检查飞轮面是否损坏或有刮痕。

②检查飞轮的磨损。

③检查起动机环形齿轮。

④检查离合器盖及压盘。

（2）检修。

①检测从动盘摩擦片的磨损量：用游标卡尺测量铆钉头的深度，如图1-4所示。若摩擦片工作表面至铆钉头的深度小于0.5 mm，则应更换摩擦片。

**注意**：检查的是铆钉头的深度，即浅处的深度。

在铆合摩擦片时，铆钉头的位置应交错排列，相邻铆钉头必须一正一反。另外，应注意波纹钢片的弯曲方向。

②检测从动盘端面圆跳动：用千分表在从动盘最外圆周边上测量，如图1-5所示。若端面圆跳动超过0.8 mm，可进行冷压校正，必要时更换从动盘总成。

图1-4 检测从动盘摩擦片的磨损量

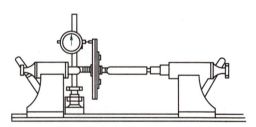
图1-5 从动盘端面圆跳动的检测

③检测从动盘花键孔与变速器第一轴的配合，若齿侧隙超过0.16 mm，则应更换从动盘轮毂或变速器第一轴。

④检查膜片弹簧分离指端：若指端处有明显的磨损槽、锈蚀、破裂等现象，则应更换膜片弹簧。

⑤检查压盘与飞轮表面有无裂纹和变形，若磨损成伞形，需研平或更换。检查压盘平面度，离合器压盘平面度不应超过 0.2 mm，检查方法是用钢直尺压在压盘上，然后用塞尺测量，如图 1-6 所示。

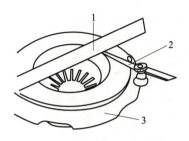

图 1-6　压盘平面度检查

1—钢直尺；2—塞尺；3—压盘

资源 1-5　飞轮平面度检查

（3）在离合器中有油的情况下：

①更换曲轴的密封圈。

②更换液压离合器止动块。

3）清洁和润滑

（1）使用金属刷除去主轴与止推轴承上的所有氧化痕迹；不能再次使用磨损的离合器片和带有氧化痕迹的轮毂。

（2）清洁整个输入轴，包括所有边缘和凹槽。用布擦掉凹槽顶端和输入轴尾端多余的润滑脂。

（3）使用规定润滑脂润滑主轴上的花键，防止离合器箱内部溅入润滑脂。

4）安装

重装时，离合器从动盘标记有 PSA 的表面，对着变速器端。

（1）安装离合器心轴，使用离合器心轴将离合器从动盘对中，如图 1-7 所示。

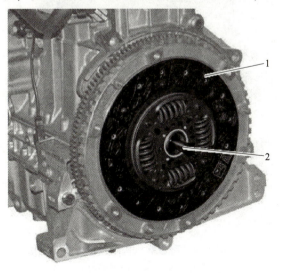

图 1-7　离合器心轴的安装

1—离合器从动盘；2—离合器心轴

（2）如图1-8所示，不要拆下离合器心轴，重装离合器盖及压盘。

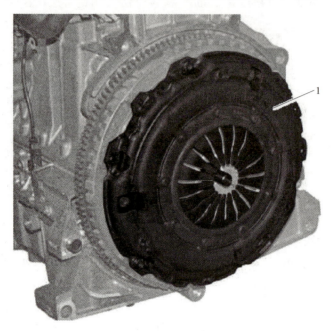

图1-8　离合器盖及压盘的安装
1—离合器盖及压盘

（3）如图1-9所示，安装离合器机构压缩机和支撑销。

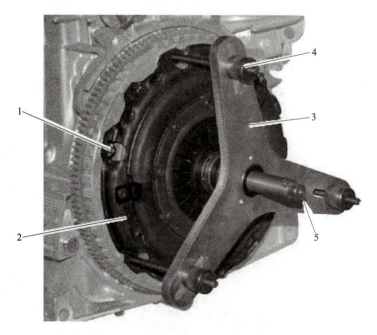

图1-9　离合器机构压缩机的安装方法
1—固定螺栓；2—离合器盖及压盘；3—离合器机构压缩机；4—支撑销；5—中心螺栓

①转动中心螺栓 5，将离合器机构压缩 10 mm。
②将固定螺栓 1 安装到原位置，拧紧到（20±2）N·m。
③松开中心螺栓 5。
④拆下离合器机构压缩机、支撑销和中心螺栓。
⑤安装其余固定螺栓。
（4）安装变速器。

**2. 液压离合器制动装置的拆检**

**注意：遵守安全和清洁的原则。**

1）拆卸
（1）拆下变速器。
（2）如图 1-10 所示，拆下卡箍 2，断开液压管，用一个塞子堵住液压管。
（3）拆下 3 个螺栓 1，取下液压离合器止动块 3。

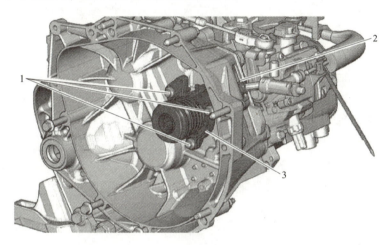

图 1-10 拆卸液压制动装置
1—螺栓；2—卡箍；3—液压离合器止动块

2）清洁
拆卸螺栓后，必须清洁螺栓的螺纹。在螺栓的螺纹上涂抹螺纹锁固胶 LOCTITE 271。

3）安装
遵守规定的拧紧扭矩值。
（1）把液压离合器止动块安装到其导管上。
（2）将 3 个螺栓安装到原位置。
（3）连接液压管。
（4）重新安装卡箍。
（5）检查离合器外壳上的防尘罩位置。
（6）安装变速器。

**3. 离合器部件的更换**

1）离合器拉索的更换

拉开并拆下离合器拉索,如图1-11所示。拆下离合器踏板固定在踏板轴上的保险装置,取下离合器拉索。装上新的离合器拉索。

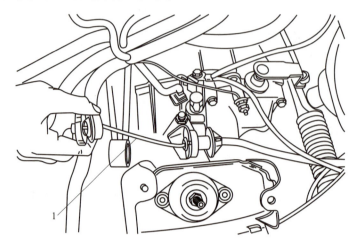

**图1-11　拆下离合器拉索**
1—离合器拉索

2) 分离叉轴的更换

拆卸变速器。拆下离合器分离叉轴传动杆→拆下分离轴承→拆下挡圈(见图1-12)→取下橡胶防尘套→拆下分离套筒→拆下分离叉轴的定位螺栓→拆下分离叉轴左衬套→取下分离叉轴→拆下分离叉轴右衬套→装上新的离合器分离叉轴右衬套→装上分离叉轴,用适量的润滑脂润滑衬套及分离叉轴的支撑位置并安装。

用15 N·m的力矩旋紧分离叉轴的定位螺栓,如图1-13所示。

装上分离套筒,将防尘套推入分离叉轴,挡圈压至尺寸$A=18$ mm的位置,如图1-14所示。

装上分离轴承并使分离叉轴传动杆的安装位置达到$a=(20\pm5)$ mm,如图1-15所示。

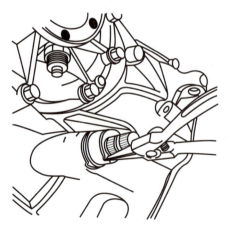

**图1-12　拆卸分离叉轴的挡圈**

**图1-13　拧紧分离叉轴的定位螺栓**

图1-14 分离叉轴挡圈的安装位置

图1-15 分离叉轴传动杆的安装位置

3）分离轴承的更换

拆卸变速器。拆下分离轴承，如图1-16所示。用润滑脂润滑接触点，装上新轴承和回位弹簧，如图1-17所示。

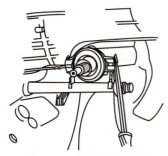
图1-16 拆下分离轴承

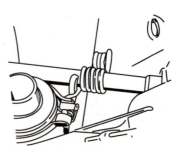
图1-17 回位弹簧的安装位置

4）分离套筒的更换

拆卸变速器。拆下分离轴承，再拆下分离套筒。安装时，排油孔应朝下，如图1-18所示。

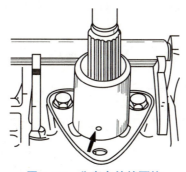
图1-18 分离套筒的更换

**4. 离合器踏板自由行程的检查、调整**

离合器踏板自由行程应为15~20 mm，检查方法如图1-19所示，用一个直尺抵在驾驶室底板上，先测量踏板完全放松时的高度，再用手轻按踏板，当感到阻力增大时再次测量踏板高度，两次测量的高度差即为离合器踏板自由行程。离合器踏板自由行程的调整可通过拉索式操纵机构的调整螺母来进行，如图1-20所示。

资源1-6 离合器的调整

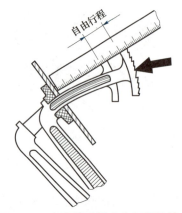

图 1-19 离合器踏板自由行程的检查

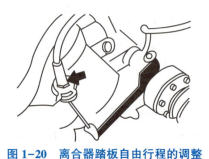

图 1-20 离合器踏板自由行程的调整

**5. 液压操纵机构的检修**

1) 离合器主缸的检修

离合器主缸如图 1-21 所示。

资源 1-7 主缸的构造和工作情况

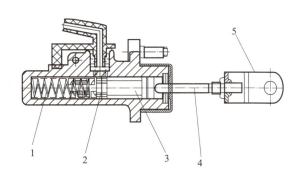

图 1-21 离合器主缸

1—回位弹簧；2—减压皮碗；3—活塞；4—总泵推杆；5—连接叉

（1）当离合器主缸内壁磨损超过规定值，活塞与缸筒间隙超过规定值，皮碗老化或回位弹簧失效时，应更换相应零件。

（2）主缸筒装配前，应清洗干净，活塞（见图 1-22）、密封圈、皮碗及缸套等零件应涂抹锂基润滑脂。

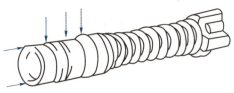

图 1-22 主缸活塞

（3）安装离合器主缸。将主缸注满制动液，并对液压系统放气，检查有无渗漏之处。

2) 离合器工作缸的检修

离合器工作缸分解图如图 1-23 所示。

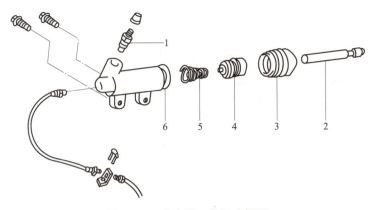

**图 1-23 离合器工作缸分解图**

1—放气阀；2—推杆；3—防尘罩；4—活塞；5—弹簧；6—工作缸

（1）检查离合器工作缸零件的磨损情况，磨损严重的零件应修理或更换。

（2）装配工作缸活塞时，应在活塞上涂抹锂基润滑脂，如图 1-24 所示。

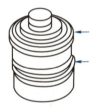

**图 1-24 在活塞上涂抹锂基润滑脂**

（3）按规定力矩拧紧离合器工作缸的固定螺栓和软管接头。

（4）将离合器工作缸注满制动液，放气并检查有无渗漏现象。

主缸和工作缸是离合器液压操纵系统的主要部件，其工作性能的好坏直接影响离合器的工作性能。当出现缸筒内壁磨损超过 0.125 mm，活塞与缸筒的间隙超过 0.2 mm，皮碗老化及回位弹簧失效等情况时，应更换相应零件。

### 6. 检修注意事项

（1）衬垫：应更换纸质密封垫圈，更换 O 形环。

（2）调整垫片：用千分尺多点检测调整垫片，精确地测出所需垫片的厚度。检查调整垫片边缘是否有损坏，只能装入完好的调整垫片。

（3）挡圈、锁圈：调整挡圈及锁圈不能过度拉开，必须将其完全放在槽内。

（4）螺栓、螺母：固定盖和罩壳的螺栓和螺母应交叉拧紧和拧松（特别是易损件），并且应按规定的拧紧力矩拧紧螺栓和螺母。

（5）轴承：将滚针轴承有标志的一面（壁厚较大）朝向安装工具，在轴与轴承之间涂一层润滑脂。所有的轴承和接触表面均应使用规定型号的润滑脂润滑。

（6）在进行离合器踏板修理工作时，应将蓄电池搭铁线拆下。

### （三）离合器常见故障的诊断与检修

离合器的常见故障有离合器打滑、分离不彻底、发抖、异响等。

**1. 离合器打滑**

1）现象

汽车用低速挡起步，放松离合器踏板后，汽车不能起步或起步困难；汽车加速行驶时，车速不能随发动机转速的提高而提高，感到行驶无力，严重时产生焦糊味或冒烟等现象。

2）原因

（1）离合器踏板没有自由行程，使分离轴承压在分离杠杆上。

（2）从动盘摩擦片、压盘或飞轮工作面磨损严重，离合器盖与飞轮的连接松动，使压紧力减弱。

（3）从动盘摩擦片有油污、烧蚀、表面硬化、铆钉外露、表面不平，使摩擦系数下降。

（4）压力弹簧疲劳或折断，膜片弹簧疲劳或开裂，使压紧力下降。

（5）离合器操纵杆卡滞，分离轴承套筒与导管间油污、尘腻较多，甚至造成卡滞，使分离轴承不能回位。

（6）分离杠杆弯曲变形，出现运动干涉，不能回位。

3）诊断与排除

（1）检查离合器踏板自由行程，如不符合规定应予以调整。

（2）如果自由行程正常，应拆下变速器壳，检查离合器与飞轮连接螺栓是否松动，如松动则予以拧紧。

（3）如果离合器仍然打滑，应拆下离合器检查从动盘摩擦片的状况。如果有油污，一般可用汽油清洗并烘干，然后找出油污来源并设法排除。如果摩擦片磨损严重或有铆钉外露，应更换从动盘。

（4）如果从动盘完好，则应分解离合器，检查压紧弹簧，如果弹力过软则应更换。

**总结**：离合器打滑主要从从动盘压不紧、从动盘摩擦系数下降等方面加以考虑。

**2. 离合器分离不彻底**

1）现象

发动机怠速运转时，踩下离合器踏板，挂挡有齿轮撞击声，且难以挂上；如果勉强挂上挡，则在离合器踏板尚未完全放松时，发动机熄火。

2）原因

（1）离合器踏板自由行程过大。

（2）分离杠杆弯曲变形、支座松动、支座轴销脱出，使分离杠杆内端高度难以调整。

（3）分离杠杆调整不当，其内端不在同一平面内或内端高度太低。

（4）双片离合器中间压盘限位螺钉调整不当，个别分离弹簧疲劳、高度不足或折断，中间压盘在传动销上或在离合器驱动窗口内轴向移动不灵活。

（5）从动盘钢片翘曲、摩擦片破裂或铆钉松动。

（6）新换的摩擦片太厚或从动盘正反装错。

（7）从动盘花键孔与变速器第一轴花键轴卡滞。

（8）离合器液压操纵机构漏油、有空气或油量不足。

（9）膜片弹簧弹力减弱。

（10）发动机支撑磨损或损坏，发动机与变速器不同心。

3）诊断与排除

（1）检查离合器踏板自由行程，如果自由行程过大则进行调整。如果不是则检查液压操纵机构的储液罐油量是否不足或管路中是否有空气，并进行必要的排除。如果不是上述问题应继续检查。

（2）检查分离杠杆内端高度，如果分离杠杆高度太低或不在同一平面，则进行调整。否则检查从动盘是否装反，如果都没问题则继续检查。

（3）检查从动盘是否翘曲变形、铆钉脱落，从动盘是否轴向运动卡滞等，如果是则进行更换或修理。

**总结**：离合器分离不彻底主要从离合器踏板自由行程、分离杠杆高度、从动盘等方面加以考虑。

### 3. 起步发抖

1）现象

汽车用低速挡起步时，按操作规程逐渐放松离合器踏板并徐徐踩下加速踏板，离合器不能平稳接合且产生抖振，严重时甚至整车产生抖振现象。

2）原因

（1）分离杠杆内端高度不在同一平面内。

（2）从动盘或压盘翘曲变形，飞轮工作端面的端面圆跳动严重。

（3）从动盘摩擦片厚度不均匀、有油污、烧焦、表面不平整、表面硬化、铆钉头露出、铆钉松动或切断、波形弹簧片损坏。

（4）压紧弹簧的弹力不均、疲劳或个别折断，膜片弹簧疲劳或开裂。

（5）从动盘上的缓冲片破裂或减振弹簧疲劳、折断。

（6）发动机支架、变速器、飞轮、飞轮壳等的固定螺栓松动。

（7）分离轴承套筒与导管油污、尘腻较多，使分离轴承不能回位。

3）诊断与排除

（1）检查离合器踏板、分离轴承等回位是否正常，如果正常则继续检查。

（2）检查发动机支架、变速器、飞轮、飞轮壳等的固定螺栓是否松动，如果是则紧固螺栓，否则继续检查。

（3）检查分离杠杆的内端是否在同一平面，如果是则继续检查。

（4）检查压盘、从动盘是否变形，铆钉是否松动、外露，压紧弹簧的弹力是否超出允许范围，如果是则更换或修理。

**总结**：起步发抖主要从起步时离合器在接合过程中不平稳来考虑，即发动机在匀速转动，而由于离合器接合不平稳使离合器的从动部分转动不平稳，从而反映为离合器乃至整车的抖振。

### 4. 离合器异响

1）现象

离合器分离或接合时发出不正常的响声。

2）原因

（1）分离轴承缺少润滑剂，造成干摩擦或轴承损坏。

(2) 分离轴承与分离杠杆内端之间无间隙。

(3) 分离轴承套筒与导管之间油污、尘腻较多或分离轴承回位弹簧与踏板回位弹簧疲劳、折断、脱落，使分离轴承回位不佳。

(4) 从动盘花键孔与其花键轴配合松旷。

(5) 从动盘减振弹簧退火、疲劳或折断。

(6) 从动盘摩擦片铆钉松动或铆钉头外露。

(7) 双片离合器传动销与中间压盘和压盘的销孔磨损过度。

3) 诊断与排除

(1) 稍微踩下离合器踏板，使分离轴承与分离杠杆接触，如果有"沙沙"的响声则为分离轴承响；如果加油后仍响，说明轴承磨损过度、松旷或损坏，应更换。

(2) 踩下、抬起离合器踏板，如果出现间断的碰撞声，说明分离轴承前后有窜动，应更换分离轴承回位弹簧。

(3) 连踩踏板，如果离合器刚接合或刚分开时有响声，说明从动盘铆钉松动或外露，应更换从动盘。

**总结**：离合器异响主要从磨损过度、松旷、过紧、运动中刮碰等方面加以考虑。

**5. 离合器常见异响判断与处理**

离合器不同部位的机件所发出的响声，反映在使用过程的瞬间也是不一致的。要根据发出的异响，来正确判断和处理离合器的故障。

1) 离合器"沙沙"声

现象：稍微踩下离合器踏板，使离合器分离轴承和分离杠杆接触，这时如发出"沙沙"声，说明是离合器分离轴承响。

处理：先加注润滑油，如果还是有响声，则需要更换分离轴承。此故障为恶性故障，应及时修理。

2) 离合器"咔嗒"声

现象：离合器踏板踩到底时，发出无节奏的"咔嗒""咔嗒"声，在怠速运转时，响声比较明显，抬起踏板响声消失，则为传动销响。此响声只有采用双片离合器的汽车才会出现。

处理：将传动销转换90°，也可换加粗的传动销。此故障为良性故障，不严重时，可暂时使用，严重时应拆下修理。

3) 离合器"哗哗"声

现象：将离合器踏板踩到底时，听到一种"哗哗"的金属片干擦声，若拆下小飞轮壳护罩，可见分离过程与分离杠杆接触处有火花，说明离合器分离轴承不转或损坏。

处理：将分离轴承更换。此故障为恶性故障，应及时修理。

4) 离合器"咯啷"声

现象：发动机怠速运转时，离合器发出一阵"咯啷"的响声，汽车起步时发抖，说明离合器摩擦片铆钉松动或键槽已经过度磨损。

处理：更换摩擦片。

5) 离合器一瞬间发响

现象：刚踩下踏板或抬起踏板使离合器从动盘和压盘处于将要分离或接合的那一瞬间发响，说明：

①为压盘凸出部分与窗孔之间间隙过大所致；

②为分离杠杆与窗孔配合间隙过大所致。

处理：堆焊后重新按尺寸调整。此故障为恶性故障，应及时修理。

6）离合器噪声或撞击声

现象：将踏板全部抬起，听到有噪声或撞击声，说明是离合器踏板没有自由行程，或是自由行程很小，或是分轴承回位弹簧折断。

处理：重新调整踏板自由行程，更换回位弹簧。此故障为恶性故障，应及时修理。

## 二、任务实施

### 项目1　离合器的维护与检查

**1. 项目说明**

离合器在使用过程中，除需要调整踏板自由行程或踏板行程外，无须其他保养，调整方法如下：如果是新的离合器操纵软轴，在调整之前，通过连续地操作离合器装置（至少30次），使离合器操纵软轴套管沿轴向压紧。

**2. 技术要求与标准**

（1）一个学员能在30 min内完成此项目。

（2）离合器维护与检查的技术标准如表1-2所示。测量$L1$、$L2$并填表1-2。

表1-2　离合器维护与检查的技术标准

| 离合器踏板行程标准值 $X$ | 140~150 mm |
|---|---|
| $L2$ |  |
| $L1$ |  |
| 测量 $X$（$X=L2-L1$） |  |

**3. 设备器材**

（1）雪铁龙爱丽舍轿车一辆。

（2）钢尺一把。

（3）扳手。

**4. 作业准备**

（1）准备雪铁龙爱丽舍轿车一辆。　　　　　　　　　　　　□任务完成

（2）准备工具。　　　　　　　　　　　　　　　　　　　　□任务完成

（3）准备量具。　　　　　　　　　　　　　　　　　　　　□任务完成

（4）准备记录单。　　　　　　　　　　　　　　　　　　　□任务完成

**5. 操作步骤**

(1) 检查离合器踏板的工作情况。

踩下离合器踏板,检查有无以下故障:踏板无回弹力、异响,踏板过度松动,踏板沉重。

(2) 离合器踏板自由行程的检查如图 1-25 所示。

操作步骤如下:

①测量 $L1$:踏板处于静止位置,沿转向盘方向量取。

②测量 $L2$:将踏板踩到底,沿转向盘方向量取。

③离合器踏板自由行程 $X$ 和算法:

$$X = L2 - L1$$

**注意**:①离合器踏板上的测量点应相当于司机的脚踏点。

②离合器踏板行程的调整值为:

$$X = (145 \pm 5) \text{ mm}$$

(3) 离合器踏板自由行程的调整如图 1-25 所示。

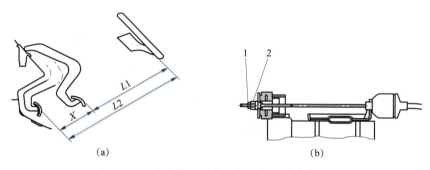

图 1-25　离合器踏板自由行程的检查和调整

(a) 测量离合器踏板自由行程;(b) 调整离合器踏板自由行程

1—锁紧螺母;2—调整螺母

**注意**:离合器踏板自由行程过小会造成离合器分离不彻底,并易导致离合器摩擦片的早期磨损。

离合器踏板行程 $X$ 的调整:如果数值不正确或踏板过高,拧松锁紧螺母 1。按需要,拧紧或拧松调整螺母 2,以便将行程调整至规定值。最后,拧紧锁紧螺母 1,力矩为 6 N·m。拧紧螺母是增加行程,拧松则是减少行程。

(4) 检查离合器液压操纵机构油面和泄漏。

## 项目 2　离合器的拆检

**1. 项目说明**

怠速运转时,离合器踏板虽已踩到底,但挂挡困难,变速器齿轮有撞击声。勉强挂上挡后,尚未放松离合器踏板,汽车已行驶或熄火。

拆下离合器底盖,将变速器挂入空挡,离合器踩到底。然后,用开口螺丝刀拨动从动盘,如果能轻松拨转,说明离合器分离良好;如果拨不动,说明离合器分离不彻底。

**2. 技术要求与标准**

（1）一个学员能在 30 min 内完成此项目。

（2）离合器拆检的技术标准如表 1-3 所示。

表 1-3　离合器拆检的技术标准

| 离合器和飞轮的相对位置 | 按标记安装 |
|---|---|
| 安装离合器片 | 带有数码 PSA 的一面必须在变速器一侧 |
| 螺栓紧固力矩 | 按规定力矩紧固 |

**3. 设备器材**

（1）雪铁龙爱丽舍轿车一辆。

（2）世达工具。

（3）专用工具。

**4. 作业准备**

（1）准备雪铁龙爱丽舍轿车一辆。　　　　　　　　　　　　□任务完成

（2）准备工具。　　　　　　　　　　　　　　　　　　　　□任务完成

（3）准备量具。　　　　　　　　　　　　　　　　　　　　□任务完成

（4）准备记录单。　　　　　　　　　　　　　　　　　　　□任务完成

**5. 操作步骤**

拆装离合器所用专用工具如表 1-4 所示。

表 1-4　拆装离合器所用专用工具

| 专用工具名称 | 专用工具 |
|---|---|
| 离合器心轴 9513-T | 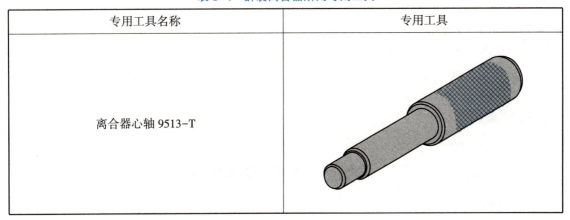 |

1）拆卸

如图 1-26 所示，拆下离合器 1、离合器从动盘 2 和离合器止推轴承（参看知识准备）。

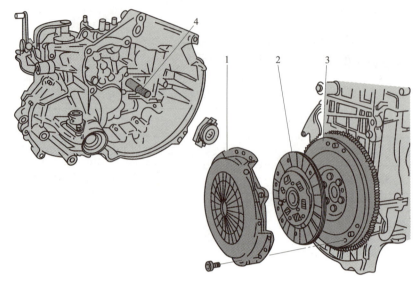

图 1-26　离合器组件

1—离合器；2—离合器从动盘；3—曲轴油封；4—限位导向套油封

如果重新使用盖罩，则需标记离合器和飞轮的相对位置。

2）检查

（1）检查是否有损坏或有刮痕的飞轮面。

（2）检查飞轮是否磨损。

（3）检查起动机环形齿轮。

（4）检查曲轴油封 3 处有没有发生机油泄漏。

（5）检查限位导向套油封 4 处是否漏油，如有必要进行修理。

3）安装

（1）安装离合器从动盘 2。

（2）安装离合器 1。安装离合器片时，带有数码的一面必须在变速器一侧。

①使用离合器心轴将离合器从动盘 2 对中。

②按规定扭矩拧紧离合器机构的固定螺钉，扭矩为（20±2）N·m。

③将一薄层 MOLYKOTE BR2 PLUS 涂到离合器限位导向套和输入轴上。

④安装离合器分离轴承。

（3）安装变速器。

## 项目 3　离合器打滑故障诊断

**1. 项目说明**

汽车在起步时离合器踏板接近完全放松汽车才能起步，离合器接合后，发动机动力不能完全传给驱动轮，出现汽车起步困难、油耗上升、行驶中或加速时发动机转速过高但车速提高缓慢等现象。

**2. 技术要求与标准**

（1）一个学员能在 30 min 内完成此项目。

(2) 分析离合器打滑的故障原因。
(3) 按步骤排除打滑故障。
(4) 参照东风雪铁龙维修手册 0020-2004-12 技术标准。

**3. 设备器材**

(1) 雪铁龙爱丽舍轿车一辆。
(2) 世达工具。
(3) 扳手。

**4. 作业准备**

(1) 准备雪铁龙爱丽舍轿车一辆。　　　　　　　　　　　　□任务完成
(2) 准备工具。　　　　　　　　　　　　　　　　　　　　□任务完成
(3) 准备量具。　　　　　　　　　　　　　　　　　　　　□任务完成
(4) 准备记录单。　　　　　　　　　　　　　　　　　　　□任务完成

**5. 操作步骤**

1) 原因分析

离合器打滑的根本原因是压盘不能牢固地压在从动盘摩擦片上，或摩擦片的摩擦系数过小。具体原因及处理方法主要有：

(1) 摩擦片烧损、硬化、有油污或从动盘摩擦片磨损过度，视情况予以修理或更换。
(2) 膜片弹簧疲劳、开裂或失效，应予更换。
(3) 分离轴承及分离套筒运动发卡不能回位，应予润滑或更换。
(4) 压盘或飞轮变形、磨损，应予磨平或更换。
(5) 离合器操纵机构调整不当，导致踏板自由行程过小，应予调整。
(6) 对于拉索式操纵机构来说，可能是拉索卡滞、自调装置失效等，应视情况润滑、更换。
(7) 离合器液压操纵机构中的离合器主缸不良，应检修或更换。

2) 故障诊断方法与步骤

诊断离合器打滑故障的方法是：拉紧驻车制动，挂上低速挡，慢慢放松离合器踏板并逐渐减小节气门开度，发动机仍继续运转不熄火，说明离合器打滑。离合器打滑的根本原因是离合器主、从动部分摩擦力矩不足，发动机输出力矩不能全部传给传动系统。在确认离合器打滑后，可按以下步骤检查。

(1) 检查离合器踏板的自由行程。

离合器自由行程应符合原厂的规定，如踏板没有自由行程或自由行程过小，需进行调整。液压操纵式离合器自由行程的调整：旋松锁紧螺母，调节推杆，使推杆长度缩短，直到自由行程符合要求，如图 1-27 所示。

拉索操纵式离合器自由行程的调整：松开锁紧螺母，调整调整螺母，护套有效长度缩短，使自由行程符合要求。对自调式拉索，应按相关维修手册检查其自调功能是否正常。

(2) 对可拆下离合器下盖的车辆可拆下离合器下盖，检查分离轴承的回位情况及分离杠杆的高度。

非自调式离合器在离合器接合时分离轴承与分离杠杆之间应存在自由间隙，这将使得非

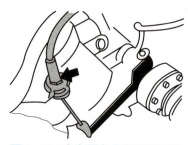

图 1-27 离合器自由行程的调整

自调式离合器在离合器踏板上需有较大一些的自由行程。如分离拨叉随离合器踏板释放回位，但分离轴承仍抵在分离杠杆内端上，则说明分离杠杆内端面过高，应按规定调整分离杠杆内端的高度，使分离杠杆与分离轴承前端面保持一定的间隙。

自调式离合器分泵，离合器接合时，离合器分泵中的弹簧把工作缸中的活塞、推杆及分离拨叉外端向后推，分离拨叉和工作缸推杆间没有游隙，也不用调整，分离轴承在工作缸锥形弹簧力作用下和膜片弹簧内端轻轻接触，随分离指一起旋转，但并没有压迫分离指。

（3）检查离合器盖固定螺栓是否松动。

（4）检查摩擦片是否磨损过度或沾有油污。从检视孔检查离合器从动片周边的清洁状况，若有油污甩出、烧蚀痕迹或磨损留下的粉末等，应进一步拆检，检查从动摩擦片是否磨损过甚、铆钉露出、烧蚀等，并找出烧蚀原因。

（5）检查压紧弹簧是否损坏或弹力不足。

（6）检查压盘、飞轮工作表面的平面度误差。

（7）检查发动机支座是否松动、移位等。对采用机械传动杆式离合器操纵机构的车辆来说，其传动杆系统的一部分与汽车车架和发动机气缸体相连接。如果汽车发动机支座断裂，则汽车加速时发动机将会跳离汽车车架，从而使离合器传动杆移动并给分离叉施加压力，推动分离轴承压向离合器压盘，导致离合器摩擦片在飞轮和压盘之间打滑。

## 三、学习评价

### （一）理论知识

**1. 自评自测**

评测 1

评测 2

**2. 思考**

离合器打滑的现象、原因、诊断与排除方法。

（二）技能操作（见工单册）

## 四、拓展学习

**重型货车离合器维护**

以解放 CA1208 系列载货汽车离合器为例，详见"拓展学习二维码"。

拓展学习

# 学习任务 2
## 手动变速器检修

某辆装备有手动变速器的汽车，挂入2挡后，空加油不走车或者2挡挂挡困难，其他挡位正常。

试根据故障现象确定故障部位，分析故障原因，并对变速器换挡困难进行维修，同时提交维修报告。

通过本任务学习，应能够：
(1) 进行变速器的维护和保养。
(2) 分析诊断手动变速器的故障原因并排除。
(3) 正确检修手动变速器的故障。

## 一、知识准备

### （一）手动变速器的保养与维护

配备手动变速器的车辆每行驶一定里程都要做相应的保养和维护，如表 2-1 所示。

资源 2-1　三轴五挡变速器各挡传动路线

资源 2-2　变速器的保养维护

表 2-1　手动变速器行驶里程数及维护、保养项目

| 行驶公里数 | 维护、保养项目 | 注意事项及不良后果 |
| --- | --- | --- |
| 每行驶 3 000 km | 检查润滑油平面 | 油平面以加油口下缘为准，不足时添加。油面过低可能烧坏轴承和齿轮，过高会引起过热和漏油 |
|  | 检查和清洗通气塞 | 应拆下通气塞进行检查和清洗。通气塞堵塞会使变速器内压力升高，造成油封和接合面漏油 |
| 新车行驶 12 000 km | 更换变速器的润滑油 | 更换变速器的润滑油，并应用煤油清洗 |

续表

| 行驶公里数 | 维护、保养项目 | 注意事项及不良后果 |
|---|---|---|
| 每行驶<br>12 000 km | 对变速器第一轴前轴承加注润滑脂 | 滑脂嘴装在发动机飞轮上，将离合器壳底盖卸下，转动曲轴使滑脂嘴向下就可加注。<br>注入润滑脂不能过多，只注4~5下即可，以免沾污离合器摩擦片 |
| | 检查凸缘锁紧螺母的紧固情况 | 使用中发现车速里程表的车速指示和里程数有明显误差时，往往是由于凸缘锁紧螺母松动，使原来被压紧的车速里程表主动齿轮松动打滑所致。凸缘锁紧螺母的拧紧扭矩为200~250 N·m |
| 每行驶<br>24 000 km | 需更换润滑油 | 避免因油的变质、稀释而造成齿面磨损，或因油结胶堵塞齿轮上的润滑油孔，使轴承因缺油而烧坏。油结胶还会填满同步器锥环外缘的齿纹，使摩擦系数下降，同步器失效。换油时应卸下中间轴后轴承盖，检查锁片有无损坏，螺母是否松动 |
| 每行驶<br>48 000 km | 检查变速器各轴承工作情况 | 轴承异常磨损，异响；润滑不良，发热 |
| 每行驶<br>80 000 km<br>左右 | 变速器应解体检查、清洗和换油，并进行调整 | 造成变速器故障，使用寿命下降等 |

**1. 变速器油的检查**

（1）检查变速器是否漏油，如有应维修漏油处。

（2）进行检查时，应确保汽车放平。

（3）卸下变速器油位塞。通过注油孔/油位塞孔能检查油位。

资源 2-3　变速器油的检查

资源 2-4　变速器油漏油检查

如卸下油位塞时，油从油位孔流出或油位已达到油位孔，说明油已加注到位。如发现油量不足应用规定油加注，让油位升至油位孔。

（4）按规定扭矩拧紧油位塞。

**2. 变速器油的更换**

（1）将汽车放平。卸下放油塞，放油。

（2）按规定扭矩扭紧放油塞。

（3）用规定用油加注，让油位升至油位孔。

（4）按规定扭矩拧紧注油塞。

资源 2-5　变速器油的更换

**3. 换挡控制杆与轴的检查**

检查换挡控制杆是否灵活，有无不正常的噪声。

如操作不灵,应按下述要求进行润滑。
用底盘防水润滑脂润滑控制杆支座和轴衬套。

### (二) 变速器拆检

下面以 MA5 变速器为例介绍变速器的拆装与检修。

#### 1. MA5 变速器的技术参数与要求

1) 识别

图 2-1 所示为 MA5 变速器。

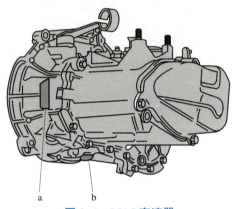

图 2-1　MA5 变速器

标记区域"a""b":"a"为部件参考号,"b"为序列号。

2) 数据

变速器各部件参数如表 2-2 所示。

表 2-2　变速器各部件参数

| 发动机编码 | TU3AF | TU5JP4 |
|---|---|---|
| 发动机法定型号 | KFW | NFU |
| 识别标记 | 20×A07 ||
| 变速器类型 | MA5/N ||
| 1挡传动比 | 41∶12 ||
| 2挡传动比 | 38∶21 ||
| 3挡传动比 | 41∶32 ||
| 4挡传动比 | 39∶40 ||
| 5挡传动比 | 33∶43 ||
| 倒挡传动比 | -43∶12 ||
| 冠状齿轮和小齿轮的齿数 | 14、60 ||
| 车速表驱动齿轮 | 无 ||
| 差速器直径/mm | 77 ||

3）润滑

需要润滑油型号为：ESSO 75W80 EZL 848 或 TOTAL 75W80 H6965，机油容量 2 L，终身润滑（不需要检查液面）。

任何加注只需排空变速器后加注正确油量即可，在变速器排空之后，由通气孔充填。

4）拧紧扭矩

各紧固件的标准拧紧扭矩如表 2-3 所示。

表 2-3　各紧固件的标准拧紧扭矩

| 紧固部位 | 拧紧扭矩/（N·m） |
| --- | --- |
| 将变速器壳体固定到离合器壳体上 | 20±2 |
| 离合器轴承导杆的紧固件 | 10±1（*） |
| 中间板与离合器壳的紧固件 | 50±5（*） |
| 推力轴承紧固件 | 20±2（预涂胶螺钉） |
| 从动轴螺母 | 140±14 |
| 离合器壳上钢板的紧固件 | 25±2 |
| 放油塞 | 25±2 |
| 油位塞 | 25±2 |
| 倒车灯开关 | 25±2 |
| 车速表驱动支架的紧固件 | 10±1 |
| 变速器至发动机紧固件 | 40±4 |

（*）将螺栓螺纹涂 LOCTITE 防松胶。

5）变速器清洁及安装条件

（1）禁止在接合面上使用磨料或锋利工具。

（2）使用丝锥清洁气缸体上的螺纹孔。

（3）仅安装干净且无故障（划痕、毛边、撞痕）的零件。

（4）给安装零件涂润滑油。

（5）拆卸后必须更新：油封、密封圈、销、轴承、轴承导板、弹簧圈及卡环、弹簧垫圈、限位导向紧固螺栓、离合器轴轴承、轴锁紧螺母、中间板紧固螺栓、差速器行星齿轮轴和弹性挡圈。

（6）需要保持相匹配的部件为：离合器壳和中间板、选择杆和轴、离合器杆和轴、啮合块和杆、拨叉和轴。

**2. 从车上拆变速器**

拆装变速器所用专用工具如表 2-4 所示。

表2-4 拆装变速器所用专用工具

| 专用工具名称 | 专用工具 |
| --- | --- |
| 10 mm 的球节解除工具 9040-T.G1 | |
| 13 mm 的球节解除工具 9040-T.G2 | |
| "CLIC" 夹钳 4145-T | |
| 链条 | |
| 车间升降机 | |
| 左传动轴油封安装工具 7114.T-W | |
| 右传动轴油封安装工具 7114.T-X | |

1）拆卸

（1）将车辆放到双柱斜面上，升起并支撑住车辆，断开蓄电池。

①使用夹钳拆下进气口软管环，取下曲轴箱通气管，拆下进气口共振器和空气滤清器。

②拆下蓄电池及蓄电池支架，同时拆下发动机速度传感器。

（2）拆开发动机接地电缆，拔下倒挡开关接头和发动机速度传感器。

（3）拆下发动机转速传感器。

（4）图2-2所示为离合器拉索，拉动离合器拉线，将其从自拉线套管止推支架的离合器拉线上拆下，取下拉索套管尾端件2和衬垫1。拆下前轮、发动机下护板和左前挡泥板。

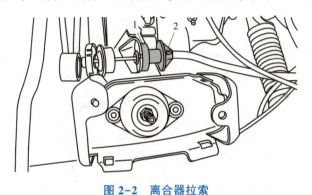

图 2-2 离合器拉索

1—衬垫；2—拉索套管尾端件

（5）排空变速器，拆下驱动轴、排气管和发动机飞轮下部外壳的关闭面板。

（6）如图2-3所示，松开齿轮选择连杆；使用球节解除工具，拆下扭矩反作用螺柱，拿下反作用连杆，松开起动机螺栓。

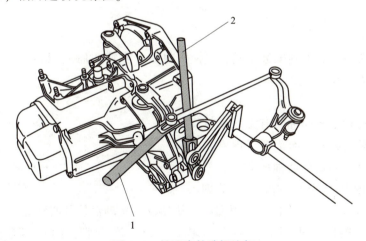

图 2-3 松开齿轮选择连杆

1—10 mm 的球节解除工具；2—13 mm 的球节解除工具

（7）将起动机移至一旁（不拆下起动机）；松开将变速器固定在引擎上的螺栓（无须拆下）。

使用一个千斤顶支撑发动机，使用链条、车间升降机吊起变速器，拧下螺母，取下螺栓，拆下柔性支承，如图2-4所示。

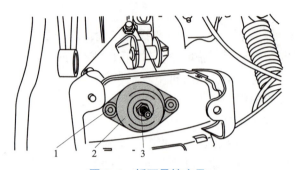

图 2-4 拆下柔性支承
1—螺栓；2—柔性支承；3—螺母

（8）使用千斤顶支撑，然后拆下动力传动系统的零部件；拆下螺母取下固定支架 2，如图 2-5 所示。将变速器固定在引擎上的螺栓拆下，拆下变速器。

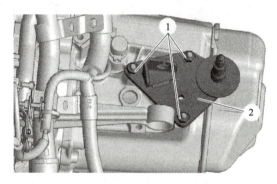

图 2-5 拆下固定支架
1—螺母；2—固定支架

2）检修

使用左、右传动轴油封安装工具，更换密封圈（在密封唇之间的间隙涂抹润滑脂），检查变速器上有无定位销。

（1）检查。

①检查分离轴承导向油封有无漏油现象。

②检查曲轴密封圈处有无泄漏现象。

③检查离合器和离合器轴承磨损状态。

（2）如出现上述现象，进行必要修理。

（3）清洁和润滑，如果再次使用离合器从动盘，从动盘轮毂必须无任何氧化痕迹。

①用一块布擦掉凹槽顶端和输入轴尾端多余的润滑脂，防止离合器箱内部溅入润滑脂。

②使用 MOLYCOTE-RAPID PLUS 润滑脂润滑离合器拨叉。润滑脂过量会污染离合器摩擦片并导致齿轮空挡有噪声、离合器打滑或振动。

③清洁螺栓螺纹。

3）安装

安装顺序与拆卸顺序相反。

重新安装时，变速器设置在空挡位置，通过分离拨叉进行定位，止块必须处于其导轨上。

（1）将变速器固定到发动机上。安装支架用（40±4）N·m扭矩拧紧，螺母拧紧扭矩为（25±4）N·m。

（2）使用一个千斤顶安装动力传动装置。安装柔性支承，拧紧螺栓，拧紧扭矩为（30±3）N·m，螺母拧紧到（65±6）N·m，装上起动机和反作用连杆，分别拧紧到（22±3）N·m和（50±5）N·m。

（3）夹紧齿轮选择连杆。安装发动机飞轮下部外壳的关闭面板、气管和驱动轴（参见相关操作）。

（4）注满变速器油。安装左前挡泥板、发动机下护板。

①装上前轮，拧紧扭矩为（90±9）N·m。

②装上衬垫和拉索套管尾端件。

③安装电缆套管止推支架上的离合器电缆和离合器杆上的离合器拉索。

（5）充分踩下并释放离合器若干次，检查踏板的位置是否无阻力点。

（6）安装发动机转速计，连接倒挡开关和发动机速度传感器。

（7）安装发动机速度传感器、蓄电池、空气滤清器进气口共振器、曲轴箱通气管、进气口软管环；使用夹钳连接发动机接地电缆。

（8）连接蓄电池，将车辆降到地面上。

**3. 检查和分解变速器**

1）检查变速器壳体

变速器壳体的主要损伤表现为：壳体的变形、裂纹，定位销孔、轴承孔、螺纹磨损等。

（1）变速器壳体不能有裂纹。对应力不大的裂纹，可用环氧树脂粘接或焊接修复。如轴承座孔、定位销孔、螺纹孔等重要部位出现裂纹，则必须更换壳体。

（2）变速器壳体的变形将破坏齿轮的正常啮合，引起变速器故障；检查时，对于三轴式变速器要用专用量具检查以下项目。

①上下两孔轴线间的距离。

②上下两孔轴线的平行度。

③上下轴线上平面间的距离。

④前后两端面的平面度。

两轴式变速器壳体由前后两部分组成，其变形检查是检查输入轴与输出轴的平面度及前后壳体接合面的平面度。超过规定时要进行修复。

当变速器轴承孔磨损超限、变形，可采用镶套、刷镀的方法修复或更换；当壳体平面度误差超限时，可采用铲、刨、锉、铣等方法修复或更换。

2）分解变速器壳

图2-6所示为变速器外围件。

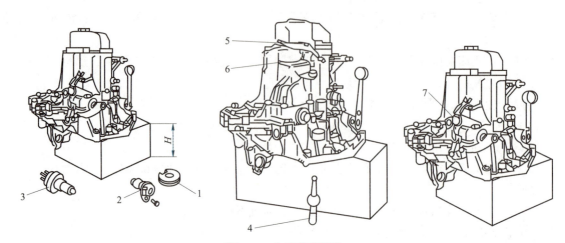

图 2-6 变速器外围件

1—分离轴承；2—支承和车速表输出齿轮；3—倒挡开关；4—球头杆；5—支架；6—连接板；7—变速转换杆

（1）拆下离合器分离轴承，把变速器放置到木块上（$H = 180$ mm）（最小）。

（2）拆下支承和车速表输出齿轮、倒挡开关和变速器排空塞。

（3）拧下油位螺塞，拆下几个驱动输出密封件。

（4）拆下球头杆、支架和连接板。

（5）拆下变速转换杆。

### 4. 拆卸变速器外壳

拆卸变速器外壳所用专用工具如表 2-5 所示。

表 2-5 拆卸变速器外壳所用专用工具

| 专用工具名称 | 专用工具 |
| --- | --- |
| 三卡爪拔取器 FACOM U.20 | |
| 输出轴螺母紧固套筒 4526-T | |

1）拆卸变速器盖

（1）拆卸变速器附件。

（2）拆下端盖，如图 2-7 所示。

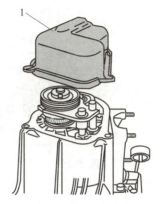

图 2-7 拆下端盖

1—端盖

资源 2-6 拆下端盖

（3）如图 2-8 所示，将 5 挡拨叉销冲出，拆去 5 挡组件（MA5）。

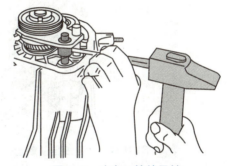

资源 2-7 5 挡拨叉销

图 2-8 冲出 5 挡拨叉销

（4）如图 2-9 所示，使 2 挡接合，将输出轴固定。

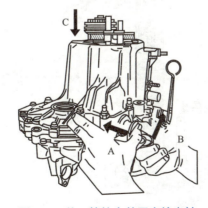

图 2-9 使 2 挡接合并固定输出轴

A—选择；B—接合倒挡；C—按下 5 挡换挡拨叉，挂 5 挡

（5）如图 2-10 所示，拧松螺母，将 5 挡同步器置于空挡。拆下螺母，取下止推垫圈。
① 识别轮毂和同步毂套，用一块布罩住套管来回收球形部件、弹簧和销钉。
② 拆下 5 挡套管及其拨叉。

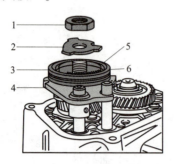

图 2-10  拆下 5 挡组件

1—螺母；2—止推垫圈；3—5 挡套管；4—拨叉；5—轮毂；6—同步毂套

资源 2-8  拆下 5 挡组件

（6）如图 2-11 所示，用三卡爪拔取器拔出 5 挡从动齿轮和同步器轮毂总成。

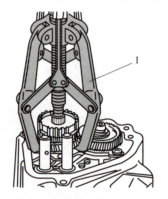

图 2-11  拔出 5 挡从动齿轮和同步器轮毂总成

1—三卡爪拔取器

（7）如图 2-12 所示，在输入轴上，拆下卡环和弹簧垫圈；在输出轴上，拆下滚针轴承、隔套环、间隔垫圈。

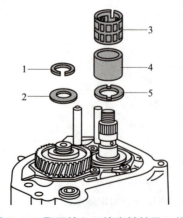

图 2-12  取下输入、输出轴轴承组件

1—卡环；2—弹簧垫圈；3—滚针轴承；4—隔套环；5—间隔垫圈

资源 2-9  输入轴轴承组件

（8）如图 2-13 所示用三卡爪拔取器拔出 5 挡驱动齿轮。

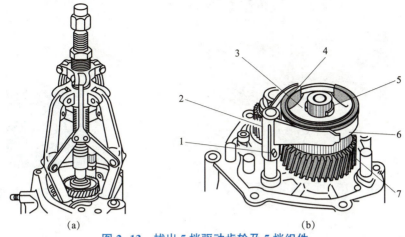

图 2-13　拔出 5 挡驱动齿轮及 5 挡组件
（a）用拔取器拔出 5 挡驱动齿轮；（b）5 挡组件
1—拨叉销；2—轴承挡圈；3—挡板；4—轮毂；5—同步毂套；6—拨叉；7—5 挡齿轮

（9）分解 5 挡组件。

①将 5 挡拨叉销冲出。拆下轴承挡圈、挡板；识别轮毂和同步毂套（拆卸前在两个部件上）。

②拆下总成，拆下同步器套管、拨叉、5 挡齿轮、同步器轮毂和挡圈（输入轴）。

③拆去 5 挡输出齿轮。

（10）如图 2-14 所示，拆卸变速器端盖，拆下螺栓，取下轴承固定半开口环。

资源 2-10　固定螺栓

资源 2-11　轴承固定半开口环

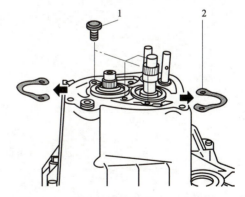

图 2-14　拆卸变速器端盖（MA4/MA5）
1—螺栓；2—轴承固定半开口环

最后，拆下盖罩固定螺钉，取下变速器壳体，如图 2-15 所示。如果变速器装有柱形固定螺栓，对其在壳体上的位置进行标记。

2）变速器盖的检修

变速器盖应无裂纹，当其与变速器壳体接合面的平面度公差超限时，可采用铲、刨、锉、铣等方法修复；当拨叉轴与轴承孔的间隙超限时，应更换。

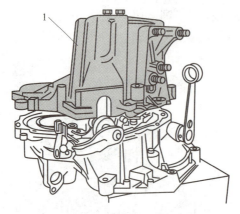

图 2-15 拆下盖罩,取下变速器壳体
1—变速器壳体

资源 2-12 取下变速器壳体

### 5. 拆卸输入轴、输出轴和差速器

(1) 如图 2-16 所示,拆下倒挡中间轴 1,取下塑料衬套 2 和倒挡滑动齿轮 3。

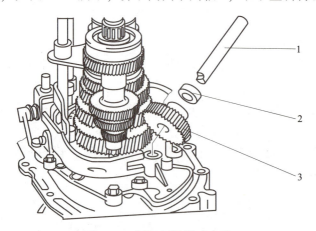

图 2-16 拆下倒挡滑动齿轮
1—倒挡中间轴;2—塑料衬套;3—倒挡滑动齿轮

资源 2-13 取下倒挡

(2) 如图 2-17 所示,拆下倒挡拨叉轴(轻压拨叉来松开轴)。

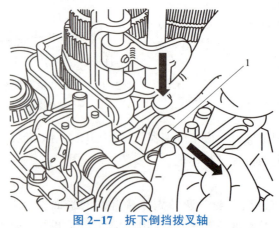

图 2-17 拆下倒挡拨叉轴
1—倒挡拨叉轴

（3）如图2-18所示，拆下倒挡拨叉。

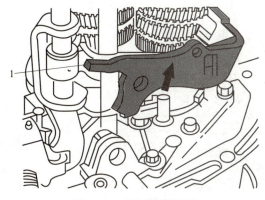

图2-18　拆下倒挡拨叉

1—倒挡拨叉

（4）如图2-19所示，朝变速器外侧冲出齿轮接合指状固定销。

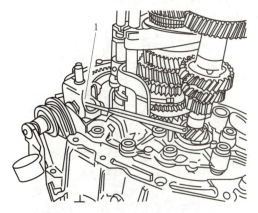

图2-19　冲出齿轮接合指状固定销

1—指状固定销

（5）如图2-20所示，拆下齿轮接合轴、齿轮接合轴密封件、弹簧及两个止推环。

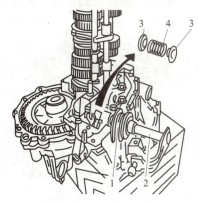

图2-20　拆下齿轮接合轴组件

1—齿轮接合轴密封件；2—齿轮接合轴；3—止推环；4—弹簧

(6）如图 2-21 所示，拆下内部互锁键。

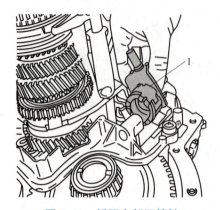

图 2-21　拆下内部互锁键

1—内部互锁键

资源 2-14　内部互锁键实体

（7）如图 2-22 所示，拆下输入轴、输出轴、拨叉和轴总成。

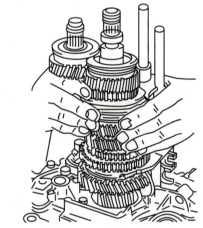

图 2-22　拆下输入轴、输出轴、拨叉和轴总成

（8）如图 2-23 所示，拆下必须保持匹配的中间板螺栓和下中间盘。

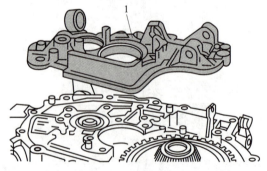

图 2-23　拆下下中间盘

1—下中间盘

（9）如图 2-24 所示，拆下倒挡拨叉锁止销、弹簧和差速器。

图 2-24 拆下倒挡拨叉锁止销

1—倒挡拨叉锁止销；2—弹簧；3—差速器

**6. 输入轴拆检**

分解、组装输入轴所用专用工具如表 2-6 所示。

表 2-6 分解、组装输入轴所用专用工具

| 专用工具名称 | 专用工具 |
| --- | --- |
| 万用拔取器 FACOM U.53T | |
| 输入轴轴承装配工具 7101-T.F | |

1）分解

（1）如图 2-25 所示，使用万用拔取器拔出 4 挡齿轮端部的轴承。

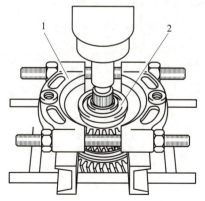

图 2-25 拔出 4 挡齿轮端部的轴承

1—万用拔取器；2—轴承

（2）如图2-26所示，拔出1挡齿轮端部的轴承。

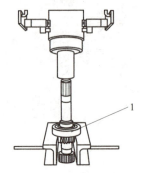

图2-26　拔出1挡齿轮端部的轴承
1—轴承

2）检修

（1）轴承的检修。

检查1、4挡齿轮端部轴承，更换有损伤的轴承。

（2）轴的检修：一般为阶梯轴，其主要损伤是轴径与轴承的磨损；花键、固定齿的磨损；轴的弯曲变形；半圆键的磨损与折断。

①轴的弯曲变形用百分表来测量，如图2-27所示，弯曲变形量不应超过0.05 mm，否则应更换或校正。

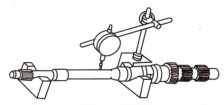

图2-27　百分表测量轴的弯曲变形

②用千分尺检查轴颈的磨损程度，其磨损达到规定值时，可堆焊后修磨、镀铬修复或更换。

③检查轴上定位凹槽的磨损，超过规定磨损量应更换。

④轴出现任何形式的裂纹和破碎时，应更换。

⑤用探伤仪检查轴，若有内部损伤，应更换。

3）组装

已拆下的轴承严禁再次使用；安装时应对部件进行润滑；确认轴上的接合面处于理想状态，无任何撞击或划痕；组装时，应遵照匹配方式、安装方向、所标记的相对可复用部件位置进行安装；使用清洁、无任何瑕疵的部件。

（1）如图2-28所示，使用输入轴轴承装配工具安装1挡齿轮端部的新轴承。

（2）如图2-29所示，使用输入轴轴承装配工具给导槽"a"定向安装4挡齿轮端部的新轴承1。

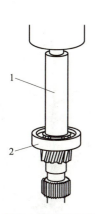 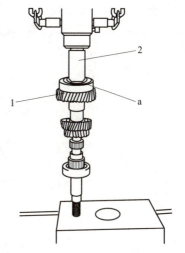

图 2-28 安装 1 挡齿轮端部的新轴承　　　　图 2-29 安装 4 挡齿轮端部的新轴承

1—输入轴轴承装配工具；2—新轴承　　　　1—新轴承；2—输入轴轴承装配工具；a—导槽

**7. 输出轴的拆检**

分解、组装输出轴所用专用工具如表 2-7 所示。

表 2-7　分解、组装输出轴所用专用工具

| 专用工具名称 | 专用工具 |
| --- | --- |
| 万用拔取器 FACOM U.53T | |
| 用于安装输入轴 4 挡齿轮侧轴承的工具 7101T-B | |
| 挡圈冲头 4508T-V | |
| 用于安装输出轴 1 挡齿轮侧轴承的工具 7101T-E | |

1)分解

(1)如图2-30所示,使用拔取器拆下轴承。

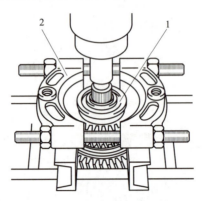

图 2-30　使用拔取器拆下轴承

1—轴承；2—拔取器

(2)如图2-31所示,拆下垫圈、4挡从动齿轮、4挡齿轮同步器环毂、3/4挡同步器和3挡齿轮同步器环毂。不要拆卸3/4挡齿轮同步器环毂,以避免把滚珠和弹簧弹出。

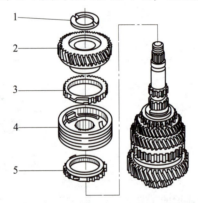

图 2-31　输出轴3/4挡部件分解图

1—垫圈；2—4挡从动齿轮；3—4挡齿轮同步器环毂；4—3/4挡同步器；5—3挡齿轮同步器环毂

(3)如图2-32所示,使用挡圈冲头冲出止动环。

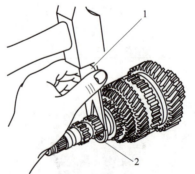

图 2-32　使用挡圈冲头冲出止动环

1—挡圈冲头；2—止动环

(4)如图 2-33 所示,分解输出轴 1/2 挡部件,拆下 3 挡从动齿轮、挡圈 2、2 挡从动齿轮、2 挡齿轮同步器环毂、1/2 挡同步器、1 挡齿轮同步器环毂、挡圈 7、1 挡从动齿轮、挡圈 9 和润滑套。

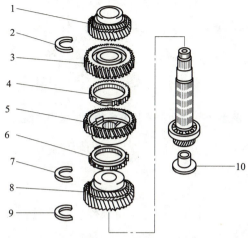

图 2-33　输出轴 1/2 挡部件分解图

1—3 挡从动齿轮;2,7,9—挡圈;3—2 挡从动齿轮;4—2 挡齿轮同步器环毂;5—1/2 挡同步器;
6—1 挡齿轮同步器环毂;8—1 挡从动齿轮;10—润滑套

(5)如图 2-34 所示,拆下轴承。

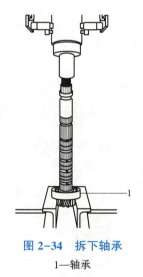

图 2-34　拆下轴承
1—轴承

2)输出轴各部件的检修
(1)输出轴检修同前输出轴的检修。
(2)齿轮与花键的检修。
①齿轮的检修。一般损伤有齿面磨损斑点和金属剥落、断齿或裂纹。滑动齿轮齿长方向磨损不能多于 1/3 齿长;齿厚最大磨损不应超过 0.40 mm;若常啮合齿轮配合间隙已超过 0.80 mm 或有较严重的表面磨损或疲劳剥落,则应成对更换齿轮。装好滚针轴承和内座圈后,用百分表检查齿轮与内座圈之间的间隙,如图 2-35 所示。标准间隙为 0.009~0.060 mm,极限

间隙为0.15 mm，超过极限应更换轴承。

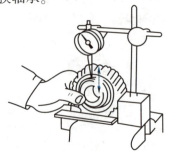

图 2-35　用百分表检查齿轮与内座圈之间的间隙

②花键的检修。检查花键齿的磨损，在进行轴的检修的同时进行轴上花键的检修，花键齿达到损伤的程度时应更换。

3）组装

已拆下的轴承严禁再次使用；安装时应对部件进行润滑；确认轴上的接合面处于理想状态，无任何撞击或划痕；按照拆卸时所做的标记进行安装；使用清洁、无任何瑕疵的部件。

（1）如图 2-36 所示，使用安装输出轴 1 挡齿轮侧轴承的工具安装新轴承和垫片。

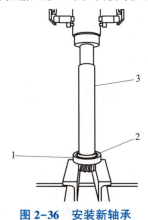

图 2-36　安装新轴承

1—新轴承；2—垫片；3—安装输出轴 1 挡齿轮侧轴承的工具

（2）如图 2-37 所示，使用钳子安装新的止动环和新塑料润滑套。

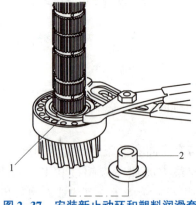

图 2-37　安装新止动环和塑料润滑套

1—止动环；2—塑料润滑套

（3）如图2-38所示，安装输出轴各部件。

①安装1挡从动齿轮、新的止动环、1挡齿轮同步器环毂。

②凹槽"c"朝下安装1/2挡同步器、2挡齿轮同步器环毂、2挡从动齿轮、新的止动环8、3挡从动齿轮、新的止动环6、3挡齿轮同步器环毂。

③凹槽"d"朝上安装3/4挡同步器、4挡齿轮同步器环毂和4挡从动齿轮和垫圈。

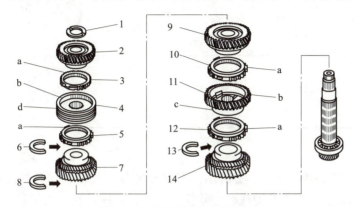

图2-38 输出轴各部件组装图

1—垫圈；2—4挡从动齿轮；3—4挡齿轮同步器环毂；4—3/4挡同步器；5—3挡齿轮同步器环毂；
6，8，13—新的止动环；7—3挡从动齿轮；9—2挡从动齿轮；10—2挡齿轮同步器环毂；
11—1/2挡同步器；12—1挡齿轮同步器环毂；14—1挡从动齿轮；
a—同步环的凸耳；b—滑块；c，d—凹槽

（4）如图2-39所示，凹槽"e"朝上装上新轴承。

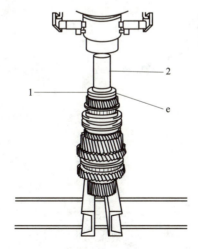

图2-39 装上新轴承

1—轴承；2—用于安装输入轴4挡齿轮侧轴承的工具；e—凹槽

## 8. 同步器的拆检

分解、组装同步器所用专用工具如表2-8所示。

资源2-15 两轴变速器各挡位传递路线

表 2-8 分解、组装同步器所用专用工具

| 专用工具名称 | 专用工具 |
| --- | --- |
| 同步器组装圈 4201-T.AA |  |
| 主减速器左输出轴油封安装工具 7114T-W | 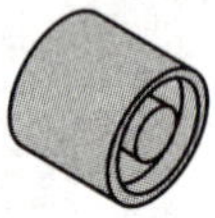 |

1) 分解

如图 2-40、图 2-41、图 2-42 所示,在容器中分离花键毂和套管,这样有利于回收球形部件、弹簧和锁销。如果花键毂和套管要再利用,需标记其相关位置。

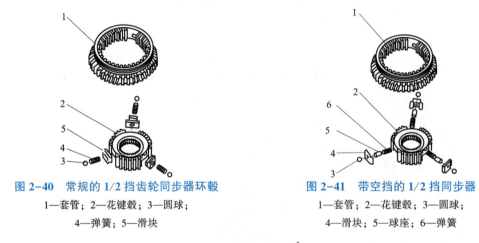

图 2-40 常规的 1/2 挡齿轮同步器环毂
1—套管;2—花键毂;3—圆球;
4—弹簧;5—滑块

图 2-41 带空挡的 1/2 挡同步器
1—套管;2—花键毂;3—圆球;
4—滑块;5—球座;6—弹簧

图 2-42 常规的 3/4/5 挡齿轮同步器环毂
1—套管;2—花键毂;3—滑块;4—弹簧;5—圆球

2) 同步器的检修

(1) 如图 2-43 所示,将同步环压在各自齿轮的锥面上,按压转动同步环时要有阻力,用塞尺测量环齿与轮齿之间的间隙 $a$,如果不符合规定,应更换同步环。

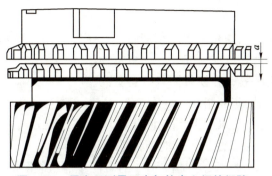

图 2-43　用塞尺测量环齿与轮齿之间的间隙 $a$

（2）如图 2-44 所示，用塞尺测量锁环和换挡齿轮端面之间的间隙。

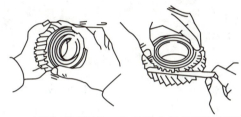

图 2-44　用塞尺测量锁环和换挡齿轮端面之间的间隙

3）组装

（1）如图 2-45 所示，1/2 挡齿轮同步器环毂的装配方向：环毂上凹槽 "A" 朝向套管上的拨叉槽 "B" 的同一边。

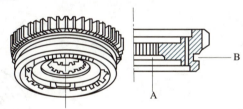

图 2-45　常规的第 1/2 挡齿轮同步器环毂装配方向
A—凹槽；B—拨叉槽

（2）如图 2-46 所示，组装遵守拆卸时所做的标记。
（3）如图 2-47 所示，对于三个装置的安装按如下步骤进行：

图 2-46　组装遵守拆卸时所做的标记
1—接合套；2—花键毂；C—花键毂凹槽；D—花键毂孔

图 2-47　安装示意图
1—接合套；2—花键毂；3—圆球；4—弹簧；5—滑块；D—花键毂孔

①安装并固定滑块。
②将弹簧插入滑块内,并完全插入花键毂孔"D"。
③将小球放到弹簧上。
④按下钢球将弹簧压紧,并使其嵌入接合套内。

4)带空挡的1/2挡同步器组装

(1)如图2-48所示,第1/2挡齿轮同步器环毂的装配方向:环毂上凹槽"E"朝向套管上的拨叉槽"F"同一边。注意拆卸时所做的标记。

(2)如图2-49所示,环毂的凹槽"G"对着同步器组装圈的第1个孔的位置。

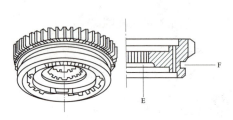

图2-48 第1/2挡齿轮同步器环毂的装配方向
E—凹槽;F—拨叉槽

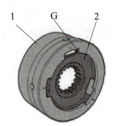

图2-49 同步器组装圈和环毂的凹槽安装位置
1—同步器组装圈;2—环毂;G—凹槽

(3)如图2-50所示,安装定位弹簧和钢球座。

(4)如图2-51所示,使用销冲头冲下钢球座和安装滑块。

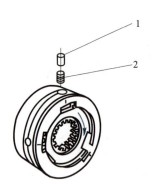

图2-50 安装定位弹簧和钢球座
1—钢球座;2—定位弹簧

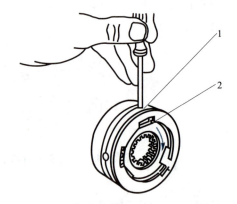

图2-51 销冲头冲下钢球座和安装滑块
1—钢球座;2—滑块

(5)如图2-52所示,将钢球放置到孔内,使用销冲头按下钢球,在工具内旋转花键毂。

①使保险装置固定到位。
②使第2个凸头"H"对准第2个孔。
③安装另外两个滑块。

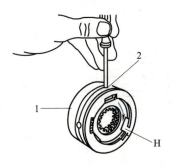

图 2-52　使用销冲头按下钢球
1—花键毂；2—钢球；H—凸头

（6）如图 2-53 所示，将同步器组装圈固定到套筒上，通过主减速器左输出轴油封安装工具卡住花键毂，套管的轮齿侧朝向工作台放置，应按拆卸时所做的标记将花键毂和组装工具安装到套管上。如图 2-54 所示拆下专用工具。

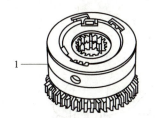

图 2-53　组装花键毂和套管
1—套管

图 2-54　拆下专用工具

5）常规的第 3/4/5 挡齿轮同步器环毂的组装

（1）如图 2-55 所示，第 3/4 挡齿轮同步器环毂的装配方向：环毂的凹槽"J"朝向套管拨叉槽"K"的反向一边。

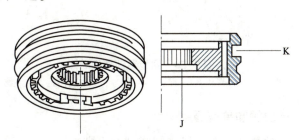

图 2-55　第 3/4 挡齿轮同步器环毂的装配方向
J—凹槽；K—拨叉槽

（2）如图 2-56、图 2-57 所示，组装 5 挡同步器时，因花键毂对称，没有规定其在套管中的安装方向。组装时按拆卸时所做的标记位置面朝套管的凹槽"L"和环毂凹槽"M"组装两个部件。

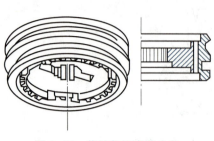

图 2-56 花键毂无安装方向

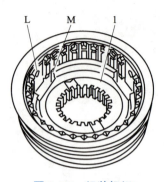

图 2-57 组装标记
1—环毂；L，M—凹槽

（3）如图 2-58 所示，安装三个装置：
①安装并固定滑块。
②将弹簧插入滑块内，并完全插入花键毂孔"N"。
③将钢球放到弹簧上。
④按下钢球将弹簧压紧，并使其嵌入接合套内。

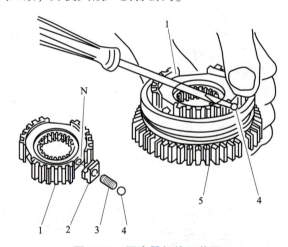

图 2-58 同步器部件组装图
1—花键毂；2—滑块；3—弹簧；4—钢球；5—接合套；N—花键毂孔

## 9. 安装输入轴、输出轴和差速器

（1）检修完毕，进行清洁。如需修理则修理，否则更换。
（2）安装。
①如图 2-59 所示，安装差速器、弹簧和倒挡拨叉锁止销。
②如图 2-60 所示，安装中间板。用 E12（专用密封垫）罩住中间板的接触面和离合器外壳的接触面，将选挡拨叉插入中间板的孔"A"，安装中间板。将螺栓安装到原位置，拧紧扭矩为（50±5）N·m。
生产时，非加固型变速器的中间板由 9 个螺栓固定，在售后服务时必须重新安装螺栓。拧紧中间板螺栓后，除去轴承座和叉轴孔座上多余的胶合剂。

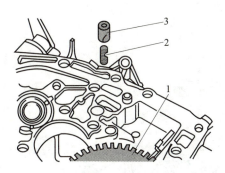
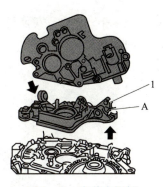

图 2-59 安装差速器、弹簧和倒挡拨叉锁止销
1—差速器；2—弹簧；3—倒挡拨叉锁止销

图 2-60 安装中间板
1—中间板；A—孔

③如图 2-61 所示，组装总成，将拨叉插入同步器套管内，连接输出轴与输入轴，总成安装到外壳。

④如图 2-62 所示，组装换挡拨块和互锁块，将换挡拨块插入互锁块。

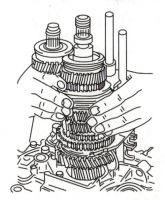
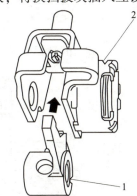

图 2-61 组装总成

图 2-62 组装换挡拨块和互锁块
1—换挡拨块；2—互锁块

⑤如图 2-63、图 2-64 所示，装配拨叉，安装拨叉轴凸耳"B"处换挡拨叉的总成和选择轴拨叉"C"中的框架"D"处的总成；同时安装拨叉轴凸耳"E"处换挡拨叉的总成。

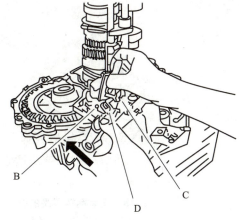
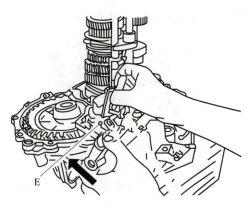

图 2-63 装配拨叉
B—拨叉轴凸耳；C—选择轴拨叉；D—框架

图 2-64 安装换挡拨叉的总成
E—拨叉轴凸耳

⑥如图 2-65 所示，安装齿轮接合轴组件。安装弹簧及两个止推环（取决于安装情况）。首先润滑内部，然后装上新的轴密封圈和齿轮接合轴。

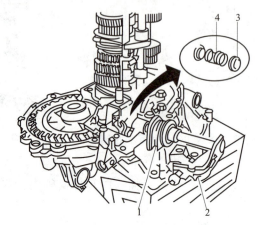

图 2-65　安装齿轮接合轴组件
1—轴密封圈；2—齿轮接合轴；3—止推环；4—弹簧

⑦如图 2-66 所示，用坚固的新槽销固定啮合指形部件。

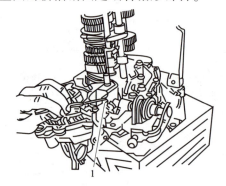

图 2-66　用坚固的新槽销固定啮合指形部件
1—啮合指形部件

⑧如图 2-67、图 2-68 所示，安装倒挡拨叉。将倒挡拨叉安装到拨叉架中，轻轻按下倒挡拨叉，并将拨叉轴完全插入到位。

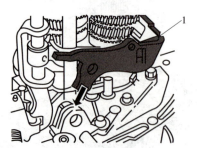 

图 2-67　将倒挡拨叉安装到拨叉架中　　图 2-68　安装倒挡拨叉的方法
　　　　1—倒挡拨叉　　　　　　　　　　　1—倒挡拨叉；2—拨叉轴

⑨如图 2-69 所示，安装倒挡齿轮。安装倒挡滑动齿轮、惰轮轴和塑料垫片。旋转惰轮

轴直到凸耳"F"卡进其位置。在装有倒挡限位器的变速器上，检查并确认1/2挡拨叉轴上的弹性挡圈和倒挡制动弹簧已安装。

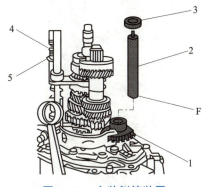

图 2-69 安装倒挡装置

1—倒挡滑动齿轮；2—惰轮轴；3—塑料垫片；4—倒挡制动弹簧；5—弹性挡圈；F—惰轮轴凸耳

### 10. 安装变速器端盖

安装变速器端盖所用专用工具如表2-9所示。

表 2-9 安装变速器端盖所用专用工具

| 专用工具名称 | 专用工具 |
| --- | --- |
| 输入轴第5挡变速齿轮的安装工具 7101-T.F | |
| 输入轴弹性卡环安装工具 80313-T.M | |
| 输出轴螺母紧固套筒 4526-T | |

1）安装

在装有倒挡限位器的变速器上，检查并确认1/2挡拨叉轴上的弹性挡圈和倒挡制动弹簧已安装。

（1）如图2-70所示，安装变速器壳体。在变速器外壳的接合面均匀地涂上一层薄薄的E15（专用密封胶）。安装换挡轴油封以及离合器分离杠杆。根据标记安装柱形螺栓，拧紧扭矩为（17.5±1）N·m。

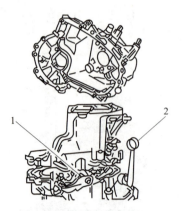

图 2-70 安装变速器壳体

1—换挡轴油封；2—离合器分离杠杆

（2）如图 2-71 所示，使用丝锥清洁壳体的螺纹孔，安装左侧支撑和装配固定右下部发动机，拧紧到（17.5±1）N·m。

图 2-71 安装支撑和装配固定右下部发动机

1—卡环；2—柱形螺栓

（3）如图 2-72 所示，把输入轴的"A"端与压力机台面接触。

图 2-72 把输入轴的"A"端与压力机台面接触

（4）如图 2-73 所示，使用输入轴 5 挡变速齿轮的安装工具安装 5 挡驱动齿轮。

（5）如图 2-74 所示，安装新的弹簧垫圈，将新卡环安装到轴末端。

（6）如图 2-75 所示，使用输入轴弹性卡环安装工具将卡环安装到其凹槽底部，安装到合适位置。

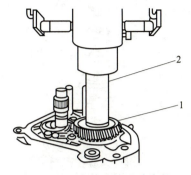

图 2-73 安装 5 挡驱动齿轮

1—5 挡驱动齿轮；2—输入轴 5 挡变速齿轮的安装工具

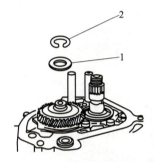

图 2-74 安装新的弹簧垫圈

1—弹簧垫圈；2—卡环

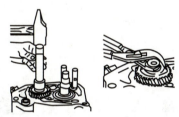

图 2-75 把卡环安装到合适位置

2) 5 挡驱动齿轮（MA5）：安装在滚针轴承上。

(1) 图 2-76 所示为安装 5 挡组件。安装间隔垫圈、隔套环、滚针轴承、5 挡从动齿轮和同步器同步环。

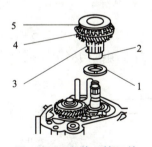

图 2-76 安装 5 挡组件

1—间隔垫圈；2—隔套环；3—滚针轴承；4—5 挡从动齿轮；5—同步器同步环

(2) 图 2-77 所示为装配叉和同步器环。安装止推垫圈、止动垫圈和带槽螺母。

把同步器环毂环"C"与凸耳"B"定位。使用新的锁止垫圈和开槽螺母，更换输出轴螺钉；此外，如果止推垫圈不带凹槽"D"，也要将其更换。把插入垫圈对面凹槽"F"的垫圈固定夹"E"就位；装上凹槽螺母，斜面在锁止垫圈侧。

(3) 图 2-78 所示为试挡，将两个挡啮合，以使输出轴固定。

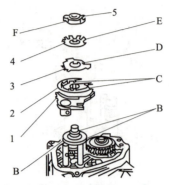

图 2-77 装配叉和同步器环

1—装配叉；2—同步器环；3—止推垫圈；4—止动垫圈；5—带槽螺母；
B—凸耳；C—同步器环毂环；D，F—凹槽；E—固定夹

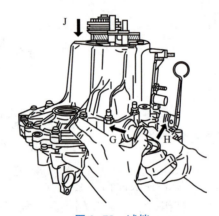

图 2-78 试挡

G—选择；H—挂倒挡；J—按下 5 挡换挡拨叉，挂 5 挡

（4）如图 2-79 所示，拧紧凹槽螺母至（137.5±13）N·m，如有必要，稍稍拧紧，使垫圈凸片与螺母凹槽对准；将换挡控制机构移至空挡位置。

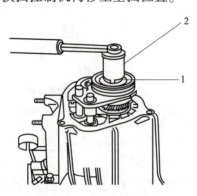

图 2-79 拧紧凹槽螺母

1—凹槽螺母；2—输出轴螺母紧固套筒

（5）如图 2-80 所示，提起面对螺母凹槽"L"的锁止垫圈的夹子来锁定凹槽螺母。

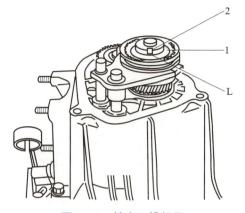

图 2-80 锁定凹槽螺母

1—凹槽螺母；2—夹子；L—凹槽

（6）如图 2-81 所示，用一个新张紧销固定 5 挡拨叉。

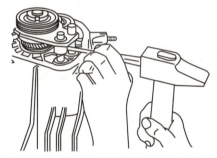

图 2-81 用一个新张紧销固定 5 挡拨叉

3）5 挡驱动齿轮（MA5）：安装（无滚针轴承）

（1）如图 2-82 所示为 5 挡驱动齿轮组件。安装输入轴止动环、从动齿轮、同步器集线器、同步器环套管、固定叉、挡板、轴承挡圈；固定带新柱形插销的拨叉。

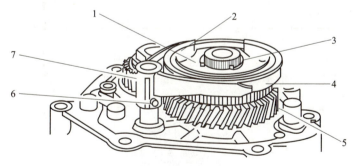

图 2-82 5 挡驱动齿轮组件

1—挡板；2—同步器集线器；3—轴承挡圈；4—同步器环套管；5—从动齿轮；6—柱形插销；7—固定叉

（2）如图 2-83 所示为钢制油底壳。在金属外壳上装上新油封。安装带新油封的金属外壳和螺栓，拧紧到（2.3±2）N·m。不要给金属外壳的密封件上油。

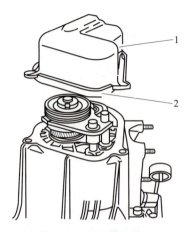

图 2-83 钢制油底壳

1—金属外壳；2—油封

**11. 组装变速器附件**

组装变速器附件所用专用工具如表 2-10 所示。

表 2-10　组装变速器附件所用专用工具

| 专用工具名称 | 专用工具 |
| --- | --- |
| 右传动轴油封安装工具 7114-T.X |  |
| 左传动轴油封安装工具 7114-T.W |  |

安装步骤：

（1）将变速器置于一个木块上（$A=180$ mm）。安装速度计驱动小齿轮和倒挡开关，如图 2-84 所示。

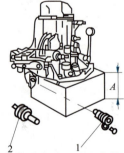

图 2-84　安装速度计驱动小齿轮和倒挡开关

1—速度计驱动小齿轮；2—倒挡开关

（2）如图 2-85 所示，安装（首次安装）连接板、支架和球节杆，球节上涂了润滑油。

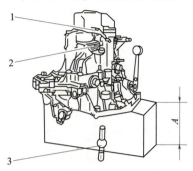

图 2-85　安装连接板和支架

1—支架；2—连接板；3—球节杆

（3）如图 2-86 所示，安装选择杆（二次安装）。

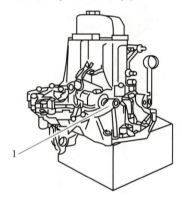

图 2-86　安装选择杆

1—选择杆

（4）如图 2-87 所示，安装变速器主轴花键和离合器导承。给变速器主轴花键（"a"处）和离合器导承（"b"处）薄薄涂上一层油脂 MOLYKOTE BR2 PLUS（G10），安装离合器轴承。

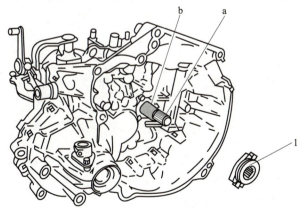

图 2-87　安装变速器主轴花键和离合器导承

1—离合器轴承；a—变速器主轴花键；b—离合器导承

变速器主轴花键涂油过量会导致离合器损坏。

（5）如图2-88所示，安装右传动轴油封和左传动轴油封。给传动轴油封的唇口上润滑油，使用左、右传动轴油封安装工具分别安装左、右传动轴油封。

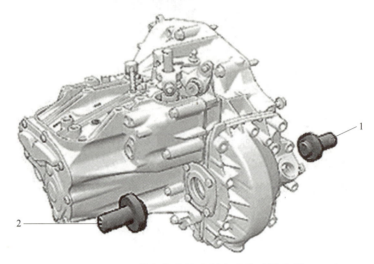

图2-88　安装右传动轴油封和左传动轴油封

1—右传动轴油封安装工具；2—左传动轴油封安装工具

### （三）手动变速器主要检修项目

**1. 齿轮和轴承的检修**

（1）目视检查齿面是否有斑点，如果斑点轻微可以用油石修磨；如果斑点面积超过15%，则应更换齿轮。

（2）检查齿厚，如果齿厚磨损超过0.2 mm，则应更换齿轮。

（3）检查齿长的磨损，如果磨损超过15%，则应更换齿轮。

（4）装好轴承和内座圈后，用百分表检查齿轮与内座圈之间的间隙，如果超限应该更换轴承。

注意：齿轮应成对更换。

**2. 输入轴、输出轴的检修**

（1）目视检查输入轴、输出轴，不应有裂纹，轴径及花键不应有严重磨损，轴上的齿轮不应有断齿和严重磨损，否则应更换。

（2）检查轴的径向圆跳动，不应超过0.05 mm，否则应更换或校正。

**3. 同步器的检修**

将同步环压在各自齿轮的锥面上，按压转动同步环时要有阻力，用塞尺测量环齿与轮齿之间的间隙$a$，如果不符合规定，应更换同步环。

**4. 变速器壳体**

（1）变速器壳体如有裂纹、砂眼应更换。

（2）变速器轴承孔磨损过大应更换。

(3) 壳体接合面翘曲变形，平面度误差不应大于 0.15 mm，如超过应修复或更换。

**5. 拨叉**

检查拨叉是否弯曲或扭曲变形，如果变形可用敲击法校正，其他问题应更换。

**6. 拨叉轴**

检查拨叉轴，如果弯曲应校正或更换。

### （四）手动变速器常见故障诊断与排除

手动变速器的常见故障主要有跳挡、乱挡、挂挡困难、异响等。

**1. 跳挡**

1）现象

汽车在加速、减速、爬坡或汽车剧烈振动时，变速杆自动跳回空挡位置。

资源 2-16　变速器跳挡

2）原因

（1）自锁装置的钢球未进入凹槽内或挂挡后齿轮未达到全齿长啮合。

（2）自锁装置的钢球或凹槽磨损严重，自锁弹簧疲劳过软或折断。

（3）齿轮沿齿长方向磨损成锥形。

（4）一、二轴轴承过于松旷，使一、二轴和曲轴三者轴线不同心或变速器壳与离合器壳接合平面相对曲轴轴线的垂直变动。

（5）二轴上的常啮合齿轮轴向或径向间隙过大。

（6）各轴轴向或径向间隙过大。

3）故障诊断与排除方法

先确定跳挡挡位：走热全车后，采用连续加、减速的方法逐挡进行路试便可确定。

将变速杆挂入跳挡挡位，发动机熄火，小心拆下变速器盖，观察跳挡齿轮的啮合情况。

（1）未达到全长啮合，则故障由此引起。

（2）达到全长啮合，应继续检查。

（3）检查啮合部位磨损情况：磨损成锥形，则故障可能由此引起。

（4）检查二轴上该挡齿轮和各轴的轴向、径向间隙，间隙过大，则故障可能由此引起。

（5）检查自锁装置，若自锁装置的止动阻力很小，甚至手感到钢球未插入凹槽（把变速器盖夹在虎钳上，用手摇动换挡杆），则故障为自锁效能不良；否则，故障为离合器壳与变速器接合平面与曲轴轴线垂直变动等引起。

**2. 乱挡**

1）现象

在离合器技术状况正常的情况下，变速器同时挂上两个挡或挂需要挡位时，结果挂入别的挡位。

2）原因

（1）互锁装置失效：如拨叉轴、互锁销或互锁钢球磨损过大等。

（2）变速杆下端弧形工作面磨损过大或拨叉轴上拨块的凹槽磨损过大。

（3）变速杆球头定位销折断或球孔、球头磨损过大。

总之，乱挡的主要原因是变速器操纵机构失效。

3）故障诊断与排除方法

（1）挂需要挡位时，结果挂入了别的挡位：摇动变速杆，检查其摆转角度，若超出正常范围，则故障由变速杆下端球头定位销与定位槽配合松旷或球头、球孔磨损过大引起。变速杆摆转360°，则为定位销折断。

（2）如摆转角度正常，仍挂不上或摘不下挡，则故障由变速杆下端从凹槽中脱出引起，脱出的原因是下端弧形工作面磨损或导槽磨损。

（3）同时挂入两个挡：则故障由互锁装置失效引起。

### 3. 挂挡困难

1）现象

离合器技术状况良好，但挂挡时不能顺利挂入相应挡位，常发出齿轮撞击声。

2）原因

（1）同步器故障。

（2）拨叉轴弯曲、锁紧弹簧过硬、钢球损伤等。

（3）一轴花键损伤或一轴弯曲。

（4）齿轮油不足或过量、齿轮油不符合规格。

3）故障诊断与排除方法

资源2-17 挂挡困难

（1）检查同步器是否散架、锥环内锥面螺旋槽是否磨损、滑块是否磨损、弹簧弹力是否过软等。

（2）如果同步器正常，检查一轴是否弯曲、花键是否磨损严重。

（3）检查拨叉轴是否移动正常。

### 4. 变速器异响

1）现象

变速器异响是指变速器工作时发出不正常的响声。

2）原因

资源2-18 变速器异响

（1）齿轮异响。

齿轮磨损过大变薄，间隙过大，运转中有冲击；齿面啮合不良，如修理时没有成对更换齿轮；新、旧齿轮搭配，齿轮不能正确啮合；齿面有金属疲劳剥落或个别齿损坏、折断；齿轮与轴上的花键配合松旷或齿轮的轴向间隙过大；轴弯曲或轴承松旷引起齿轮啮合间隙改变。

（2）轴承响。

轴承磨损严重，轴承内（外）座圈与轴颈（孔）配合松动，轴承滚珠碎裂或有烧蚀麻点。

（3）其他原因发响。

如变速器内缺油，润滑油过稀、过稠或质量变坏；变速器内掉入异物；某些紧固螺栓松动；里程表软轴或里程表齿轮发响等。

3）故障诊断与排除

（1）变速器发出金属干摩擦声，即为缺油或油的质量不好，应加油和检查油的质量，必要时更换。

（2）行驶时换入某挡若响声明显，即为该挡齿轮轮齿磨损；若发生周期性的响声，则为个别齿损坏。

（3）空挡时响，而踏下离合器踏板后响声消失，一般为一轴前、后轴承或常啮合齿轮响；如换入任何挡都响，多为二轴后轴承响。

（4）变速器工作时发生突然撞击声，多为轮齿断裂，应及时拆下变速器盖检查，以防机件损坏。

（5）行驶时，变速器只有在换入某挡时齿轮发响。在不存在上述问题的前提下，应检查啮合齿轮是否搭配不当，必要时应重新装配一对新齿轮。此外，也可能是同步器齿轮磨损或损坏，应视情况修复或更换。

（6）换挡时齿轮相撞击而发响，则可能是离合器不能分离或离合器踏板行程不正确、同步器损坏、怠速过大、变速杆调整不当或导向衬套紧等。遇到这种情况，先检查离合器能否分离，再分别调整怠速或变速杆位置，检查导向衬套与分离轴承配合的松紧度。

如经上述检查排除后，变速器仍发响，应检查各轴轴承与轴孔配合情况、轴承本身的技术状态等；如完好，再查看里程表软轴及齿轮是否发响，必要时予以修理或更换。

**5. 变速器漏油**

1）现象

变速器周围出现齿轮润滑油，变速器齿轮箱的油量减少，则可判断为润滑油泄漏。

2）原因及排除方法

（1）润滑油选用不当，产生过多泡沫，或润滑油量太多，此时需更换润滑油或调节润滑油。

（2）侧盖太松、密封垫损坏、油封损坏、密封和油封损坏应更换新件。

（3）放油塞和变速器箱体及盖的固定螺栓松动，应按规定力矩拧紧。

（4）变速器壳体破裂或延伸壳油封磨损而引起的漏油，必须更换新件。

（5）里程表齿轮限位器松脱破损，必须锁紧或更换。

（6）变速杆油封漏油应更换油封。

## ✲ 二、任务实施

### 项目1　手动变速器的保养与维护

**1. 项目说明**

变速器在日常使用过程中会遇到脱挡、挂挡困难等故障，因此应按技术标准对变速器进行维护，并根据维护情况对变速器提出处理建议。

**2. 技术要求与标准**

（1）掌握手动变速器维护项目。

（2）熟练手动变速器维护步骤。

（3）一个学员能在 30 min 内完成此项目。

(4）参照东风雪铁龙维修手册0030-2002-12技术标准。

### 3. 设备器材

（1）雪铁龙爱丽舍轿车用变速器。

（2）世达工具。

（3）扭力表、钳子、螺丝刀、扳手、拉力器、扁铲、摇把、锤子。

### 4. 作业准备

（1）清洁变速器及拆装工具。　　　　　　　　　　　　　　　　□任务完成

（2）准备作业单。　　　　　　　　　　　　　　　　　　　　　□任务完成

### 5. 操作步骤

1）检查变速器换挡杆工作情况

（1）检查换挡杆球头是否松动，挡位方向指示是否正确，如图2-89所示。

（2）推动换挡杆至各个挡位，看位置是否清晰，能否正常挂挡和退挡。

（3）将换挡杆轻轻往上提，不应该有上升余量，否则应该检查换挡杆总成。

2）检查变速器、驱动桥齿轮油油位及泄漏

（1）检查变速器的油位。

图2-89　检查换挡杆

①从变速器上拆卸齿轮油加注螺塞，如图2-90所示。

图2-90　齿轮油加注螺塞位置

②将手指插入塞孔，并且检查油与手指接触的位置是否在规定范围内，如图2-91所示。如低于油位，检查是否有齿轮油渗漏。

图2-91 检查齿轮油油位

（2）变速器渗漏检查。
①变速器放油螺塞和加油螺塞位置的检查，同时检查加注的变速器油是否过多。
②检查变速器前后油封处是否泄漏，油封是否有损坏，如图2-92所示。

图2-92 变速器油封处的检查

③检查变速器前后端盖接触面是否泄漏，手动变速器壳体有无破裂，如图2-93所示。
④检查里程表齿轮的安装部位是否松脱或密封圈破损。

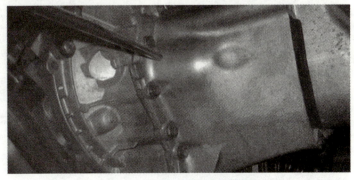

图2-93 变速器壳体的检查

⑤检查手动变速器上盖通气孔是否堵塞，堵塞将导致手动变速器高速运转时产生的热量和压力无法排出。

3）更换变速器、驱动桥齿轮油

更换变速器、驱动桥齿轮油，如图2-94所示。

图2-94　更换变速器、驱动桥齿轮油

（1）当汽车行驶30 000~48 000 km或者使用时间到达两年时应更换齿轮油。先将加油螺塞和放油螺塞拧下，待齿轮油完全流净后装回放油螺塞。

（2）从加油口处用专用齿轮油加注器加入新齿轮油。

（3）检查液面高度，加油到加注口有油漏出即可。

4）检查驱动轴防护罩

（1）检查驱动轴防护套裂纹和其他损坏。

手动转动轮胎，检查驱动轴护套的整个外围是否有裂纹或其他损坏，检查护套卡箍是否正确安装且没有损坏，如损坏应更换，如图2-95所示。

图2-95　检查驱动轴防护套

(2)检查驱动轴防护套有无润滑脂泄漏。

## 项目 2　变速器渗漏油的检查

**1. 项目说明**

手动变速器/差速器油封渗漏油。

**2. 技术要求与标准**

(1)掌握手动变速器/差速器油封渗漏油检查工艺。
(2)熟悉银光灯和荧光剂的使用方法。
(3)一个学员能在 30 min 内完成此项目。
(4)参照东风雪铁龙维修手册 0031-2004-12 技术标准。

**3. 设备器材**

(1)配备手动变速器的车辆。
(2)世达工具。
(3)专用工具。

**4. 作业准备**

(1)清洁变速器及拆装工具。　　　　　　　　　　　　□任务完成
(2)准备作业单。　　　　　　　　　　　　　　　　　□任务完成

**5. 操作步骤**

检查步骤:
(1)对于明显的变速器/差速器油封漏油,按照售后维修工艺进行处理。
(2)针对较难判断的变速器/差速器油封渗漏油,按照以下步骤检查:
①将车辆用举升机举起,拆发动机下护板(根据车型的装备)。
②先将疑似漏油部位的油迹、脏污清理干净。
③从变速器通气塞口加注适量的专用荧光剂(ZQ92276480)到变速器油中(推荐用注射器注入 5~8 ml)。
④根据渗漏油量,试车 3~5 km。
⑤将车辆上举升机举起,戴上检漏专用眼镜和荧光灯寻找渗漏油源。
⑥若渗漏油源不够清晰,再试车 10 km 左右。
⑦确认渗漏油部位后,按照售后维修工艺进行处理。
(3)说明:
①保修鉴定单必须附有带荧光剂的照片,指出漏油部位。
②对于差速器油封处的渗漏油,有可能是油封下端的壳体部位残留少量油。
③如果不需要维修,加注专用荧光剂的变速器机油不需更换。

## 三、学习评价

（一）理论知识

**1. 自评自测**

详测

**2. 思考**

分析汽车挂档困难的原因及检修项目有哪些？

（二）技能操作（见工单册）

## 四、拓展学习

### 大众双离合器 DSG 变速器结构与检修

详见"拓展学习二维码"。

拓展学习

# 学习任务 3
## 自动变速器检修

某汽车维修站接收一辆自动变速器汽车,车主反映该车有些仪表指示灯闪烁,不能升到高挡,并且还伴随车辆动力不足、异味、噪声、抖振等现象,严重影响行车。

通过检测自动变速器等总成,判断它们的技术状况;若需要修复,请制定修复方法和工艺流程。

通过本任务学习,应能够:
(1) 描述自动变速器常见的故障现象,并分析故障原因。
(2) 描述自动变速器常见故障的检测与修复方法,并判定故障部位。
(3) 根据维修手册,制定对自动变速器的修复方法和工艺流程,完成检测、调整及更换作业。

### 一、知识准备

#### (一) 自动变速器维护

自动变速器(A/T)维护作业具体项目包括:变速器漏油检查、自动变速器油(ATF)检查和更换、节气门拉线检查和调整、换挡杆位置检查和调整、驻车/空挡位置(PNP)开关检查与调整、发动机怠速检查等。

**1. 变速器漏油检查**

一般情况下,自动变速器油(ATF)不会消耗,如果 ATF 液面高度变低,应检查自动变速器漏油部位。

目视检查油封、管接头等部位。常见的自动变速器漏油部位如图 3-1 所示。

资源 3-1 变速器基本检查

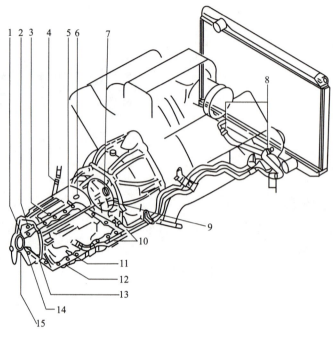

**图 3-1　常见的自动变速器漏油部位**

1—2 号车速传感器 O 形圈；2—转速传感器 O 形圈；3—电磁线圈配线 O 形圈；4—油尺导管 O 形圈；
5—油压测试口螺塞和 O 形圈；6—输入轴转速传感器油封；7—油泵油封；8—油冷却器管箍；
9—油泵 O 形圈；10—油冷却器管接头；11—蓄能器背压测试口螺塞和 O 形圈；
12—油底壳和变速器之间的垫片；13—加长壳体与变速器之间的垫片；
14—1 号车速传感器油封；15—加长壳体的后油封

## 2. ATF 检查和更换

1）液面高度的检查

（1）暖机。

（2）检查是否有漏油部位。

（3）检查液面。

检查自动变速器油（ATF）液面高度时应按厂家制定的有关工艺进行。常用的液位计有油尺式液位计（见图 3-2）和油孔式液位计（见图 3-3）。若液面高度不合适，应重新加注或排放齿轮油，排放塞位置如图 3-4、图 3-5 所示。

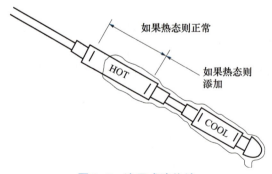

图 3-2　油尺式液位计

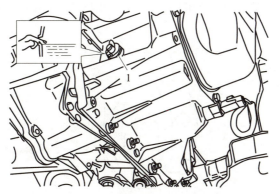

图 3-3 油孔式液位计的油位检查

1—加注塞

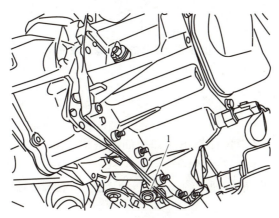

图 3-4 排放塞位置

1—排放塞

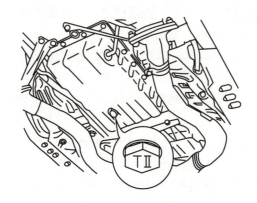

图 3-5 排放塞位置

检查自动变速器油液面高度，一般操作步骤及要求如下：

① 将车辆停放在水平地面上并驻车制动。

② 起动发动机，将换挡杆在各挡位位置上移动。最后将换挡杆置于 P 位置。

③ 使发动机怠速，检查自动变速器油的高度。

④ 拔出自动变速器液位计,如图3-6所示,用无绒纸擦净。擦拭液位计时,始终要使用无绒纸。

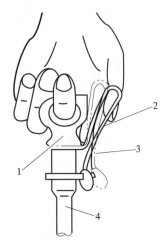

图3-6 拔出自动变速器液位计

1—自动变速器液位计;2—限位器(插入时);3—限位器(拔出时);4—ATF加注管

⑤ 重新将液位计插入ATF加注管中并到位。使用附带限位器将液位计牢靠地固定在ATF加注管中。

⑥ 拔出液位计,观察液位计指示。如果油面指示过低,应向加注管中添加ATF,勿过量加注。

(4) 在城区道路上驾车行驶大约5 min,油液温度达到50℃~80℃时,重新检查油面高度是否在"HOT"范围。

(5) 将拆下的自动变速器液位计牢靠安装在ATF加注管中。

操作过程中应注意以下事项:

① 加注塞安装到变速器上之前要安装新衬垫,并将加注塞紧固至规定扭矩。

② 排放ATF前,应使发动机、变速驱动桥暖机,排放时应关闭发动机后再拆下排放塞。安装排放塞时应安装新衬垫,并将排放塞拧紧到规定扭矩。

③ 重新加注新ATF时应拆下加注塞,液位应达到如图3-3所示的规定极限。

④ 在重新加注ATF后,使车辆达到检查油位的条件后,再重新检查液位。

2) 油质的检查

从自动变速器的油质状况,可以判断自动变速器损坏情况。油质状况主要从以下几方面判断:

(1) 颜色:ATF正常颜色为鲜亮、透明的红色。如果颜色发黑说明变质或有杂质;如果呈粉红色或白色则说明油进水。若颜色不正常,应对自动变速器检修。

(2) 气味:正常ATF没有气味,从油尺上闻一闻油液的气味,如果有焦糊味,说明过热,有摩擦材料烧蚀。在修理自动变速器后,应冲洗冷却系统。

(3) 油质:用油尺在手指上点少许油液,用手指互相摩擦查看是否有颗粒,或将油尺上的油液滴在干净的白纸上,检查油液的颜色及气味。如果有胶质状油,说明因油温过高或使用时间过长而ATF变质。如果有金属切屑或含有摩擦材料(离合器和制动带)等,说明有元件严重磨损或损伤,应在修理后更换 ATF 散热器,并用清洁剂和压缩空气冲洗 ATF 冷却管路。

3）ATF 更换

ATF 更换间隔一般按汽车制造厂家规定为宜,一般为 4 万~6 万 km,也有 10 万 km 更换即可的。

可采用循环换油机换油,也可采用人工换油。采用人工换油时,一般步骤如下：

(1) 预热 ATF。

(2) 关闭发动机。

(3) 从放油孔中排出 ATF。

(4) 放油后,应更换新放油塞密封圈。

(5) 加注新 ATF,ATF 应为厂家规定型号的油或同级产品,加注量总是与放出的自动变速器油量相同。

(6) 使发动机怠速运转 5 min。

(7) 检查自动变速器液面高度和状况。

如果 ATF 油液仍然很脏,重复步骤（2）~（7）。

**3. 节气门拉线检查和调整**

对于装有机械拉线式节气门的汽车,在对自动变速器维护时,应对节气门拉线进行检查与调整。常见的节气门拉线检查和调整如图 3-7 所示。

检查轧头和索套之间的距离,应符合厂家规定要求,一般标准值为 0~1 mm。如果距离不合适可以通过旋转调整螺母进行调整。

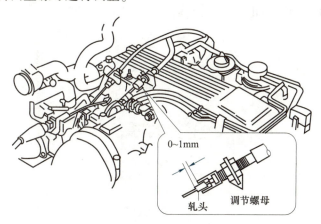

图 3-7 节气门拉线检查和调整

**4. 换挡杆位置检查和调整**

1）位置检查

(1) 将换挡杆置于 P 位置,并将点火开关转到 ON 位置,但不要起动发动机。

(2) 检查确认踩下制动踏板时,换挡杆能移到 P 以外的其他位置。同时确认仅当踩下制动踏板时换挡杆才能从 P 位置移开。

(3) 移动换挡杆并检查是否存在外力、摩擦、噪声或振动。

（4）检查确认换挡杆在各挡位置移动时，每到一个挡位都能平滑接合。检查换挡杆的实际位置是否与换挡位置指示器和变速器壳体显示的位置一致。

（5）将换挡杆正确移动至各挡位置的方法如图3-8所示。

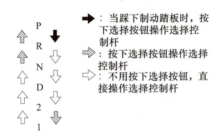

图3-8 移动至各挡位置的方法

（6）检查确认仅当换挡杆置于R位置时，倒车灯才发光；当换挡杆处于P或N位置时，即使将其向前推动到R位置，但不按下换挡杆按钮，倒车灯也不发光。

（7）检查确认仅当换挡杆在P和N位置时才可以起动发动机。

（8）检查确认在P位置完全锁止。

2）位置的调整

将换挡杆从P位置移到1位置。移动时，应该能对每个挡位的正确位置有明显的感觉。如果没有明确的挡位位置感觉或指示器指示的位置校准不合适，则需要调整控制拉线。

（1）将换挡杆置于P位置。将车轮转动1/4圈以上并使用驻车锁止。

（2）拆下空气管。

（3）从手动轴上卸下锁止螺母和控制拉线，如图3-9所示。

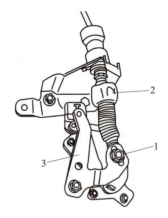

图3-9 A/T位置调整
1—锁止螺母；2—控制拉线；3—手动轴

（4）将手动轴置于P位置。

（5）在末端拉住控制拉线。推拉控制拉线两到三次，然后用规定的力拉住。在控制拉线松弛的情况下，暂时拧紧锁止螺母。

（6）拧紧锁止螺母到指定扭矩。在拧紧锁止螺母后，不要对手动轴施加任何力。

（7）再次将换挡杆从P位置移到1位置，确认换挡杆移动平顺。

(8)检查换挡杆位置。

(9)安装所有拆下的零部件。

**5. 驻车/空挡位置(PNP)开关检查与调整**

(1)将换挡杆以及手动轴置于 N 位置(见图 3-10)。

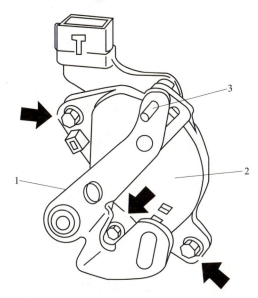

图 3-10 驻车/空挡位置(PNP)开关检查与调整

1—手动轴；2—PNP 开关；3—调整销钉

(2)拆下空气滤清器及空气管。

(3)拆下手动轴上的控制线束。

(4)松开 PNP 开关固定螺栓。

(5)在手动轴调整孔中直接插入直径 4 mm 的调整销钉。

(6)转动 PNP 开关，直到调整销钉也能够直接插入 PNP 开关的孔中。

(7)按照规定的扭矩拧紧 PNP 开关固定螺栓。

(8)调整完 PNP 开关后，将调整销钉从调整孔中抽出。

(9)根据电路图，检查 PNP 开关的导通性，如表 3-1 和图 3-11 所示。

表 3-1 检查 PNP 开关的导通性

| 换挡杆位置 | 端口 | 导通 |
| --- | --- | --- |
| P | 1-2，3-7 | 导通；除规定位置外，其他位置不能导通 |
| R | 3-8 | |
| N | 1-2，3-9 | |
| D | 3-6 | |
| 2 | 3-5 | |
| 1 | 3-4 | |

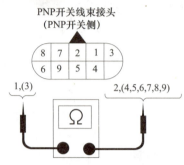

图 3-11　PNP 开关的导通性检查

（10）调整并检查 A/T 位置。

（11）重新安装拆卸的零部件。

**6. 发动机怠速检查**

将选挡杆置于 P 或 N 位置，关闭空调，检查发动机怠速转速是否正常。若怠速过低，挡位转换时，将引起车身振动，甚至导致发动机熄火。若怠速过高，汽车"爬行"现象严重，且易产生换挡冲击。因此在对自动变速器做进一步检查之前，应先检查和调整发动机怠速。

### （二）自动变速器故障诊断与检查

导致自动变速器故障的原因很多，可能是调整不当或电控系统故障，也可能是油泵、变矩器、控制阀、换挡执行元件等有故障。当出现故障时，盲目拆卸分解往往找不出产生故障的真正原因，甚至造成不应有的损坏，因此应利用各种检测仪器和手段，按照由外到内、由简到繁的步骤和程序，诊断出故障原因，为有针对性地进行检修提供依据。

在诊断过程中，应先对电控系统进行检测或进行相应调整，然后进行基础检查和调整，再后进行性能试验，最后再进行分解检修，切忌盲目拆卸。为了快速准确地修理自动变速器，应进行自动变速器故障诊断，一般诊断流程如下：

（1）了解故障情况。在实际检查前，与不满意车辆行驶性能的客户进行交谈，了解症状的表现和发生的条件，特别是间歇性故障的有用信息。

（2）常规检查。开始诊断前，应进行常规检查，主要项目包括基础检查（参阅自动变速器维护中所列项目）、车辆移动检查、失速检查、油压检查等。

（3）诊断仪测试。靠外观检查找到故障的原因，然后应选用诊断仪或电路测试仪进行测试验正。

（4）道路测试。按照工作流程进行操作，道路测试变速器各项性能。

（5）检查维修/更换。检查维修/更换相应组件后，应进行路试确认所有故障已排除。

（6）终检。通过故障代码确认程序，确认已完全修复，清除故障代码。

**1. ATF 检查**

1）检查漏油和液位

请参阅自动变速器维护漏油和液位检查项目。

2）检查油液状态

请参阅自动变速器维护液位检查相关项目。油液状态分析如表 3-2 所示。

表 3-2 油液状态分析

| 油液状态 | 可能原因 | 所需操作 |
| --- | --- | --- |
| 油漆状（浅棕或深棕色并发黏） | 离合器，制动器烧焦 | 更换或拆检 A/T，并检查 A/T 主单元及车辆故障（线束，冷却管等） |
| 乳白色或浑浊 | ATF 中有水 | 更换 ATF，并检查可能的渗水点 |
| 混入大量金属末 | A/T 内不正常磨损 | 更换 ATF，并检查 A/T 的工作是否正常 |

**2. 失速测试**

1）失速测试步骤

（1）检查 ATF 和发动机油液面高度。如有必要应添加 ATF 或发动机油。

（2）驾驶车辆行驶约 10 min 或直至 ATF 和发动机油达到工作温度，ATF 工作温度为 50℃~80℃。

（3）设置驻车制动并挡住车轮，如图 3-12 所示。

图 3-12 设置驻车制动并挡住车轮　　　资源 3-2 失速试验

（4）将转速表安装在测试过程中驾驶员能够看到的位置。最好在指示器上标出发动机的规定转速。

（5）起动发动机，踩下制动踏板，将换挡杆放在 D 位置，如图 3-13 所示。

（6）踩下制动踏板的同时逐渐踩下加速踏板使节气门全开。

（7）迅速记录发动机的失速转速并立即释放节气门。在测试过程中，踩下加速踏板的持续时间不要超过 5 s，操作如图 3-14 所示。

（8）将换挡杆置于 N 位置。

（9）冷却 ATF，使发动机怠速运转至少 1 min。

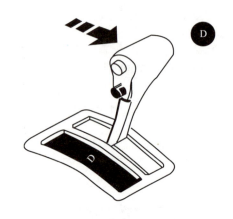

图 3-13　换挡杆放置在 D 位置

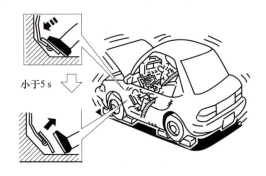

图 3-14　失速油门操作

（10）分别将换挡杆置于 2、1 和 R 位置，重复步骤（6）至（9）。

正常失速转速一般为 2 250~2 700 r/min。

2）失速测试结果分析

（1）D、2 或 1 位置，失速转速过高。

① 在 1 挡失速转速过高，但是在 2 挡和 3 挡却没有，说明低速挡单向离合器打滑。

② 处于 D 位置时，1 挡到 3 挡，而且在 OD OFF 指示灯亮的情况下可以进行发动机制动。在 2 位置的 1 挡和 2 挡以及加速踏板完全释放时（节气门完全关闭），发动机制动起作用，说明前进挡离合器或前进挡单向离合器打滑。

（2）R 位置的失速转速过高。

① 在 1 位置，发动机制动不起作用，说明低速倒挡制动器打滑。

② 在 1 位置，发动机制动起作用，说明倒挡离合器打滑。

（3）失速转速在规定范围内。

① 若车辆不能达到 80 km/h 以上的速度，说明液力变矩器壳体内的单向离合器卡住。

② 在 D 位置的 3 挡和 4 挡发生打滑，说明高速挡离合器打滑。

③ 在 D 位置的 2 挡和 4 挡打滑，说明制动带打滑。

④ 在 OD OFF 指示灯亮的情况下，当 2 挡和 3 挡处于 D 位置，2 挡处于 2 位置，以及当 1 挡处于 1 位置时，发动机制动不起作用，说明超速离合器打滑。

（4）失速转速过低，起步时加速性能差，说明液力变矩器的单向离合器打滑失效。

失速转速情况与故障诊断分析如表 3-3 所示。

表 3-3　失速转速情况与故障诊断分析

| 选挡杆位置 | | 失速转速情况（H：高于规定值；O：正常；L：低于规定值） | | | | |
|---|---|---|---|---|---|---|
| | D | H | O | L | H | O |
| | 2 | H | O | L | H | O |
| | 1 | H | O | L | H | O |
| | R | O | H | L | H | O |
| 故障部位 | | 1. 前进挡单向离合器；<br>2. 前进挡离合器；<br>3. 低速挡单向离合器 | 1. 低速挡和超速挡制动器；<br>2. 倒挡离合器 | 1. 发动机；<br>2. 液力变矩单向离合器 | 1. 管路压力低；<br>2. 前进挡单向离合器；<br>3. 前进挡离合器；<br>4. 低速挡单向离合器；<br>5. 低速挡和超速挡制动器；<br>6. 倒挡离合器 | 1. 系统无故障；<br>2. 不能通过失速测试确认高速挡离合器制动带和超越离合器的工作状况 |

**3. 时滞测试**

在发动机怠速运转时，将选挡杆从空挡拨至前进挡或倒挡后，需要有一段短暂时间的迟滞或延时，才能使自动变速器完成挡位的变换，此时汽车会产生一个轻微的振动，这一短暂的时间称为自动变速器换挡的迟滞时间。

时滞测试就是测出自动变速器换挡的迟滞时间，根据迟滞时间的长短来判断主油路油压及换挡执行元件的工作正常与否，其测试步骤如下：

（1）行驶汽车，使发动机和自动变速器达到正常工作温度。

（2）将汽车停放在水平地面上，拉紧驻车制动。

（3）将选挡杆分别置于 N 位和 D 位，检查调整怠速。

资源 3-3　延时试验

（4）将自动变速器选挡杆从 N 位拨至 D 位，用秒表测量从拨动选挡杆开始到感觉汽车振动为止所需的时间，该时间称为 N-D 迟滞时间。

（5）将选挡杆拨至 N 位，使发动机怠速运转 1 min 后，再做一次同样的试验。共做 3 次试验，取平均值作为 N-D 迟滞时间。

（6）按上述方法，将选挡杆由 N 位拨至 R 位，测量 N-R 迟滞时间。

测试结果分析：

大部分自动变速器 N-D 迟滞时间小于 1.0~1.2 s，N-R 迟滞时间小于 1.2~1.5 s。若 N-D 迟滞时间过长，说明主油路油压过低、前进执行器工作不良；若 N-R 迟滞时间过长，说明倒挡油路油压过低、倒挡执行元件磨损过甚或工作不良。

## 4. 油压测试

1) 管路压力测试口位置

管路压力测试口位置如图 3-15 所示。

资源 3-4　倒挡主油路油压测试方法

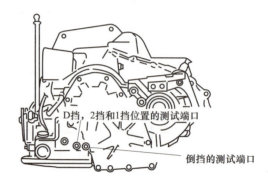

图 3-15　管路压力测试口位置

2) 油压测试步骤

（1）检查 ATF 和发动机油液高度，如有必要添加 ATF 或发动机油。

（2）驾驶车辆行驶约 10 min 或直至发动机油和 ATF 达到正常工作温度 50℃~80℃。

（3）在相应的管路压力测试口处安装油压表，如图 3-16 所示。

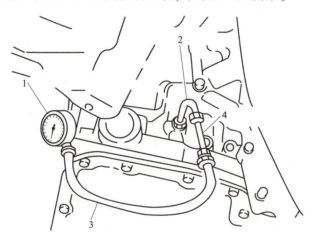

图 3-16　安装油压表

1—油压表；2—连接软管；3—接头；4—连接管

（4）设置驻车制动并挡住车轮。

（5）起动发动机并测量怠速和失速时的管路压力。在测试过程中，要始终保持完全踩下制动踏板。当测量失速情况下的管路压力时，请参阅失速测试。

3) 油压标准

正常管路油压标准如表 3-4 所示。

表 3-4 正常管路油压标准

| 发动机转速 | 管路压力/kPa | |
| --- | --- | --- |
| | D，2 挡和 1 挡位置 | R 位置 |
| 怠速 | 500 | 778 |
| 失速 | 1 159 | 1 803 |

4）油压测试结果分析

通过油压测试。油压测试结果分析如表 3-5 所示。

表 3-5 油压测试结果分析

| | 测试结果 | 可能存在故障的零部件 |
| --- | --- | --- |
| 怠速 | 在所有位置管路压力均低 | 1. 油泵磨损；<br>2. 控制活塞损坏；<br>3. 调压阀或柱塞卡住；<br>4. 调压阀弹簧损坏；<br>5. 在集滤器与调压阀之间有油泄漏；<br>6. 集滤器堵塞 |
| | 在某些位置管路压力低 | 1. 在手动阀与某些离合器之间有油压泄漏；<br>2. 例如管路压力为：在 R 和 1 位置低，但是在 D 和 2 位置正常，则在低速挡和倒挡制动器回路或其周围漏油 |
| | 管路压力均高 | 1. 加速踏板位置信号故障；<br>2. A/T 油温传感器损坏；<br>3. 管路压力电磁阀卡住；<br>4. 管路压力电磁阀电路短路；<br>5. 压力修正阀卡住；<br>6. 调压阀或柱塞卡住；<br>7. 降压电阻电路开路 |
| 失速 | 管路压力均低 | 1. 加速踏板位置信号故障；<br>2. 管路压力电磁阀卡住；<br>3. 管路压力电磁阀电路短路；<br>4. 调压阀或柱塞卡住；<br>5. 压力修正阀卡住；<br>6. 先导阀卡住 |

## 5. 道路测试

通过道路测试，检查自动变速器的总体性能并分析故障原因。道路测试包含发动机起动前的检查、怠速检查、巡航测试三部分。进行道路测试前，应熟悉所有的测试步骤和检查项目，然后进行各个项目的测试直至找到症状。在道路测试后，排除有问题的项目。

1）发动机起动前的检查

检查 OD OFF 指示灯：

（1）将车辆停放在平整的地面上。

（2）将换挡杆置于 P 位置。

（3）将点火开关转至 OFF 位置，等待至少 5 s。

（4）将点火开关转至 ON 位置（请勿起动发动机）。

（5）检查 OD OFF 指示灯是否点亮约 2 s，OD OFF 指示灯位置如图 3-17 所示。

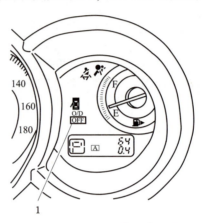

图 3-17　OD OFF 指示灯位置

1—OD OFF 指示灯

若 OD OFF 指示灯点亮，则进行以下操作：

① 将点火开关转至 OFF 位置。

② 进行自诊断并注意异常项。

③ 转至怠速检查。

若 OD OFF 指示灯点不亮：说明存在 OD OFF 指示灯不亮故障，应停止道路测试，对此故障进行检修后再进行道路测试。

2）怠速检查

（1）检查发动机起动。

① 将车辆停放在平整的地面上。

② 将点火开关转至 ON 位置（勿起动发动机）。

③ 将换挡杆移动到位置 P 或 N。

④ 将点火开关转到 START 位置。检查发动机能否起动，若不能起动，则表明存在 P 和 N 位置不能起动故障，检修排除此故障后继续进行道路测试。

⑤ 重复步骤②~④，检查换挡杆置于 R、D、2 或 1 位置的发动机能否起动。若能起动，表明存在 P 和 N 位置不能起动故障，检修排除此故障后继续进行道路测试。

⑥ 发动机起动正常，转入车辆移动检查。

（2）检查 P 位置车辆的移动。

① 将换挡杆置于 P 位置。

② 将点火开关转至 OFF 位置。

③ 松开驻车制动器。

④ 向前或后推动车辆。若车辆能移动，表明存在换挡杆在 P 位置时车动故障，应检修排除此故障后继续进行道路测试。

⑤ 若不能移动车辆，则继续进行以下操作。

（3）检查 N 位置车辆的移动。

① 使用驻车制动器。

② 起动发动机。

③ 将换挡杆置于 N 位置。

④ 松开驻车制动器。

⑤ 前后推动车辆，检查车辆能否移动。若车辆能移动，表明存在换挡杆在 N 位置时车动故障，检修排除此故障后继续进行道路测试。

⑥ 若不能移动车辆，则继续进行以下操作。

（4）检查换挡冲击。

① 踩下制动踏板。

② 将换挡杆转到 R 位置。

③ 检查换挡杆从 N 换到 R 位置时是否有很大的冲击。若有，存在 N→R 巨大冲击故障，检修排除此故障后继续道路测试。

（5）检查 R 位置车辆的移动。

① 松开脚制动器几秒。

② 检查松开时车辆是否能向后移动。若不能，存在换挡杆在 R 位置时车辆不能倒车故障，检修排除此故障后继续道路测试。若是继续以下操作。

（6）检查换挡杆置于 D、2 和 1 位置时车辆的移动。

将换挡杆置于 D、2 和 1 位置并检查车辆是否能缓慢向前行驶，如图 3-18 所示。检查在所有三个位置车辆是否都能缓慢向前行驶。若不能，则存在换挡杆在 D、2 或 1 位置时车辆不能向前行驶故障，检修排除此故障后继续道路测试。若是，则进行巡航测试。

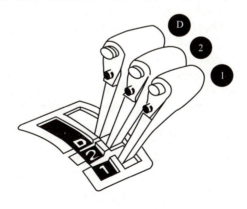

图 3-18 换挡杆置于 D、2 或 1 位置

3）巡航测试

（1）检查 $D_1$ 位置车辆起动状况。操作步骤如下：

① 驾驶车辆约 10 min，使得发动机油和 ATF 达到工作温度。

② 将车辆停放在平整的地面上。

③ 按下超速挡控制开关（OD OFF 指示灯熄灭），将换挡杆置于 P 位置，如图 3-19 所示。

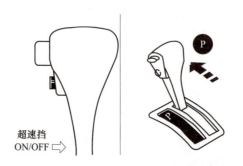

图 3-19 按下超速挡控制开关并将换挡杆置于 P 位置

④ 起动发动机。

⑤ 将换挡杆置于 D 位置。

⑥ 踩下加速踏板到一半的位置，并保持住，从而加速车辆，读出挡位。检查车辆是否从 $D_1$ 起步。若能，则继续以下操作；若不能，则存在车辆不能从 $D_1$ 挡起步故障，检修此故障后继续道路测试。

（2）检查加挡（位置从 $D_1$ 到 $D_2$，$D_2$ 到 $D_3$，$D_3$ 到 $D_4$）。

① 保持加速踏板到一半的位置。

② 读出挡位、节气门开度及车速。

③ 检查 A/T 从 $D_1$ 换到 $D_2$、从 $D_2$ 换到 $D_3$、从 $D_3$ 换到 $D_4$ 时的车速，检查各换挡点车速是否符合厂家规定的速度范围，如表 3-6 所示。

表 3-6 自动变速器换挡车速标准

| 节气门位置 | 车辆速度/(km·h$^{-1}$) | | | | | |
| --- | --- | --- | --- | --- | --- | --- |
| | $D_1 \to D_2$ | $D_2 \to D_3$ | $D_3 \to D_4$ | $D_4 \to D_3$ | $D_3 \to D_2$ | $D_2 \to D_1$ |
| 气门全开 | 51~59 | 97~105 | 154~162 | 150~158 | 87~95 | 41~49 |
| 气门半开 | 31~39 | 60~68 | 122~130 | 63~71 | 36~44 | 5~13 |

④ 若各加挡车速不正常，则存在故障，应对相应故障进行检修后，再继续道路测试。

（3）检查加挡和减挡（位置从 $D_3$ 到 $D_4$ 到 $D_2$）。

① 按下超速挡控制开关（OD OFF 指示灯熄灭）。

② 将换挡杆置于 D 位置，再次将加速踏板踩下一半从而加速车辆，再次检查车辆是否从 $D_1$ 起动。

③ 将车辆加速至 80 km/h。

④ 释放加速踏板然后迅速踩到底，读取挡位和节气门开度。检查当加速踏板踩到底时自动变速器是否立即从 $D_4$ 挡换到 $D_2$ 挡。若否，则存在 $D_4 \to D_2$ 不能减挡故障。

（4）检查加挡（$D_3$ 到 $D_4$）及发动机制动。

① 全踏下加速踏板，从 $D_2$ 挡换到 $D_3$ 挡之后释放加速踏板，操作如图 3-20 所示。

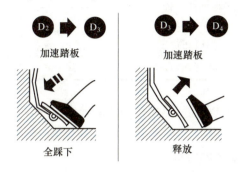

图 3-20　$D_3$ 到 $D_4$ 加挡操作

② 读出挡位、节气门开度及车速。检查自动变速器是否从 $D_3$ 挡换到 $D_4$ 挡，而且车辆是否能在发动机制动的作用下减速。若不能，则存在 A/T 不能 $D_3 \rightarrow D_4$ 换挡故障。

（5）检查轻踩制动踏板减挡（$D_4$ 到 $D_3$）。

① 按下超速挡控制开关（OD OFF 指示灯熄灭）。

② 将换挡杆置于 D 位置。

③ 保持节气门半开，加速车辆换到 $D_4$ 挡。

④ 轻踩制动踏板使车辆减速。

⑤ 读取挡位和发动机转速，当自动变速器从 $D_4$ 挡换到 $D_3$ 挡时，检查发动机转速是否平滑地降到怠速。若不能则存在发动机转速不能回到怠速（轻微制动 $D_4 \rightarrow D_3$）故障。

（6）检查减挡（$D_4$ 到 $D_3$；$D_3$ 到 $2_2$，$2_2$ 到 $1_1$）（带有超速挡控制开关）。

① 按下超速挡控制开关（OD OFF 指示灯熄灭）。

② 将换挡杆置于 D 位置。

③ 保持节气门半开，加速车辆换到 $D_4$ 挡。

④ 释放加速踏板。

⑤ 按下超速挡控制开关（OD OFF 指示灯亮），读取挡位和车速。检查 A/T 是否从 $D_4$ 换挡到 $D_3$（OD OFF），检查车辆能否利用发动机制动减速。

⑥ 以 $D_3$（OD OFF）行驶，将换挡杆从 D 转到 2 位置，读出挡位，检查 A/T 是否从 $D_3$（OD OFF）换挡到 $2_2$，并检查在此挡位车辆能否利用发动机制动减速。

⑦ 以 $2_2$ 行驶时，将换挡杆从 2 换到 1 位置，读出挡位，检查 A/T 是否从 $2_2$ 换挡到 $1_1$ 位置，并检查在此挡位车辆能否利用发动机制动减速。

（7）检查锁止和锁止保持及释放。

① 保持加速踏板到一半的位置。

② 当锁止占空比达到 94% 时，读取车速、节气门位置，检查特定速度时是否会锁止。检查发生锁止时的车速是否符合厂家规定的速度范围，如表 3-7 所示。

表 3-7　汽车锁止发生与释放时的车速

| 节气门位置 | 换挡杆位置 | 车辆速度/（km·h$^{-1}$） | |
|---|---|---|---|
| | | 锁止"ON" | 锁止"OFF" |
| 2.0/8 | D 位置 | 76~84 | 56~64 |
| | D 位置（OD OFF） | 86~94 | 83~91 |

③ 当锁止占空比达到 94% 时，检查自动变速器能否保持锁止状态 30 s 以上。

④ 释放加速踏板，当锁止占空比达到 4% 时，检查加速踏板释放时锁止是否能释放。

### （三）自动变速器拆解中的检查

自动变速器若进行拆检，在拆解过程中应检查以下项目。

**1. 检查液力变矩器的单向离合器**

如图 3-21 所示，利用工具检查液力变矩器的单向离合器，也可自做专用检查工具，如图 3-22 所示。

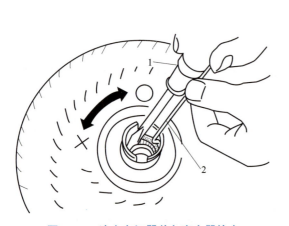

图 3-21　液力变矩器单向离合器检查

1—平头螺丝刀；2—专用检查工具

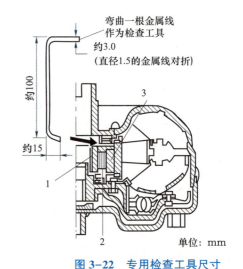

图 3-22　专用检查工具尺寸

1—内座圈；2—单向离合器；3—外座圈

（1）将检查工具插入装在单向离合器外座圈的轴承支座凹槽中。

（2）使用检查工具固定轴承支座时，用螺丝刀旋转单向离合器的花键。

（3）检查内座圈是否只能顺时针转动。如果不是，更换液力变矩器总成。

**2. 检查油底壳中的异物**

检查油底壳中的异物，如图 3-23 所示，以便确定故障的原因。如果 ATF 极黑、有焦煳味或含有异物颗粒，可能需要更换摩擦材料（离合器、制动带）。如果有不易擦净的黏稠油膜则说明形成了漆质膜。漆质膜会引起阀、伺服缸和离合器卡死并会降低油泵的压力。如果发现有脱落的摩擦材料，修理自动变速器后更换散热器。

**3. 一些机件磨损与损坏检查**

（1）检查手动阀与阀体的滑动表面，如图 3-24 所示，如果出现损坏或凹坑，则进行

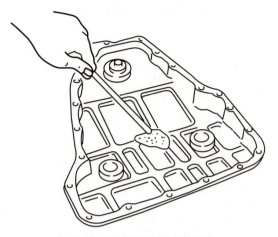

图 3-23 检查油底壳中的异物

更换。

**注意**：在拆检时请勿跌落手动阀。

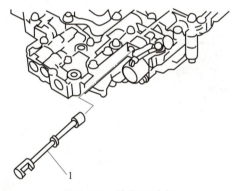

图 3-24 检查手动阀

1—手动阀

（2）检查每个蓄压器活塞与变速器壳的滑动表面，蓄压器活塞如图 3-25 所示，如果出现损坏或凹坑，则进行更换。检查蓄压器回位弹簧，如果变形、磨损或自由长度与工作长度不符合要求，则进行更换。O 形密封圈每次解体后都要更换，装配时用 ATF 润滑。

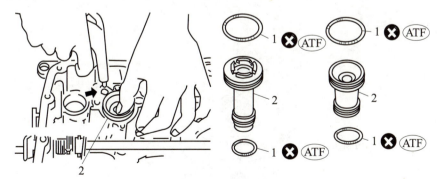

图 3-25 蓄压器活塞

1—O 形密封圈；2—蓄压器活塞；⊗—装配时换新件；(ATF)—装配时 ATF 润滑

（3）检查制动带、离合器与制动器主从动片表面是否损坏、破裂、磨损或烧蚀，如图3-26所示。

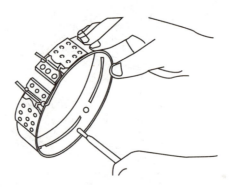

图3-26 检查制动带表面

（4）检查滚针轴承、止推垫圈，如图3-27所示，如果损坏或磨损，则更换。

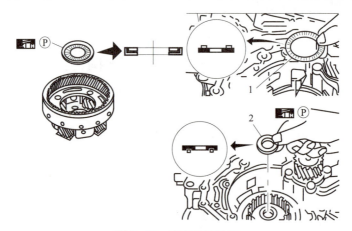

图3-27 检查滚针轴承

1,2—滚针轴承； P—加凡士林

（5）检查单向离合器，如图3-28所示，如果损坏或磨损，则更换。

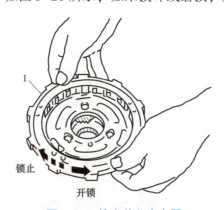

图3-28 检查单向离合器

1—单向离合器

（6）检查小齿轮垫圈与行星齿轮架之间的间隙，利用塞尺测量，如图3-29所示，如果间隙的值超过极限值，更换行星齿轮架。

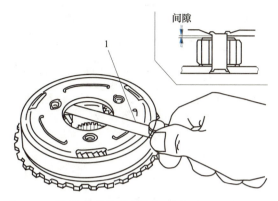

图3-29 检查小齿轮垫圈与行星齿轮架之间的间隙

1—塞尺

### （四）自动变速器零部件修理

**1. 手动轴**

手动轴元件组成如图3-30所示。

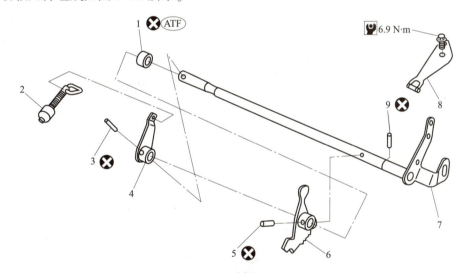

图3-30 手动轴元件组成

1—手动轴油封；2—驻车杆；3，5，9—定位销；4—驻车杆片；6—手动片；7—手动轴；
8—棘爪弹簧；⊗—装配时换新件；ATF—装配时ATF润滑；—规定力矩

1）拆卸

（1）从变速器壳上拆卸棘爪弹簧，如图3-31所示。

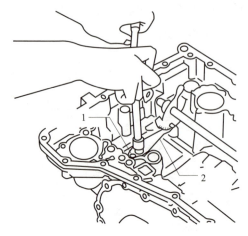

图 3-31 拆卸棘爪弹簧

1—导向销；2—棘爪弹簧

（2）使用尖冲头敲出手动盘的定位销，如图 3-32 所示。

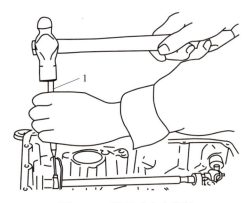

图 3-32 拆手动盘定位销

1—尖冲头（专用工具）

（3）拆驻车杆板的定位销，如图 3-33 所示。

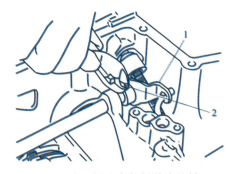

图 3-33 拆驻车杆板的定位销

1—驻车杆板；2—定位销

(4) 拆手动轴的定位销, 如图 3-34 所示。

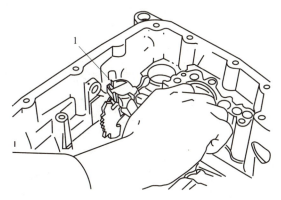

图 3-34　拆手动轴的定位销

1—定位销

(5) 如图 3-35 所示, 从手动轴上拆下驻车杆片, 然后从驻车杆片上卸下驻车杆, 再从手动轴上卸下手动盘, 然后从变速器壳上取出手动轴。

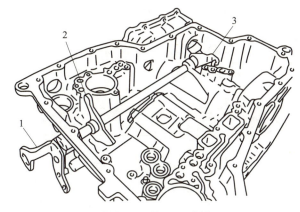

图 3-35　取下手动轴

1—手动轴; 2—手动盘; 3—驻车杆片

(6) 从变速器壳体上拆卸手动轴油封, 如图 3-36 所示, 切勿刮坏变速器壳体。

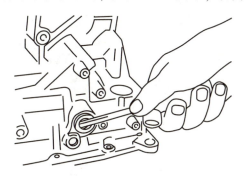

图 3-36　取下手动轴油封

(7) 检查零部件, 如果损坏或磨损, 应更换。

2)装配

(1)使用冲子将手动轴油封压入变速器壳中,如图3-37所示,更换上手动轴新油封后,用ATF润滑外表面。

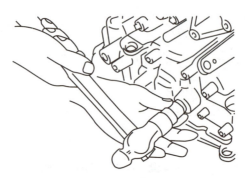

图3-37 安装手动轴油封

(2)将驻车杆安在驻车杆片上。

(3)将手动轴插入变速器壳,将手动盘安装在手动轴上。

(4)如图3-38所示,对准手动轴的槽与变速器壳孔,使用专用工具将手动轴的定位销压入变速器壳,更换上新定位销。

(5)如图3-39所示,将驻车杆片放在手动轴上,然后压入驻车杆片的定位销,定位销必须从驻车杆片的外表面上突出大约3 mm。

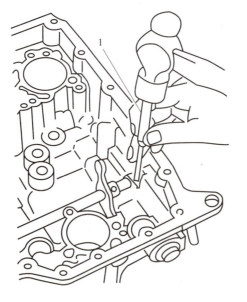

图3-38 安装定位销
1—专用工具

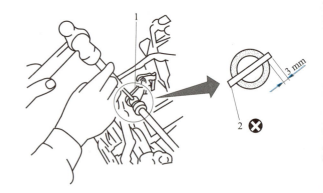

图3-39 装配驻车杆片定位销
1—驻车杆片;2—定位销;✕—装配时换新件

(6)如图3-40所示,将手动盘放在手动轴上,然后压入手动盘的定位销,定位销必须从手动盘的外表面上突出大约3 mm。

(7)在变速器上安装棘爪弹簧,按规定扭矩拧紧棘爪弹簧螺栓。

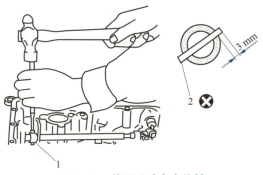

**图 3-40　装配手动盘定位销**

1—手动盘；2—定位销；✕—装配时换新件

### 2. 油泵

油泵元件组成如图 3-41 所示。

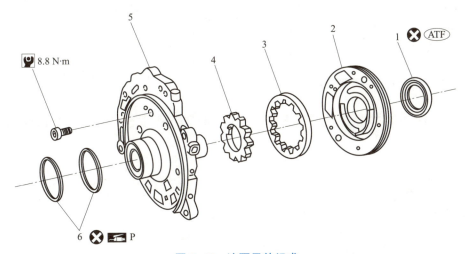

**图 3-41　油泵元件组成**

1—油泵壳体油封；2—油泵壳；3—外齿轮；4—内齿轮；5—油泵盖；6—密封圈

1）解体与检查

（1）如图 3-42 所示，从油泵总成上拆下密封圈。

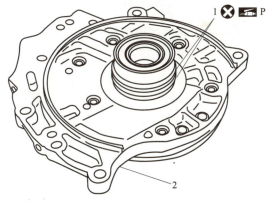

**图 3-42　拆下密封圈**

1—密封圈；2—油泵总成

**资源 3-5　油泵的分解**

（2）按照图3-43所示顺序拆卸螺栓，并卸下油泵盖。

（3）如图3-44所示，从油泵壳上拆下内外齿轮。

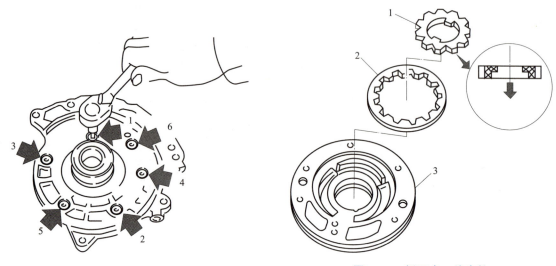

图3-43 拆卸油泵螺栓顺序

图3-44 拆下内、外齿轮
1—内齿轮；2—外齿轮；3—油泵壳

（4）如图3-45所示，使用平头螺丝刀拆下油泵壳油封，注意不要刮伤油泵壳。

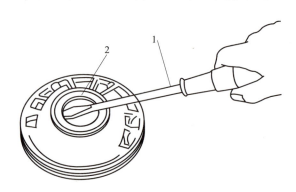

图3-45 拆下油泵壳油封
1—平头螺丝刀；2—油泵壳油封

（5）检查油泵壳、油泵盖、内齿轮和外齿轮磨损或损坏情况。如有必要，应更换。

2）测量间隙

（1）测量侧间隙。

如图3-46所示，至少在外缘的4个点测量内外齿轮的侧隙，最大测量值应在规定间隙之内。如果间隙值小于标准，应选择成套内外齿轮以使间隙在规定范围之内；如果间隙比标准值大，更换除油泵盖以外的整个油泵总成。

（2）测量外齿轮与油泵壳之间的间隙。

如图3-47所示，如果间隙值不在允许值范围内，更换除油泵盖以外的整个油泵总成。

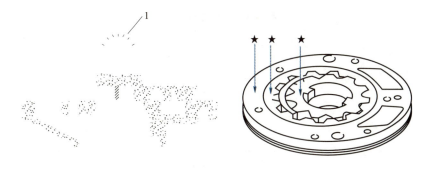

图 3-46 测量内外齿轮的侧隙

1—千分表；2—油泵壳；3—内齿轮；4—外齿轮；5—校正工具；★—测量点

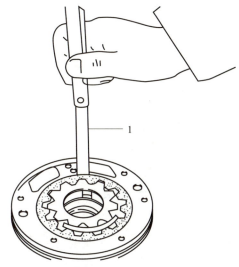

图 3-47 测量外齿轮与油泵壳之间的间隙

1—塞尺

（3）测量密封圈间隙。

如图 3-48 所示，测量密封圈与圈槽间的间隙，检查是否符合厂家规定的油泵标准间隙与允许的限值，表 3-8 所示为自动变速器油泵间隙标准。若油泵间隙不在允许极限范围内，更换油泵盖总成。

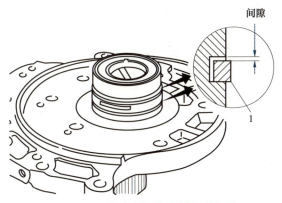

图 3-48 测量密封圈与圈槽间的间隙

1—密封圈

表 3-8　自动变速器油泵间隙标准

| 油泵侧隙/mm | | 0.02~0.04 |
|---|---|---|
| 油泵壳与外齿轮之间的间隙/mm | 标准 | 0.08~0.15 |
| | 允许极限值 | 0.15 |
| 油泵盖密封圈间隙/mm | 标准 | 0.10~0.25 |
| | 允许极限值 | 0.25 |

3）装备与调整

（1）如图 3-49 所示，将油泵壳油封装到油泵壳上。注意更换上油泵壳新油封，并用 ATF 润滑。

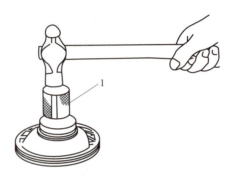

图 3-49　安装油泵壳油封

1—油封安装专用工具

（2）将内外齿轮安装到油泵壳上，注意内齿轮的方向，如图 3-50 所示。

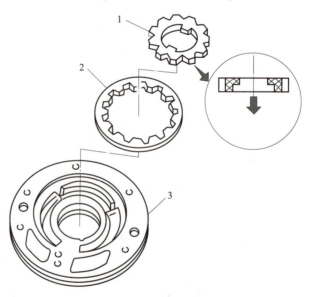

图 3-50　内齿轮的安装方向

1—内齿轮；2—外齿轮；3—油泵壳

（3）将油泵盖安装到油泵壳上。

① 在油泵盖总成的花键上缠防护带以保护密封。将油泵盖总成装在油泵壳总成上，然后拆下防护带。

② 按照图 3-51 所示的顺序拧紧油泵盖安装螺栓，然后按照相同的顺序将其拧紧到规定扭矩。

（4）如图 3-52 所示，用凡士林填充圈槽后，仔细地将密封圈安装到油泵总成上。

**注意**：安装时不要过度扩张密封圈的间隙，否则会使密封圈变形。

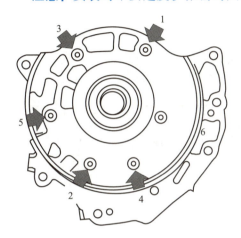

图 3-51 油泵盖螺栓紧固顺序

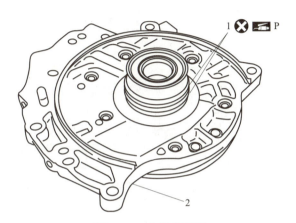

图 3-52 安装密封圈
1—密封圈；2—油泵总成

### 3. 控制阀总成

汽车自动变速器控制阀总成元件组成如图 3-53 所示。

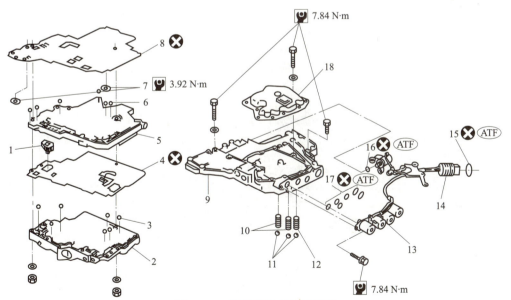

图 3-53 控制阀总成元件组成
1—向导滤清器；2—控制阀上体；3，6—钢球；4，8—隔离板；5—控制阀内体；7—支撑板；
9—控制阀下体；10—管路压力泄压阀弹簧；11—单向阀球；12—变矩器压力保持弹簧；
13—电磁阀总成；14—端头；15，16，17—O形圈；18—机油集滤器

资源3-6 阀板的分解

1）解体

让控制阀上体朝下，放置控制阀总成，如图3-54所示，根据下面的步骤，卸下螺栓A到G、定位螺栓F、螺母与支撑板，分开控制阀上体、控制阀内体与控制阀下体。

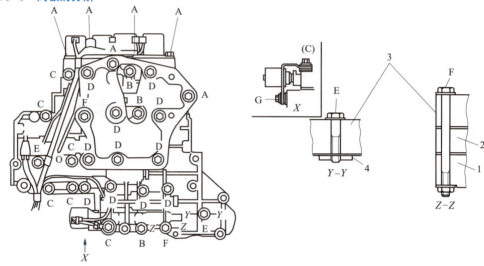

图3-54 控制阀总成紧固螺栓

1—控制阀上体；2—控制阀内体；3—控制阀下体；4—螺母与支撑板；A—6个长度为13.5 mm 螺栓；B—3个长度为58.0 mm 螺栓；C—6个长度为40.0 mm 螺栓；D—11个长度为66.0 mm 螺栓；E—2个长度为33.0 mm 螺栓；F—2个长度为78.0 mm 定位螺栓；G—1个长度为18.0 mm 螺栓

（1）如图3-55所示，从控制阀总成上卸下螺栓A、D，定位螺栓F与螺母，并卸下集滤器。

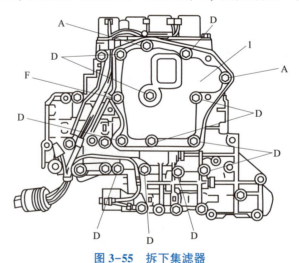

图3-55 拆下集滤器

1—集滤器；A，D—螺栓；F—定位螺栓

（2）如图3-56所示，从控制阀总成上卸下螺栓A、C和G，然后卸下电磁阀总成1。

（3）如图3-57所示，从电磁阀及端口体上拆下O形圈。

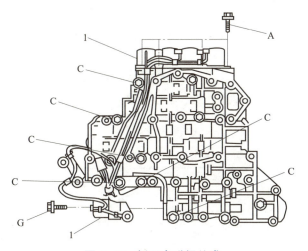

图 3-56 拆下电磁阀总成

1—电磁阀总成；A，C，G—螺栓

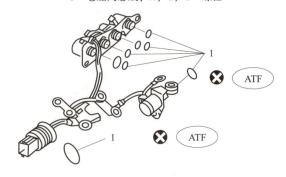

图 3-57 拆下电磁阀 O 形圈

1—O 形圈；⊗—每次拆卸后都要换；ATF—加自动变速箱油

（4）如图 3-58 所示，将控制阀上体朝下放置，卸下螺栓、定位螺栓与螺母。注意控制阀上体朝下拆下螺栓，因为控制阀上体和控制阀内体可能脱离，钢球会掉下来丢失。

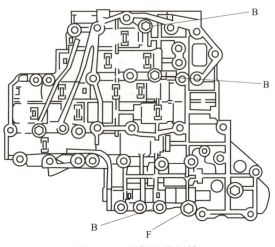

图 3-58 拆卸下体螺栓

B—螺栓；F—定位螺栓

（5）如图3-59所示，从控制阀内体上卸下控制阀下体。

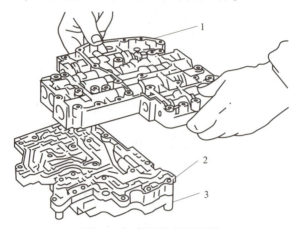

图 3-59　拆下控制阀下体

1—控制阀下体；2—控制阀内体；3—控制阀上体

（6）如图3-60所示，翻转控制阀下体，从控制阀下体上卸下螺栓、支撑板和隔离板。

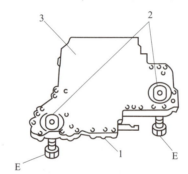

图 3-60　分离支撑板和隔离板

1—控制阀下体；2—支撑板；3—隔离板；E—螺栓

（7）如图3-61所示，从控制阀下体上卸下止动珠、管路压力泄压阀弹簧和变矩器压力保持弹簧。

**注意**：不要丢失止动珠、管路压力泄压阀弹簧和变矩器压力保持弹簧。

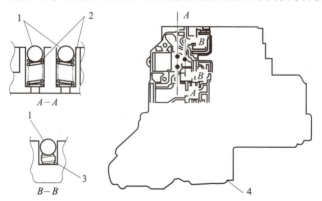

图 3-61　拆下止动珠、管路压力泄压阀弹簧和变矩器压力保持弹簧

1—止动珠；2—管路压力泄压阀弹簧；3—变矩器压力保持弹簧；4—控制阀下体

（8）如图 3-62 所示，从控制阀上体拆卸控制阀内体。

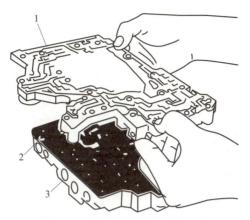

图 3-62　分离控制阀上体和内体

1—控制阀内体；2—隔离板；3—控制阀上体

（9）如图 3-63 所示，从控制阀上体拆卸导向滤清器和隔离板。

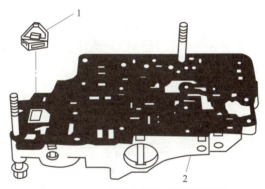

图 3-63　分离控制阀上体和隔离板

1—导向滤清器；2—控制阀上体

（10）如图 3-64 所示，查看钢珠在控制阀内体中放置是否正确，然后将其取出；查看钢珠在控制阀上体中放置是否正确，然后将其取出。

**注意：**不要遗失钢珠。

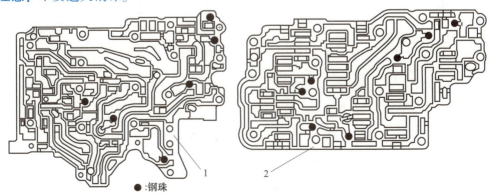

●：钢珠

图 3-64　查看控制阀内体和上体中的钢珠

1—控制阀内体；2—控制阀上体

2)检查

(1)检查控制阀下体和上体,查看挡片是否正确安装于控制阀上体内和下体内,如图 3-65 所示。

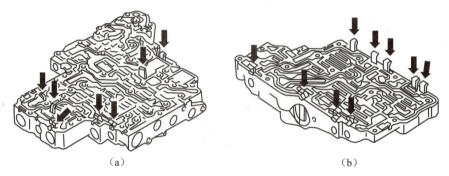

图 3-65 控制阀上体内和下体内的挡片
(a)控制阀下体中的挡片;(b)控制阀上体中的挡片

(2)检查机油集滤器的金属丝网有无损坏,如图 3-66 所示,如有必要,应更换。

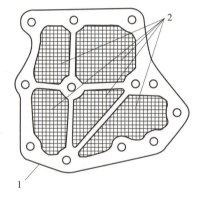

图 3-66 检查机油集滤器的金属丝网
1—集滤器;2—金属丝网

(3)如图 3-67 所示,测量换挡电磁阀 A 和 B、管路压力电磁阀、变矩器离合器电磁阀及超越离合器电磁阀的电阻,检查是否符合厂家规定的数值标准,如表 3-9 所示,判断电磁阀是否正常。

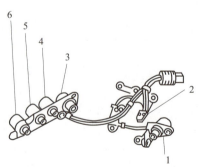

图 3-67 电磁阀与 A/T 油温传感器
1—管路压力电磁阀;2—A/T 油温传感器;3—换挡电磁阀 B;
4—超越离合器电磁阀;5—变矩器离合器电磁阀;6—换挡电磁阀 A

表 3-9 自动变速器电磁阀标准电阻值

| 电磁阀 | 电阻/Ω |
|---|---|
| 换挡电磁阀 A | 20~30 |
| 换挡电磁阀 B | 5~20 |
| 管路压力电磁阀 | 2.5~5 |
| 变矩器离合器电磁阀 | 5~20 |
| 超越离合器电磁阀 | 20~30 |

（4）测量 A/T 油温传感器电阻。当温度为 20℃ 时，电阻约为 2.5 kΩ；当温度为 80℃ 时，电阻约 0.3 kΩ。

（5）检查管路压力泄压阀弹簧与变矩器压力保持弹簧是否损坏或变形，同时测量弹簧的自由长度及外径，如图 3-68 所示。如果弹簧变形或疲劳损坏则应更换。

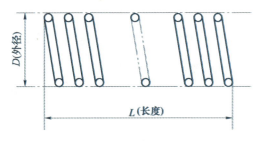

图 3-68 测量弹簧自由长度及外径

3）装配

（1）安装控制阀上体、内体和下体。

① 将控制阀上体的油路面朝上，将钢珠安装到适当位置。

② 从控制阀上体底部安装定位螺栓。使用定位螺栓作为导向，成套安装隔离板。

③ 在控制阀上体上安装导向滤清器，如图 3-69 所示。

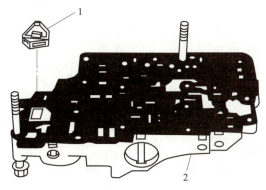

图 3-69 安装导向滤清器

1—导向滤清器；2—控制阀上体

④ 控制阀下体的侧面朝上放置，将钢珠安装到适当位置。

⑤ 如图3-70所示，用定位螺栓作导向，把控制阀内体安装到控制阀上体上。

**注意：** 不要将钢珠装错位置或掉落。

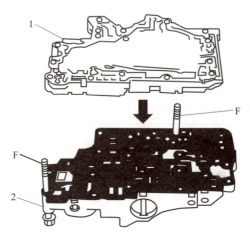

图3-71 安装控制阀内体

1—控制阀内体；2—控制阀上体；F—定位螺栓

⑥ 如图3-71所示，在控制阀下体上将止动珠、管路压力泄压阀弹簧与变矩器压力保持弹簧安装在正确位置。

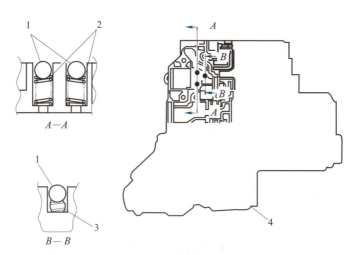

图3-71 安装止动珠和弹簧

1—止动珠；2—管路压力泄压阀弹簧；3—变矩器压力保持弹簧；4—控制阀下体

⑦ 如图3-72所示，从控制阀下体底部安装螺栓。使用螺栓作为导向，成套安装隔离板。在控制阀下体上安装支撑板。

⑧ 如图3-73所示，用定位螺栓作导向，在控制阀内体上安装控制阀下体，并稍拧紧定位螺栓。

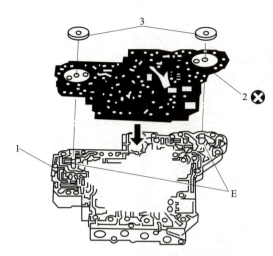

图 3-72 安装隔离板和支撑板

1—控制阀下体；2—隔离板；3—支撑板

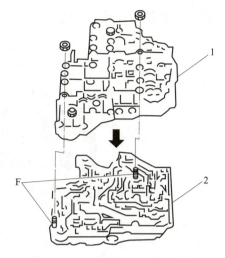

图 3-73 组合控制阀内体与下体

1—控制阀下体；2—控制阀内体；F—定位螺栓

（2）在电磁阀及端头上安装 O 形圈，如图 3-74 所示。

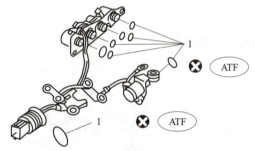

图 3-74 安装电磁阀 O 形圈

1—O 形圈；✖—每次拆卸后都要换；ATF—加自动变速箱油

（3）安装并拧紧各螺栓，如图 3-75 所示。

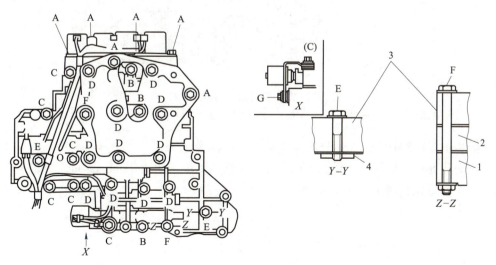

图 3-75 安装并拧紧各螺栓

1—控制阀上体；2—控制阀内体；3—控制阀下体；4—支撑板

① 安装螺栓并拧紧到规定扭矩 7.84 N·m，如图 3-76 所示。

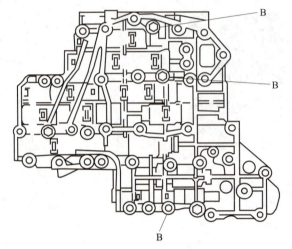

图 3-76　安装紧固螺栓

B—长度为 58.0 mm 螺栓

② 在控制阀总成上安装电磁阀总成。

③ 拧紧螺栓 A、C 和 G 到规定扭矩 7.84 N·m，如图 3-77 所示。

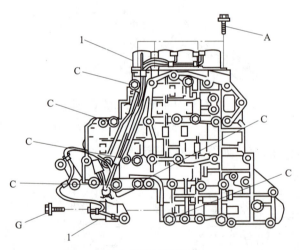

图 3-77　安装紧固螺栓 A、C、G

1—电磁阀总成；A—长度为 13.5 mm 螺栓；C—6 个长度为 40.0 mm 螺栓；G—长度为 18.0 mm 螺栓

④ 卸下定位螺栓 F，然后将集滤器放在控制阀总成上。

⑤ 安装并拧紧螺栓 A、D，定位螺栓 F 和螺母到规定扭矩 7.84 N·m，如图 3-78 所示。

⑥ 拧紧螺栓到规定扭矩 7.84 N·m，如图 3-79 所示。

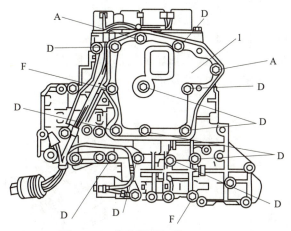

图 3-78 安装紧固螺栓 A、D、F

1—集滤器；A—长度为 13.5 mm 螺栓；D—长度为 66.0mm 螺栓；F—长度为 78.0 mm 定位螺栓

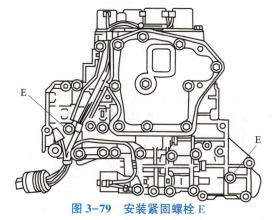

图 3-79 安装紧固螺栓 E

E—长度为 33.0 mm 螺栓

### 4. 高速挡离合器

汽车自动变速器高速挡离合器元件组成如图 3-80 所示。

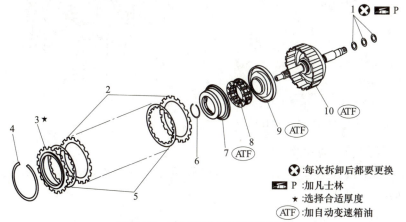

图 3-80 高速挡离合器元件组成

1—密封圈；2—从动片；3—挡片；4，6—卡环；5—驱动片；7—撤销盖；8—弹簧座总成；
9—高速挡离合器活塞；10—输入轴总成（高速挡离合器鼓）

1)解体

(1)检查高速挡离合器的工作情况。

① 按照图3-81所示位置,向输入轴总成的油孔1内吹入压缩空气。

**注意:用无绒布2在相反的方向堵住油孔。**

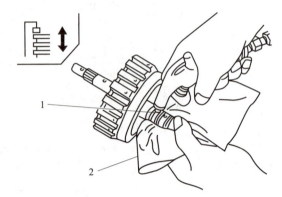

图3-81 检查高速挡离合器的工作情况
1—油孔;2—无绒布

资源3-7 倒挡及高挡离合器的分解

② 查看挡片是否向卡环移动。

③ 如果挡片不能接触卡环,则高速挡离合器活塞密封圈可能损坏。

(2)从输入轴总成上拆下密封圈,如图3-82所示。

(3)利用平头螺丝刀拆下卡环,如图3-83所示。

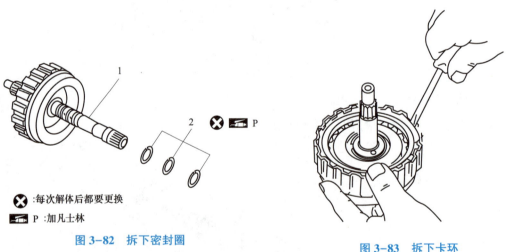

图3-82 拆下密封圈
1—输入轴总成;2—密封圈

⊗:每次解体后都要更换
P:加凡士林

图3-83 拆下卡环

(4)拆下挡片、主动片及从动片。

(5)将专用工具A置于撤销盖上,压住弹簧座总成,然后从输入轴总成上拆下卡环,如图3-84所示。

**注意:切勿过度张开卡环。**

(6)从输入轴总成上卸下撤销盖与弹簧座总成,如图3-85所示。

**注意:请勿从弹簧座上拆下回位弹簧。**

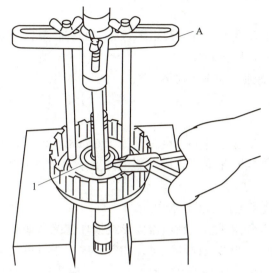

图 3-84 拆下弹簧座总成卡环
1—卡环；A—专用工具

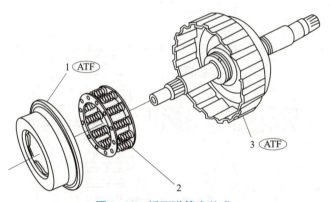

图 3-85 拆下弹簧座总成
1—撤销盖；2—弹簧座总成；3—高速挡离合器鼓

（7）按照图 3-86 所示位置，向油孔内吹入压缩空气，从输入轴总成上卸下高速挡离合器活塞。慢慢地吹入空气，同时用无绒布保护，空气流的速度不要太快，否则高速挡离合器活塞和 ATF 会飞出来。

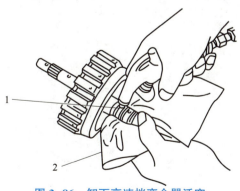

图 3-86 卸下高速挡离合器活塞
1—油孔；2—无绒布

2）检查

（1）检查离合器卡环变形、疲劳及损坏状况，如有必要，予以更换。

（2）检查高速挡离合器驱动片。

① 检查衬面是否烧蚀、刮伤或损坏，如有必要，予以更换。

② 测量衬面的厚度。在3个位置处测量厚度，并计算平均值。如果厚度小于允许极限值，应更换。

③ 检查所有驱动片。驱动片的厚度标准为1.6 mm，允许极限值为1.4 mm。

（3）检查高速挡离合器弹簧座总成。测量弹簧座总成的长度（标准长度为20.6 mm），如果损坏、变形或磨损，应更换。

**注意**：请勿从弹簧座上拆下回位弹簧。

（4）检查高速挡离合器活塞与撤销盖变形或损坏情况，如有必要，予以更换。

（5）检查输入轴总成变形或损坏情况。如有必要，予以更换。

（6）检查密封圈间隙。如图3-87所示，在输入轴总成上安装新的密封圈，然后测量密封圈与圈槽间的间隙，标准间隙为0.10~0.25 mm、允许极限值为0.25 mm，如果超出限值，应更换输入轴总成。

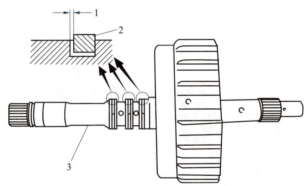

图3-87 检查密封圈间隙

1—密封圈间隙；2—密封圈；3—输入轴总成

3）组装

（1）如图3-88所示，缓慢转动以安装高速挡离合器活塞。用ATF润滑输入轴总成的内表面以及高速挡离合器活塞。

图3-88 安装高速挡离合器活塞

（2）在输入轴总成上安装弹簧座总成与撤销盖。

（3）如图 3-84 所示，将专用工具置于撤销盖上，慢慢压缩弹簧座总成，然后将卡环安装到输入轴总成上。注意切勿过度张开卡环；安装弹簧座总成，不要倾斜；请勿将卡环开口与撤销盖止动块对齐，如图 3-89 所示。

（4）如图 3-90 所示，安装从动片 4、5，驱动片 3 以及挡片 2，驱动片/从动片：3/6（1+5）。

**注意**：各从动片和驱动片的顺序及方向。

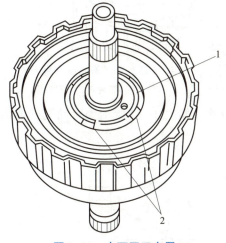

图 3-89　卡环开口布置

1—卡环；2—止动块

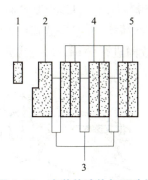

图 3-90　安装从动片与驱动片

1—卡环；2—挡片；3—驱动片；4，5—从动片

（5）利用平头螺丝刀安装卡环。

（6）如图 3-91 所示，安装百分表 3，测量挡片与卡环之间的间隙，标准间隙为 1.4~1.8 mm、允许极限值为 2.4 mm。如果超过允许限值，选择合适的挡片。

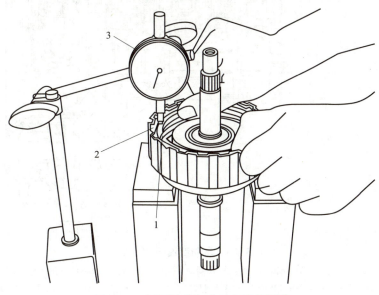

图 3-91　测量挡片与卡环之间的间隙

1—挡片；2—卡环；3—百分表

(7) 检查高速挡离合器的工作情况。

(8) 从输入轴总成上安装密封圈。如图3-92所示,利用纸裹住密封圈,以防止其张开。

#### (五) 自动变速器故障分析与诊断

自动变速器的常见故障主要为换挡冲击过大、换挡正时不当、不能升挡、不能减挡、不能行驶或加速性不良、自动变速器过热及液力变矩器无锁止作用等。

**1. 日产自动变速器故障分析**

进行自动变速器故障分析,应充分掌握自动变速器整体结构与原理,自动变速器结构如图3-93、图3-94所示。然后通过进行基础检查、性能试验后,对自动变速器故障进行分析,确定主要故障原因和排查步骤。如表3-10所示为自动变速器离合器和制动带工作表。

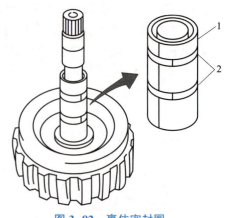

图3-92 裹住密封圈

1—厚纸片;2—胶带

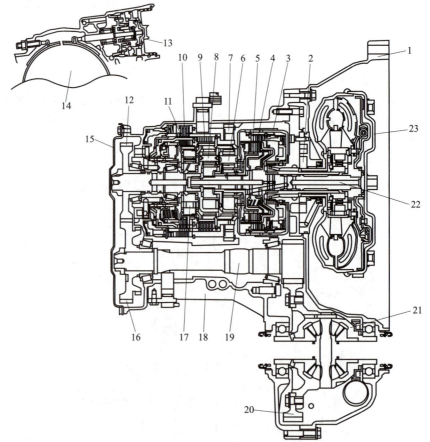

图3-93 自动变速器结构剖视图

1—变矩器壳体;2—油泵;3—制动带;4—倒挡离合器;5—高速挡离合器;6—前行星齿轮;7—低速挡单向离合器;
8—后行星齿轮;9—前进挡离合器;10—超越离合器;11—低速挡和倒挡制动器;12—输出齿轮;
13—制动带伺服活塞;14—倒挡离合器鼓;15—侧盖;16—惰轮;17—前进挡单向离合器;
18—变速器壳;19—减速小齿轮;20—主减速齿轮;21—差速器壳;22—输入轴;23—变矩器

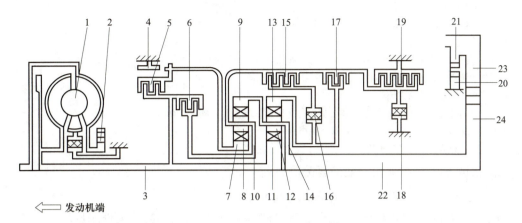

**图 3-94　自动变速器结构示意图**

1—变矩器；2—油泵；3—输入轴；4—制动带；5—倒挡离合器；6—高速挡离合器；7—前太阳齿轮；
8—前小齿轮；9—前内齿轮；10—前行星齿轮架；11—后太阳齿轮；12—后小齿轮；13—后内齿轮；
14—后行星齿轮架；15—前进挡离合器；16—前进挡单向离合器；17—超越离合器；18—低速挡单向离合器；
19—低速倒挡制动器；20—驻车爪；21—驻车齿轮；22—输出轴；23—惰轮；24—输出齿轮

**表 3-10　自动变速器离合器和制动带工作表**

| 挡位 | | 倒挡离合器5 | 高速挡离合器6 | 前进挡离合器15 | 超越离合器17 | 制动带伺服器 2挡应用 | 3挡释放 | 4挡应用 | 前进挡单向离合器16 | 低速挡单向离合器18 | 低速倒挡制动器19 | 锁止 | 备注 |
|---|---|---|---|---|---|---|---|---|---|---|---|---|---|
| P | | | | | | | | | | | | | 驻车位置 |
| R | | O | | | | | | | | | | O | 倒挡位置 |
| N | | | | | | | | | | | | | 空挡位置 |
| D*4 | 1挡 | | | O | *1D | | | | B | B | | | 自动换挡1⇌2⇌3⇌4 |
| | 2挡 | | | O | *1A | O | | | B | | | | |
| | 3挡 | | O | O | *1A | *2C | C | | B | | | *1O | |
| | 4挡 | | O | | C | *3C | C | O | | | | O | |
| 2 | 1挡 | | | O | O | | | | B | B | | | 自动换挡1⇌2⇌3 |
| | 2挡 | | | O | O | O | | | B | | | | |
| | 3挡 | | O | O | O | *2C | C | | B | | | | |
| 1 | 1挡 | | | O | O | | | | B | B | O | | 锁止（保持固定）在1挡速度1⇌2⇌3 |
| | 2挡 | | | O | O | O | | | B | | | | |
| | 3挡 | | O | O | O | *2C | C | | B | | | | |

*1：当 OD OFF 工作时（OD OFF 指示灯亮）。

*2：油压加在制动带伺服器活塞的2挡"应用"侧及3挡"释放"侧，但是，因为"释放"侧油压作用的面积比"应用"侧大，制动带并不收缩。

\*3：在上述情况\*2中，油压施加在4挡"应用"侧，此时制动带收缩。
\*4：当OD OFF工作时（OD OFF指示灯亮），A/T无法换到第4挡。
O：工作。
A：节气门开度小于1/16时，超越离合器保持在接合状态，发动机制动有效。
B：在"渐进"加速过程中工作。
C：工作，但不影响动力传输。
D：节气门开度小于1/16时，超越离合器保持在接合状态，无发动机制动。
1¤2：表示1挡和2挡，可以升或降双向换挡。
1<2：表示只能由2挡降为1挡。

**2. 东风雪铁龙AL4自动变速器故障诊断**

1）"SPT"和"❄"自诊灯显示的故障信息

（1）系统内出现某些故障，通过"SPT"和"❄"指示灯交替闪烁来反映。在下列情况下该灯也闪烁：

① 变速器油过热（变速器油冷却后灭）。
② 变速器油用旧（诊断仪显示数据为32958）。
③ 变速器计算机和仪表板之间联系中断时。
④ 诊断工具强制要求。

（2）在下列元件或信息上出现故障时，"SPT"和"❄"指示灯闪烁。

① 变速器计算机。
② 计算机供电。
③ 机油压力传感器。
④ 区段电磁阀供电（EVS1到EVS6）。
⑤ 主油道压力调节故障。
⑥ 多功能开关。
⑦ 区段电磁阀（EVS1到EVS6）。
⑧ 主压力调节电磁阀（EVMpl）。
⑨ 变矩器锁止电磁阀（EVMpc）。
⑩ 机油流量电磁阀（EPDE）。
⑪ 油门踏板未初始化。
⑫ 输入速度和发动机转速。
⑬ 输出速度和发动机转速。
⑭ 发动机转速信息。
⑮ 油门踏板位置。
⑯ 模拟传感器供电。

（3）打开点火开关，"SPT"和"❄"同时亮而不闪是因为仪表故障。

2）故障降级模式

根据测得的故障分为6级降级模式。表3-11所示为东风雪铁龙AL4自动变速器故障降级模式。

表 3-11 东风雪铁龙 AL4 自动变速器故障降级模式

| 等级 | 发现的故障 | 结果 |
|---|---|---|
| 1 级 | 强制降挡 | 对变速器的运行没有影响 |
| 2 级 | 变速器油温<br>发动机扭矩信息<br>挡位、程序显示器控制<br>P 位置锁止驱动器 | 运行略降级,对舒适和驾驶有影响 |
| 3 级 | 车速信号<br>变矩器锁止电磁阀<br>换挡减小扭矩输出<br>机油压力传感器<br>传感器供给<br>制动开关输入<br>交换器内流量调节电磁阀<br>无发动机电脑提供的节气门位置信息和扭力信息 | 变速器运行严重降级(换挡质量变差,功能丧失) |
| 4 级 | 发动机转速信号<br>变速器输入速度传感器 | 变速器运行严重降级(丧失功能或功能降级) |
| 5 级 | 节气门电位计信号<br>发动机扭矩信息<br>多功能开关(行驶时倒挡安全丧失)<br>模拟传感器供给<br>压力调节电磁阀<br>主压力调节<br>交换器机油流量调节电磁阀控制<br>输入、输出速度<br>输入速度、发动机转速<br>输出速度、发动机转速 | 下次点火,挂到液动 3 挡;<br>如果车在 4 挡,保持挡位,下次点火自动挂到 3 挡;<br>此降级模式叫延期安全模式 |
| 6 级 | 计算机不工作<br>区段电磁阀<br>区段电磁阀供给<br>没有油门踏板位置信息 | 只能手动阀挂到 3 挡,此降级模式为应急安全模式 |

注:应急安全模式下的变速器,变速杆 P→R 或从 N→R 可感觉到换挡冲击;
在延期安全模式下,挂挡安全不再有保证。

3) AL4 自动变速器电路故障诊断

(1) AL4 自动变速器电路零件清单,如表 3-12 所示。

表 3-12 AL4 自动变速器电路零件清单

| 编 号 | 名 称 | 编 号 | 名 称 |
|---|---|---|---|
| 15 | 发电机 | 437 | 变速杆锁止机构 |
| 35 | 蓄电池 | 438 | 换挡板照明灯 |
| 40 | 仪表盘 | 440 | 程序选择器 |
| 50 | 6 路保险丝盒 | 770 | 节气门电位器 |
| 52 | 13 路保险丝盒 | 784 | 16 通道诊断接口 |
| 140 | 自动变速器计算机 | 807 | 双密封继电器 |
| 142 | 喷射计算机 | 816 | 变速杆锁止继电器 |
| 155 | 输出速度传感器 | 817 | 禁止起动继电器 |
| 319 | 制动开关 | 830 | 自动变速器电气连接盒 |
| 350 | 起动机 | | |

（2）计算机接头功能分布，如表 3-13 所示。

表 3-13 计算机接头功能分布

| 线脚号码 | 名 称 | 备 注 |
|---|---|---|
| 1 | 输出：顺序电磁阀供电（+12 V）（EVS1 到 EVS6） | |
| 2 | 输出：热交换器流量控制电磁阀供电（+12 V） | |
| 3 | 输出：空调压缩机切断控制 | 空闲 |
| 4 | 输出：仪表显示屏 | |
| 5 | 输出：减小发动机扭矩信号 | |
| 6 | / | |
| 7 | 输出：顺序电磁阀 EVS3 接地 | |
| 8 | 输出：顺序电磁阀 EVS4 接地 | |
| 9 | 输出：顺序电磁阀 EVS2 接地 | |
| 10 | 输出：顺序电磁阀 EVS1 接地 | |
| 11 | 输出：816 继电器接地（shift-lock） | |
| 12 | 输出：热交换器流量控制电磁阀接地（EPDE） | |
| 13 | 输出：顺序电磁阀 EVS5 接地 | |
| 14 | 输出：顺序电磁阀 EVS6 接地 | |
| 15 | / | |
| 16 | 输出：制动开关（开关触点常开） | |
| 17 | 自诊断线：L | |
| 18 | 自诊断线：K | |

续表

| 线脚号码 | 名　称 | 备　注 |
|---|---|---|
| 19 | 输出：闭锁电磁阀 EVLU 接地 | |
| 20 | 输出：主压力调节电磁阀 $EVM_{pL}$ 接地 | |
| 21~23 | / | |
| 24 | 油压传感器供电（+5 V） | |
| 25 | 油压传感器接地（−） | |
| 26 | 调节电磁阀供电（+12 V）（压力、闭锁） | |
| 27 | 计算机供电（+12 V） | |
| 28 | 计算机接地（与喷射发动机共同接地） | |
| 29~30 | / | |
| 31 | 输入：多功能开关 S2 触点 | |
| 32 | 输入：多功能开关 S3 触点 | |
| 33 | 输入：多功能开关 S4 触点 | |
| 34 | 输入：多功能开关空挡/驻车触点 | |
| 35 | / | |
| 36 | 输入：程序选择器，按键 1 | |
| 37 | 输入：多功能开关触点 S1 | |
| 38~39 | / | |
| 40 | 输入：程序选择器，雪地挡按键 | |
| 41 | 输入：程序选择器，普通/运动挡按键 | |
| 42 | 多功能开关接地 | |
| 43~44 | / | |
| 45 | 输入：输入转速传感器信号（+） | |
| 46 | 输入：输入转速传感器信号（−） | |
| 47 | 输出速度传感器信号（−） | |
| 48 | 输出速度传感器信号（+） | |
| 49 | 输入：发动机转速信号 | |
| 50 | / | |
| 51 | 节气门电位计接地（−） | 双输出接口 |
| 52 | 节气门电位计供电（+5 V） | 双输出接口 |
| 53 | 油温传感器信号（−） | |
| 54 | 油温传感器信号（+） | |
| 55 | 输入：主油压信号 | |
| 56 | 输入：节气门位置信号 | |

（3）AL4 自动变速器电气装置如图 3-95 所示。

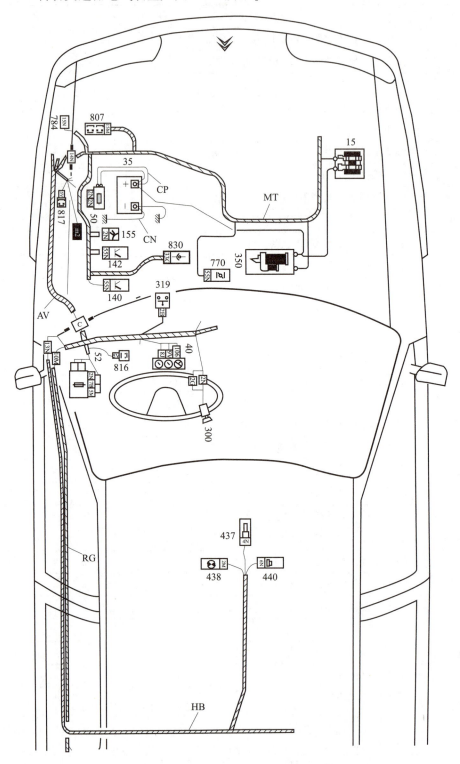

图 3-95　AL4 自动变速器电气装置

(4) AL4 自动变速器电气电路如图 3-96 所示。

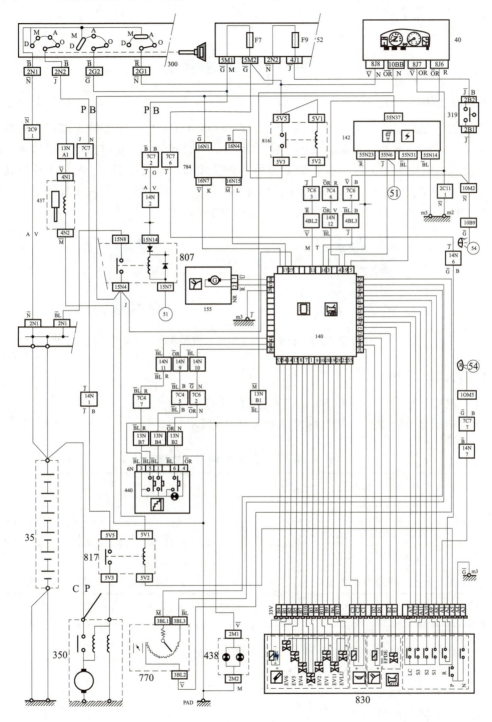

图 3-96　AL4 自动变速器电气电路

## 二、任务实施

### 项目1 自动变速器维护

**1. 项目说明**

东风雪铁龙爱丽舍自动变速器汽车每行驶 60 000 km 进行一次维护，维修中更换自动变速器有关密封件都应检查漏油、油面、油质状况及添加 ATF，以及进行有关电检查；维修中更换自动变速器电控单元或更换自动变速器、更换或调节油门拉索、节气门电位计及变速器电控单元程序加载，都应进行踏板初始化操作。因此，应按有关工艺技术标准对汽车自动变速器进行维护操作，并在以后的维修工作中制订修复方法。

资源 3-8　自动变速器的排油

资源 3-9　自动变速器油封更换

**2. 技术要求与标准**

（1）两个学员合作，能在 30 min 内完成此项目。

（2）自动变速器维护的技术标准，如表 3-14 所示。

表 3-14　自动变速器维护的技术标准

| 放油塞拧紧力矩 | 33 N·m |
| --- | --- |
| 液面螺钉拧紧力矩 | 24 N·m |
| 加油螺塞拧紧力矩 | 24 N·m |
| 自动变速器油容量 | 6 L |
| 自动变速器放出油量 | 放出量约 3 L，剩 3 L 放不出 |

**3. 设备器材**

（1）东风雪铁龙爱丽舍 AL4 自动变速器汽车一辆。

（2）PROXIA 或 ELIT 诊断仪一台。

（3）ATF 加注桶一套。

（4）ATF 回收容器一个。

（5）AL4 自动变速器专用 ATF。

（6）通用维修工具及放油专用工具一套。

（7）汽车举升机一台。

**4. 作业准备**

（1）准备 AL4 自动变速器汽车及举升机。　　　　　　　　　　　□任务完成

（2）准备 PROXIA 或 ELIT 诊断仪。　　　　　　　　　　　　　□任务完成

（3）准备通用维修工具及放油专用工具。　　　　　　　　　　　□任务完成

（4）准备 ATF 加注桶。　　　　　　　　　　　　　　　　　　　□任务完成

（5）准备 AL4 变速器专用 ATF 及回收容器。　　　　　　　　　□任务完成

（6）准备记录单。　　　　　　　　　　　　　　　　　　　　　□任务完成

**5. 操作步骤**

1）变速器油液面检查与加油、排油

（1）拆下空气滤清器，卸下加油螺塞，如图 3-97 所示。

图 3-97　卸下加油螺塞

资源 3-10　自动变速器加油

（2）加 0.5 L 变速器油，必须使用指定的同一品牌、同一型号的雪铁龙专 ATF，如图 3-98 所示，拧上加油螺塞。

（3）保持车辆水平放置，起动发动机，踩下制动踏板，把变速杆拨到各挡位停留片刻。

（4）把变速杆放在 P 位置上，发动机怠速运转，如图 3-99 所示。

图 3-98　加注 ATF

图 3-99　变速杆放在 P 位置

（5）通过 ELIT 或 PROXIA 观察变速器油温上升到 $60^{+8}_{-2}$ ℃才能检查液面。

（6）保持发动机怠速运转，举升车辆，拆下防护底板，卸下液面螺钉，有少量油流出，

然后逐滴往下滴，如图3-100所示，最后拧上液面螺钉。

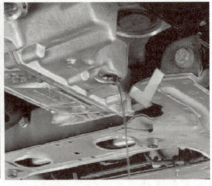

(a)　　　　　　　　　　　　(b)

图3-100　卸下液面螺钉及少量油流出

(a) 卸液面螺钉；(b) 少量油流出

(7) 如果逐滴往下滴或没有油滴出，如图3-101所示，则液面过低，则拧紧液面螺钉。关闭发动机，重复步骤（2）~（6）。

图3-101　液面过低

(8) 如有少量油流出，然后逐滴往下滴，则说明液面正常。

(9) 拧紧液面螺钉，清洁油迹，装上防护底板，降下车辆。

(10) 拧紧加油螺塞，清洁油迹，装上空滤清器。

**注意：**

① 检查液面前应用诊断仪检查变速器无故障。

② 每行驶6万km检查一次液面，无诊断仪不允许检查液面，新车准备和首保不检查液面。

③ 变速器油液面过高会导致变速器油异常发热或泄漏，油面过低会导致变速器损坏。

④ 每次加0.5 L新油后，需把油液损耗计数减2 750个单位，如图3-102所示。

⑤ 在更换左、右传动轴油封，更换油温传感器、液力分配器时需放、加油，放油时应在热态 $60^{+8}_{-2}$ ℃时进行，以淘汰变速器油上的悬浮物，放油只能放掉一部分，因为变矩器内的油放不完，使用加注桶将放出的油重新加入或加等量的新油后再检查液面。

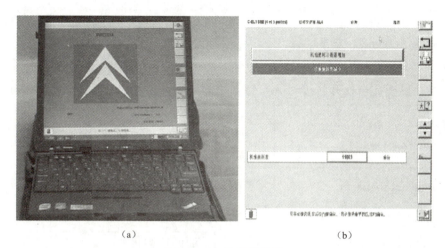

图 3-102 诊断仪操作

(a) 诊断仪；(b) 诊断仪屏显示

2）自动变速器检查

(1) 检查 P 挡锁止功能。

只有将点火开关打到 M 位，踩下制动踏板时，变速杆才能从 P 挡移到其他挡位。

(2) 检查挡位显示。

① 将点火开关打到 M 位，踩下制动踏板。

② 将变速杆依次由 P 挡推到 R、N、D、3、2 挡，检查仪表板上的液晶显示屏是否有挡位显示，并且检查显示的挡位是否与变速杆所在位置一致。

③ 变速杆在任一挡位，分别按下变速杆边的"S"键（运动模式键）或"❄"（雪地模式）键时，液晶显示屏上应分别显示"SPT"或"❄"字样。

④ 检查只有变速杆在 2 挡时，按下 1 键，液晶显示屏才显示 1 挡。

(3) 用诊断仪删除计算机储存的故障信息（使用 E.L.I.T 或 PROXIA 诊断仪）。

(4) 检查 P、N 挡起动功能。

变速杆只有在 P 挡或 N 挡时发动机才能起动，其他挡位发动机不能起动。

(5) 驾驶车辆，检查各挡位的功能是否正常。

3）油门踏板初始化操作

在下列情况下必须进行踏板初始化：

① 更换自动变速器计算机。

② 更换自动变速器。

③ 计算机程序加载。

④ 更换或调节油门拉索。

⑤ 更换节气门电位计。

初始化操作必须使用诊断仪（若使用 PROXIA，操作根据屏幕上中文提示进行），进入 AL4 自动变速器功能菜单，按诊断仪的提示进行。

①选择"Apprentissage"，并按"＊"键；

```
Pedale accelerateur
Pedale relachee
Validez：>*
```

将油门踏板完全松开，然后按"*"键

②将油门踏板完全松开，按"*"键：

```
Validez：>* puis
Appuyez a fond et
Relachez
Pedale accberateur
```

再按"*"键；
然后，将油门踏板踩到底；
再完全松开

③然后按"*"键：

```
Apprentissage pedale
Pied leve：Non fait
Pied a fond：Non fait
Charge brute：%
```

油门初始化；
油门全松：未执行；
油门踩到底：未执行；
油门开度：%

④这时，将油门踩到底，并完全松开，屏幕将自动变换：

```
Apprentissage pedale
Pied leve：Non fait
Pied a fond：Effectue
Termine>↗
```

油门初始化；
油门全松：未执行；
油门踩到底：已执行；
按"↗"键

⑤按"↗"键：

```
Apprentissage pedale
Mettre
En position：NEUTRE
```

油门初始化；
将操纵杆置于：空挡

⑥将操纵杆拨到空挡，屏幕将自动变换：

```
Apprentissage pedale
Effectue
Sortie>↗
```

油门初始化；
已完成；
按"↗"键返回

按"↗"键，返回到AL4自动变速器功能菜单。

## 项目2 自动变速器调整

**1. 项目说明**

每次拆装液力分配器或者内部控制机构，必须进行内部选挡控制机构调整。拆卸更换多功能开关、更换拉索、换挡轴油封后，必须进行多功能开关和拉索调整。通过上述调整项目的练习，掌握内部选挡控制机构、多功能开关和拉索调整方法。

**2. 技术要求与标准**

（1）一个学员能在30 min内完成此项目。

（2）自动变速器调整的技术标准如表 3-15 所示。

表 3-15 自动变速器调整的技术标准

| 控制盒固定螺栓 | 拧紧力矩 8 N·m |
|---|---|
| 多功能开关固定螺钉 | 拧紧力矩 15 N·m |
| 操作完成后 | 各挡位正常 |

**3. 设备器材**

（1）东风雪铁龙爱丽舍 AL4 自动变速器汽车一辆。
（2）通用维修工具一套。
（3）东风雪铁龙 C0338L 专用工具一套。
（4）汽车举升机一台。

**4. 作业准备**

（1）准备 AL4 自动变速器汽车。 □任务完成
（2）准备一套通用维修工具。 □任务完成
（3）准备一套东风雪铁龙 C0338L 专用工具。 □任务完成
（4）准备汽车举升机一台。 □任务完成
（5）准备记录单。 □任务完成

**5. 操作步骤**

1）调整内部选挡控制机构

（1）拆下控制盒的外壳。

（2）图 3-103 所示为内部选挡控制机构，将换挡臂置于 2 挡并且在操作过程中将其机械性保持。

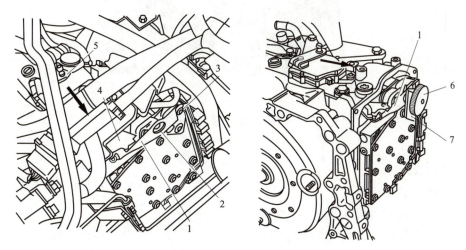

图 3-103 内部选挡控制机构
1—弹簧片；2—螺柱；3—凸缘螺栓；4—2 挡凹槽；5—换挡臂；6，7—专用工具

**注意：** 为获得换挡臂位于 2 挡的位置，将换挡臂推至最前边（车头方向）。

(3) 拧紧凸缘螺栓。

(4) 将簧片的滚柱放入 2 挡凹槽中。

(5) 保持此位置并预拧紧凸缘螺栓。

(6) 拆下螺栓。

(7) 用专用工具固定弹簧片。

(8) 拧紧凸缘螺栓至 8 N·m。

(9) 拆下专用工具。

(10) 重新拧紧螺栓至 8 N·m。

完成后，确保挡位控制在所有挡位均工作良好。强制 2 挡时变速杆不应该有超行程情况。

2）多功能开关的调整

(1) 如图 3-104 所示，装上多功能开关和安装螺钉，保证多功能开关可旋转。

(2) 装上换挡臂，换到空挡。

(3) 在测量接口处接入万用表，旋转多功能开关直到万用表电阻为 0 Ω 时，紧固安装螺钉。

(4) 再测量一次电阻，应为 0 Ω。

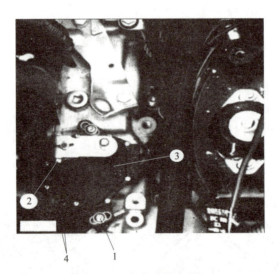

图 3-104　多功能开关

1—安装螺钉（2个）；2—换挡臂；3—多功能开关；4—测量接口

3）拉索调整

(1) 如图 3-105 所示，装好卡簧。

(2) 把换挡臂朝车尾推到底，变速杆挂入 P 挡。

(3) 按下锁止钮调整长度后，把球头座扣入球头上，松开锁止钮即可。

(4) 调整完后，检查是否退出 P 挡及各挡位的仪表显示。

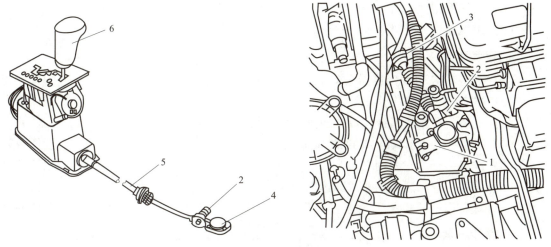

**图 3-105 拉索调整**

1—带球头的换挡臂；2—拉索长度调整锁止钮；3—卡簧；4—球头座；5—拉索；6—变速杆

## 项目 3　自动变速器故障诊断与维修

### 1. 项目说明

东风雪铁龙爱丽舍 AL4 自动变速器汽车，当自动变速器系统内出现某些故障时，会通过"SPT"和"❄"指示灯不同闪烁方式来反映。在检修自动变速器时，需按一定方法进行诊断排除故障，通过此项目的练习，掌握自动变速器故障诊断与检修方法。

### 2. 技术要求与标准

（1）一个学员能在 60 min 内完成此项目。

（2）自动变速器故障诊断与维修的技术标准如表 3-16 所示。

表 3-16　自动变速器故障诊断与维修的技术标准

| 油压检查挡位 | P 挡位 |
|---|---|
| 油温 | 60℃ |
| 发动机转速 | 900 r/min |
| 正常油压 | 2.45~2.85 bar① |

### 3. 设备器材

（1）东风雪铁龙爱丽舍 AL4 自动变速器汽车一辆。

（2）通用维修工具一套。

（3）东风雪铁龙液压检查专用工具一套。

（4）汽车举升机一台。

（5）PROXIA 或 ELIT 诊断仪一台。

---

① 巴，1 bar = $10^5$ Pa。

（6）汽车万用表一台。

（7）东风雪铁龙故障诊断盒一套。

**4. 作业准备**

（1）准备 AL4 自动变速器汽车与汽车举升机。　　　　　　□任务完成

（2）准备一套通用维修工具。　　　　　　　　　　　　　　□任务完成

（3）准备一套东风雪铁龙液压检查专用工具。　　　　　　　□任务完成

（4）准备一台 PROXIA 或 ELIT 诊断仪。　　　　　　　　　□任务完成

（5）准备一台汽车万用表。　　　　　　　　　　　　　　　□任务完成

（6）准备一套东风雪铁龙故障诊断盒。　　　　　　　　　　□任务完成

（7）准备记录单。　　　　　　　　　　　　　　　　　　　□任务完成

**5. 操作步骤**

1）自动变速器 AL4 管路压力检查

（1）将车辆置于举升机上。

（2）使用诊断工具检查变速器未处于降级模式。

（3）如图 3-106 所示，拆下管路堵塞，注意用布保护，防机油飞溅。

图 3-106　拆下管路堵塞

1—管路堵塞

（4）如图 3-107 所示，连接管路压力检测工具。

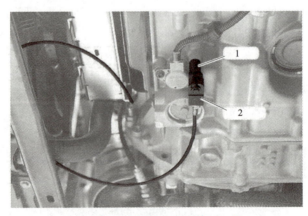

图 3-107　连接管路压力检测工具

1，2—管路压力检测工具

(5) 起动发动机，记录管路的压力。

检查要求：

① 变速杆位于"驻车"位置。

② 自动变速器油温：60℃。

③ 发动机转速：900 r/min。

④ 管路压力必须介于 2.45~2.85 bar。

(6) 关闭发动机，拆下管路压力检测工具。

**注意**：当断开检测工具时，用布保护，以防机油飞溅。

(7) 更换管路堵塞的密封圈。

(8) 安装管路堵塞。

2）电路和元器件检查

(1) 检查程序选择器，如表 3-17 所示。

表 3-17 检查程序选择器

| 部件 | 计算机的连接 | 接线盒号 | 插接器 | 检查值 |
|---|---|---|---|---|
| 雪地键<br>(440) 上 | 接通 | | | 诊断工具读参数；<br>雪地开关按下检查读数为 0，并检查仪表显示 |
| | 接通 | 40-28 | 1-4<br>6 通道黑色 | 检查仪表：电压表；<br>打开点火开关；<br>"雪地"键按下：$U=0$；<br>"雪地"键松开：$U=U_{电瓶}$ |
| | 断开 | 40 | 1 脚<br>6 通道黑色 | 检查仪表：欧姆表；<br>检查变速器计算机—程序选择器之间的连线 |
| 运动键<br>(440) 上 | 接通 | | | 诊断工具读参数；<br>"运动"键按下读数为 0，对比仪表板上的显示 |
| | 接通 | 41-28 | 5-4<br>6 通道黑色 | 检查仪表：电压表；<br>打开点火开关；<br>按下"运动"键：$U=0$；<br>松开"运动"键：$U=U_{电瓶}$ |
| | 断开 | 41 | 5 脚<br>6 通道黑色 | 检查仪表：欧姆表；<br>检查变速器计算机—程序选择器之间的连线 |
| (440) 选择<br>正常程序 | 接通 | | | 诊断工具读参数；<br>当"运动"键和"雪地"键都不按时自动选择；<br>经济型 ECO；<br>雪地开关：1；<br>运动开关：1 |
| | | 40-28 | | 检查仪表：电压表；<br>点火开关打开：$U=U_{电瓶}$ |
| | | 41-28 | | |

续表

| 部件 | 计算机的连接 | 接线盒号 | 插接器 | 检查值 |
|---|---|---|---|---|
| (440) 选择正常程序 | 断开 | 40<br>41 | 1 脚<br>5 脚<br>6 通道黑色 | 检查仪表：欧姆表；<br>检查变速器计算机—程序选择器之间的连线 |
| (440) 选择强制 1 挡 | 接通 | | | 诊断工具读参数；<br>"运动"键按下读数为 0，对比仪表板上的显示 |
| | 接通 | 36-28 | 4-6<br>6 通道黑色 | 检查仪表：电压表；<br>打开点火开关；<br>按下强制 1 挡：$U=0$；<br>松开强制 1 挡：$U=U_{电瓶}$ |
| | 断开 | 36 | 6 脚<br>6 通道黑色 | 检查仪表：欧姆表；<br>检查变速器计算机—程序选择器之间的连线 |

(2) 检查倒车灯控制，如表 3-18 所示。

表 3-18 检查倒车灯控制

| 部件 | 计算机的连接 | 接线盒号 | 插接盒 | 检查值 |
|---|---|---|---|---|
| 多功能开关 | 接通 | A2-A1 | | 检查仪表：电压表；<br>打开点火开关；<br>检查 $U=U_{电瓶}$，（在 A1 端子上）否则检查 F12 保险丝；<br>R 位置：$U=0$ |
| | 断开 | | | 检查仪表：欧姆表；<br>检查电液分配器—倒车灯之间连线 |

(3) 检查机油极限温度（过高）。

如果机油温度超过 118℃，"运动"和"雪地"指示灯闪烁，检查交换器内流量电磁阀电源正极是否短路。用诊断工具读取机油温度。

应急方式：挡位过渡到尽可能低的转速，变扭器尽可能锁止，当温度重新小于 118℃时，"运动"和"雪地"指示灯熄灭。

(4) 检查压力调节故障。

"运动"和"雪地"指示灯闪烁有以下两种可能情况：

① 与置于计算机内存产生线压力的自适配值相关的故障。

② 与调节闭环里的错误相关的故障，即计算机的线压力与测量的线压力之间的差增加。

检查：

① 机油液面。

② 压力调节电磁阀的运行。

③ 机油压力传感器。

应急方式：

① 过渡到安全模式。

② 线压力加到最大。

③ 调节闭环打开。

（5）检查锁止故障。

检查锁止故障和非 EVM 锁止（EVM：电磁调节阀），计算机探测到摩擦片滑动。

应急方式：取消锁止功能和停止时分离。

（6）检查允许起动，如表 3-19 所示。

表 3-19　检查允许起动

| 部件 | 变速器插接器 | 端子 | 检查值 |
|---|---|---|---|
| 继电器（817） | A5 | 5V1 | 检查仪表：电压表；检查电器供电 $U=U_{电瓶}$ |
| | | 5V2 | 检查仪表：欧姆表 |

（7）检查诊断线，如表 3-20 所示。

表 3-20　检查诊断线

| 部件 | 计算机的连接 | 接线盒号 | 插接器 | 检查值 |
|---|---|---|---|---|
| 集中诊断接口（16 通道黑色） | 断开 | 17-18 | 15、7、16 通道黑色 | 检查仪表：欧姆表；检查变速器计算机—诊断接口之间的连接 |

## 三、学习评价

### （一）理论知识

**1. 自评自测**

评测

**2. 思考**

（1）如何调整拉索？有何技术要求？

（2）自动变速器性能试验包括哪些内容？

（3）自动变速器常见故障有哪些？

（4）自动变速器的行星齿轮机构如何检修？

（5）如何进行自动变速器故障自诊断？应注意哪些事项？

**（二）技能操作（见工单册）**

## ✹ 四、拓展学习（详见"拓展学习二维码"）

（一）自动变速器电气故障检查对照

（二）无级变速器的结构组成和工作原理

（三）无级变速器的维修

拓展学习

# 学习任务 4
## 车桥检修

某汽车维修站接收一辆轿车，车主反映该车前桥和后桥部位出现明显噪声，还伴随抖动、车轮摆振等现象，严重影响行车速度，乘坐也不舒服。

请通过检测汽车前桥和后桥总成，判断它们的技术状况；若需要修复，请制定修复方法和工艺流程。

通过本任务学习，应能够：

（1）描述汽车前桥与后桥常见故障现象，并分析故障原因。

（2）描述汽车前桥与后桥常见故障的检测与修复方法，并判定故障部位。

（3）根据维修手册，制定对汽车前桥与后桥的修复方法和工艺流程，完成检测、调整及更换作业。

### （一）前轮毂和转向节的检修

**1. 就车检查和维修**

（1）检查确认每个元件的固定状况。

检查有无松动、间隙情况。

（2）检查确认每个元件的技术状况。

检查有无磨损、损坏情况。

（3）检查车轮轴承情况。

资源 4-1　举升机顶部保养

① 沿轴向推动轮毂和轴承总成，确认车轮轴承没有松动，轴端间隙要求小于 0.05 mm。

② 旋转轮毂，确认没有异常噪声或其他异常状况。如果出现异常状况，应更换轮毂和轴承总成。

**2. 拆卸和安装**

前轮毂和转向节各元件组成如图 4-1 所示。

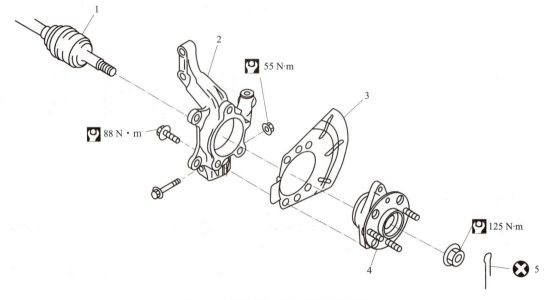

**图 4-1 前轮毂和转向节各元件组成**

1—驱动轴；2—转向节；3—挡板；4—轮毂和轴承总成；5—开口销

1）拆卸车轮轮毂和轴承总成

（1）从车上拆下轮胎。

（2）从转向节上拆下车轮传感器，如图 4-2 所示，注意请勿拉扯车轮传感器线束。

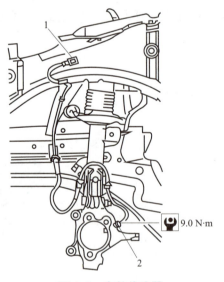

**图 4-2 车轮传感器**

1—前车轮传感器接头；2—前车轮传感器

**资源 4-2 转向节拆卸**

（3）拆卸制动软管锁止片，如图 4-3 所示。

（4）拆卸承扭臂固定螺栓，如图 4-4 所示，将承扭臂吊起到不影响工作的地方，注意拆卸制动钳后不得踩下制动踏板。

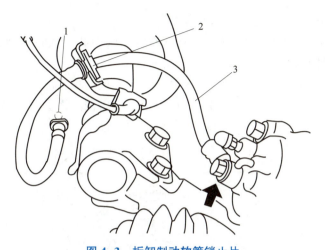

图 4-3 拆卸制动软管锁止片

1—扩管口接头螺母；2—锁止片；3—制动软管

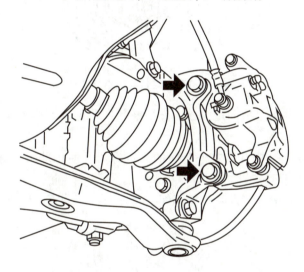

图 4-4 拆卸承扭臂固定螺栓

（5）在制动盘和轮毂与轴承总成上做好配合标记，然后拆卸制动盘，如图 4-5 所示。

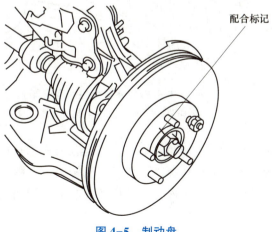

图 4-5 制动盘

(6) 拆卸开口销,然后松开轮毂锁紧螺母。

(7) 用橡皮锤或垫木块轻轻敲击轮毂与轴承总成端部,从驱动轴上分离轮毂与轴承总成,然后拆卸轮毂锁紧螺母,如图4-6所示。

**注意**:驱动轴万向节放置的角度不应过大,不应过分拉伸滑动节;放下驱动轴时,一定要支撑住壳体、轴和其他零部件。如果执行上述操作后仍然无法分离轮毂与轴承总成与驱动轴,可以使用拔具。

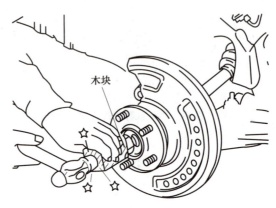

图4-6 敲击轮毂与轴承总成端部

(8) 拆卸轮毂与轴承总成固定螺栓,然后从转向节上拆卸挡板和轮毂与轴承总成。

2) 拆卸转向节

(1) 如图4-7所示,松开转向外套筒的固定螺母。使用球节拆卸器从转向节上拆卸转向外套筒,注意请勿损坏球节防尘罩。

**注意**:应临时拧紧螺母,以防止损坏螺纹及球节拆卸器突然脱落。

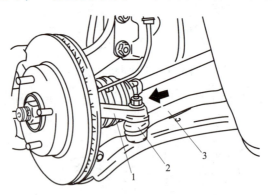

图4-7 松开转向外套筒的固定螺母
1—转向节;2—球节;3—转向外套筒

(2) 如图4-8所示,拆卸固定螺母和螺栓,然后从减震器组件上拆卸转向节。

(3) 拆卸横连杆球节固定螺母与螺栓,然后,从转向节上拆卸横连杆。

(4) 拆卸轮毂与轴承总成固定螺栓,然后从转向节上拆卸挡板、轮毂与轴承总成。

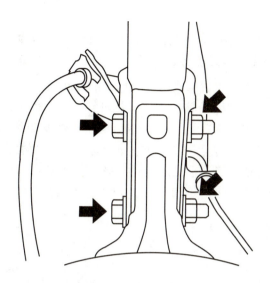

图 4-8 拆卸转向节固定螺母和螺栓

3）拆卸后检查

（1）检查部件有无变形、裂纹，以及其他损坏。

（2）检查横连杆和转向外套筒球节防尘罩有无破损、轴间隙和扭曲。

如果检查到故障，应进行更换。

4）安装

（1）按照与拆卸相反的顺序安装，按规定扭矩拧紧螺栓。

（2）在空载条件下，最终拧紧在拆卸轮毂与轴承总成和转向节时拆下的每个零部件，并检查车轮定位。

（3）安装制动盘时要对齐配合标记，然后装配制动盘和轮毂与轴承总成。

（4）检查车轮传感器线束是否连接正确。

（二）驱动轴检修

**1. 就车检查和维修**

（1）检查驱动轴固定部位和万向节有无松动和其他损坏。

（2）检查防尘罩有无裂纹和其他损坏。如果驱动轴出现噪声或振动，应更换整个驱动轴总成。

**2. 更换驱动轴防尘罩**

（1）从汽车上拆卸下轮胎。

（2）从转向节上拆卸车轮传感器。

（3）拆卸制动软管锁止片。

（4）拆卸承扭臂固定螺栓，拆卸制动钳后不要踩下制动踏板。

（5）在制动盘和轮毂与轴承总成上做好配合标记，然后拆卸制动盘。

（6）拆卸开口销，然后松开轮毂锁紧螺母。

（7）从驱动轴上分离轮毂与轴承总成，然后拆卸轮毂锁紧螺母。

（8）拆卸转向节。

以上操作图示，请参阅前轮毂和转向节的检修中的拆卸部分。

（9）从轮毂和轴承总成上拆卸驱动轴。

（10）拆卸防尘罩卡箍，然后从万向节分总成上拆卸防尘罩。

（11）如图4-9所示，将驱动轴拔具拧入万向节分总成螺孔30 mm或更长。用一只手撑住驱动轴，用滑动锤从轴中分离万向节分总成。操作时将滑动锤对准驱动轴，稳固地均匀拉出；如果无法拉出万向节分总成，可先从车上拆下驱动轴后再尝试。

如图4-10所示，确认环形卡箍已固定到边缘上，从驱动桥总成侧撬出驱动轴。拆卸驱动轴时，应注意放置驱动轴万向节的角度不应过大，不得过大拉伸滑动节。

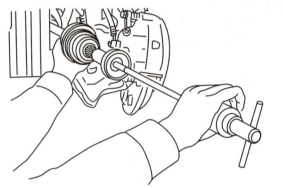

图4-9 分离万向节分总成

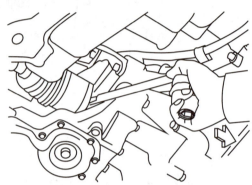

图4-10 拆卸驱动轴

（12）如图4-11所示，拆卸环形卡箍。

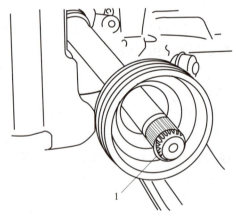

图4-11 拆卸环形卡箍

1—环形卡箍

（13）拆卸后检查传动轴。

① 上、下、左、右移动万向节，检查移动是否顺畅，有无严重松动。

② 检查防尘罩有无裂纹、损坏和润滑脂泄漏。

③ 如果出现不正常情况，应解体驱动轴并更换有问题的零部件。

（14）安装驱动轴时，更换新的变速驱动桥侧油封，在变速驱动桥总成上安装保护装置，以免在插入驱动轴时损坏油封，然后将驱动轴滑动节和突起安装牢固，如图4-12所示。按照与拆卸相反的顺序安装，按规定扭矩紧固螺栓。

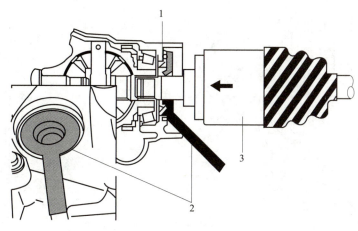

图4-12 安装驱动轴
1—油封；2—防护板；3—驱动轴

（15）擦拭干净万向节分总成上的润滑脂后，如图4-13所示，在万向节分总成花键孔中涂抹规定的润滑脂，直到新润滑脂开始从球槽和花键孔中流出，然后用抹布擦去流出的润滑脂。

（16）如图4-14所示，用胶带裹住轴上的花键，以免损坏防尘罩，将新的防尘罩和防尘罩卡箍安装到轴上。

图4-13 涂抹润滑脂
1—推荐的润滑脂；2—万向节分总成

图4-14 用胶带裹住轴上花键
1—胶带

（17）拆卸驱动轴花键周围包裹的胶带。

（18）如图4-15所示，使用专用工具将环形卡箍放置在驱动轴边缘的凹槽上，将驱动轴两端的平衡轴与万向节分总成对齐，将驱动轴安装到万向节分总成上。

（19）使用橡胶锤将万向节分总成安装到驱动轴上，旋转驱动轴确认万向节分总成已正确啮合。

（20）将规定型号的润滑脂从防尘罩大直径侧注入防尘罩内。

（21）如图4-16所示，将防尘罩牢固安装到槽内。应擦拭干净表面上所有润滑脂，如果润滑脂附着在驱动轴和万向节分总成的防尘罩固定面上，防尘罩可能会脱落。

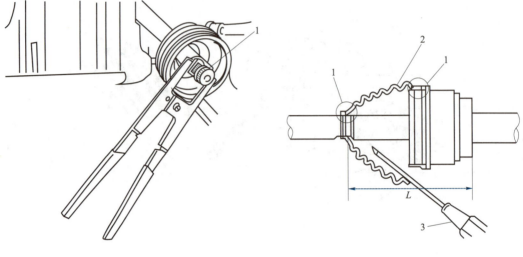

图4-15　安装驱动轴
1—环形卡箍

图4-16　安装防尘罩
1—防尘罩安装槽；2—防尘罩；3—平头螺丝刀

（22）将平头螺丝刀从防尘罩大直径侧插入防尘罩内部放出里面的空气，防止防尘罩变形。注意不要将螺丝刀尖端碰到防尘罩内部。调整防尘罩安装长度（$L$）到规定值，如果防尘罩安装长度超过标准值，可能会导致防尘罩破损。

（23）使用防尘罩卡箍卷曲工具，将新的防尘罩卡箍固定在防尘罩的大小端，如图4-17所示，固定防尘罩卡箍使尺寸$M$为1.0~4.0 mm。

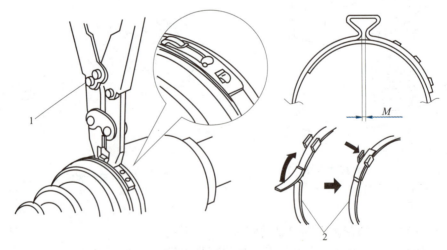

图4-17　固定防尘罩卡箍
1—防尘罩卡箍卷曲工具；2—防尘罩卡箍

（24）固定万向节分总成和驱动轴，确认变速驱动桥侧的环形卡箍已完全啮合，确认防尘罩位置正确。防尘罩安装位置错误时，应使用新的防尘罩卡箍重新安装。

(25) 将驱动轴插入轮毂与轴承总成，然后临时拧紧轮毂锁紧螺母。
(26) 在转向节上安装转向外套筒固定螺母。
(27) 安装制动盘。
(28) 将扭臂固定螺栓安装到转向节上。
(29) 拆卸制动软管锁止片。
(30) 将车轮传感器安装到转向节上。
(31) 将轮毂锁紧螺母拧紧到规定扭矩。
(32) 安装开口销。
(33) 将车轮安装到车上。

**3. 驱动轴的检修**

驱动轴主要元件组成如图 4-18 所示。

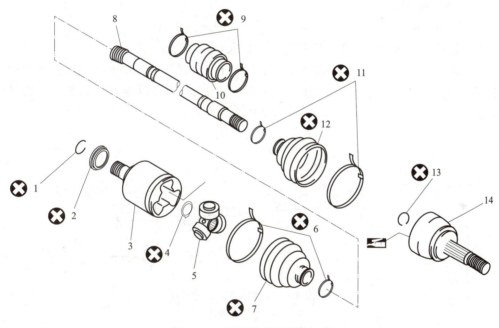

图 4-18　驱动轴主要元件组成

1—环形卡箍；2—防尘罩；3—壳体；4—卡环；5—十字轴组件；6—防尘罩卡箍（变速驱动桥侧）；
7—防尘罩（变速驱动桥侧）；8—驱动轴；9—缓冲器卡箍；10—动态缓冲器；
11—防尘罩卡箍（车轮侧）；12—防尘罩（车轮侧）；13—环形卡箍；14—万向节分总成

1）解体变速驱动桥侧

(1) 将驱动轴固定在卡钳中，应使用铝板或铜板保护驱动轴。
(2) 拆卸防尘罩卡箍，然后从壳体中拆卸防尘罩。
(3) 设置壳体和驱动轴匹配标记，请勿刮伤表面，然后从驱动轴中拉出壳体。
(4) 如图 4-19 所示，设置驱动轴和十字轴总成匹配标记，请勿刮伤表面。
(5) 拆卸卡环，然后从驱动轴上拆卸十字轴组件，如图 4-20 所示。
(6) 从驱动轴上拆卸卡箍和防尘罩。
(7) 擦拭干净壳体上的旧润滑脂。

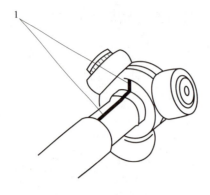
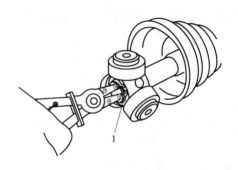

图 4-19 设置匹配标记
1—匹配标记

图 4-20 拆卸卡环
1—卡环

2) 解体车轮侧

(1) 使用铝板或铜板保护驱动轴，将驱动轴固定在卡钳中。

(2) 拆卸防尘罩卡箍，然后从万向节分总成上拆卸防尘罩。

(3) 如图 4-21 所示，将驱动轴拔具拧入 30 mm，将滑动锤对准驱动轴，稳固均匀地将万向节分总成拉出驱动轴。如果尝试了五次以上均未成功拆卸万向节分总成，应更换整个驱动轴总成。

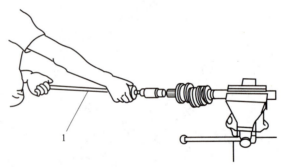

图 4-21 拉出万向节分总成
1—驱动轴拔具

(4) 从驱动轴上拆卸环形卡箍。

(5) 从驱动轴上拆卸防尘罩。

(6) 转动球笼，使用纸巾擦拭干净万向节分总成上的旧润滑脂。

3) 拆卸动态缓冲器

拆卸卡箍，然后从驱动轴上拆卸动态缓冲器。

4) 解体后检查

(1) 检查轴有无跳动、裂纹或其他损坏，如果出现故障，应更换。

(2) 检查万向节分总成（车轮侧）。

① 检查万向节分总成有无过度旋转和传动轴有无过度松动。

② 检查万向节分总成内部有无异物进入。

③ 检查万向节分总成有无受压疤痕、裂纹和内部破裂。

如果发现不合格情况，应更换万向节分总成。

（3）检查壳体和十字轴组件（变速驱动桥侧），如果壳体滚动接触面或十字轴滚动接触面刮伤或磨损，应更换壳体和十字轴总成。

**注意**：壳体和十字轴总成用在一个装置中。

（4）检查动态缓冲器有无裂纹和其他损坏，如果出现故障，应更换。

5）组装变速驱动桥侧

（1）用胶带包住驱动轴上的花键以免损坏防尘罩，将新的防尘罩和防尘罩卡箍安装到轴上。

（2）拆卸驱动轴花键周围包裹的胶带，如图4-22所示，组装十字轴组件时对准匹配标记。安装十字轴组件时，将倒角面朝向驱动轴。

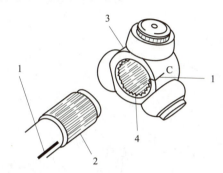

图4-22 组装十字轴组件

1—匹配标记；2—驱动轴；3—十字轴组件；4—花键

（3）使用卡环将十字轴组件固定在驱动轴上，然后用规定型号润滑脂涂抹十字轴组件与滑动面。

（4）将壳体安装到十字轴总成上，然后添加规定型号的润滑脂。

（5）如图4-16所示，将卡箍牢牢安装到槽内，将平头螺丝刀从防尘罩大直径侧插入防尘罩内部放出里面的空气，防止防尘罩变形，并调整防尘罩安装长度（$L$）到规定值。

（6）如图4-17所示，使用新的防尘罩卡箍固定防尘罩的大小端。

（7）拆卸壳体时对准匹配标记。

（8）固定壳体和驱动轴，确认防尘罩位置正确，将防尘罩安装到壳体上。防尘罩安装位置错误时，请使用新的防尘罩卡箍重新安装。

（9）组装车轮侧组件。

（10）组装动态缓冲器，如图4-23所示，按指定位置固定动态缓冲器。尺寸$A$为235~241 mm，尺寸$B$为69~71 mm。

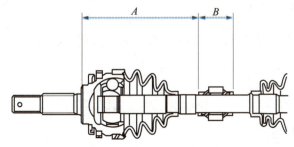

图4-23 固定动态缓冲器

### （三）后轮毂检修

**1. 就车检查和维修**

（1）检查每个元件的固定状况，有无松动、间隙，元件有无磨损、损坏状况。

（2）车轮轴承检查：

①用手沿轴向推动轮毂和轴承总成，确认车轮轴承没有松动。

②旋转轮毂，确认没有异常噪声或其他异常状况。如果出现异常状况，应更换轮毂和轴承总成。

③轴端间隙应小于 0.05 mm。

**2. 拆检与安装**

后轮毂总成主要元件组成如图 4-24 所示。

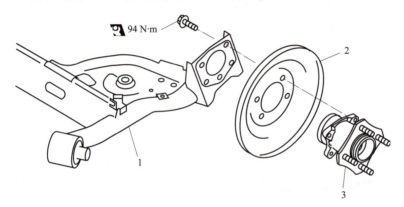

图 4-24 后轮毂总成主要元件组成
1—后悬架臂；2—底板；3—轮毂与轴承总成

资源 4-3 后悬架上臂拆卸

1）拆卸

（1）从车上拆下轮胎。

（2）从轮毂与轴承总成上拆卸车轮传感器，请勿拉扯车轮传感器线束。

（3）拆卸制动鼓。

（4）拆卸车轮轮毂与轴承总成固定螺栓，然后拆下车轮轮毂与轴承总成。

（5）如要拆卸背板，按照下述步骤进行。

① 从背板上拆卸驻车制动后拉线。

② 从轮缸上分离制动管。

2）拆卸后检查

检查部件有无变形、裂纹以及其他损坏，如果检测到故障，应更换。

资源 4-4 后悬架上臂更换挠性支撑

3）安装

按照与拆卸相反的顺序安装，按规定扭矩拧紧固定螺栓。

### （四）主减速器检修

主减速器元件组成如图 4-25 所示。

资源 4-5 后悬架上臂安装

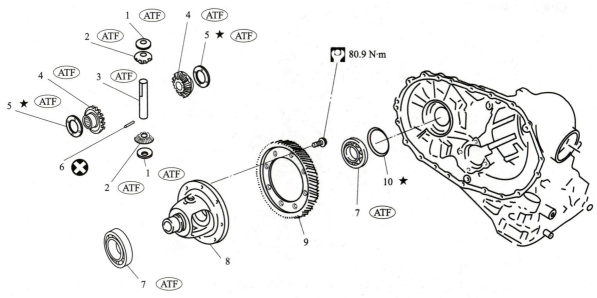

图 4-25 主减速器元件组成

1—配对小齿轮止推垫圈；2—配对小齿轮；3—配对小齿轮轴；4—侧齿轮；5—侧齿轮止推垫圈；
6—锁止销；7—差速器侧轴承；8—差速器壳；9—主减速齿轮；10—差速器侧轴承调整垫片；
✖—装配时换新件；★—装配前应选配；ATF—装配时 ATF 润滑；▢—规定力矩

### 1. 解体

（1）松开紧固螺栓，从差速器壳上卸下主减速齿轮，如图 4-26 所示。

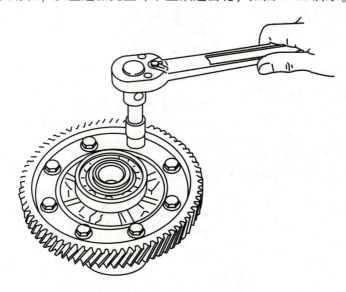

图 4-26 卸下主减速齿轮

（2）拆卸差速器侧轴承。

①如图 4-27 所示，将冲头 3 置于差速器壳上，使用拔具 4 与拔出器 5 从差速器壳体上卸下差速器侧轴承（右侧）。

②如图 4-28 所示，将冲头 3 置于差速器壳上，使用拔具 4 从差速器壳体上卸下差速器

侧轴承（左侧）。

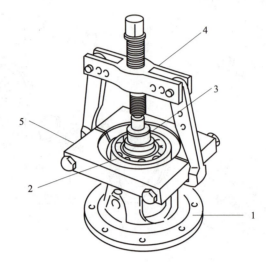

图 4-27 卸下差速器侧轴承（右侧）

1—差速器壳；2—差速器侧轴承；3—冲头；4—拔具；5—拔出器

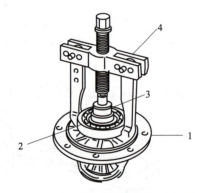

图 4-28 卸下差速器侧轴承（左侧）

1—差速器壳；2—差速器侧轴承（左侧）；3—冲头；4—拔具

（3）卸下小齿轮以及侧齿轮。

①如图 4-29 所示，使用冲具从差速器壳中冲出锁止销。

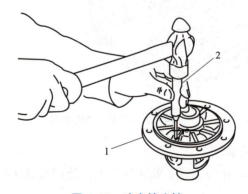

图 4-29 冲出锁止销

1—差速器壳；2—冲具

②如图4-30所示,从差速器壳上拆下配对小齿轮轴,转动配对小齿轮以及配对小齿轮止推垫圈,将其卸下。

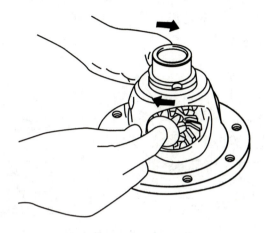

图4-30 卸下配对小齿轮止推垫圈

③从差速器壳上卸下侧齿轮以及侧齿轮止推垫圈。

**2. 检查**

(1) 如图4-31所示,检查齿轮、垫圈、配对小齿轮轴和差速器的滑动表面是否磨损、卡滞、划伤或损坏。如有故障,应更换。

(2) 如图4-32所示,检查轴承能否自由转动,且有没有异响、裂纹、凹坑或磨损。如有故障,应更换。

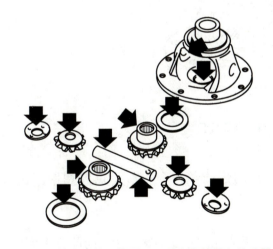

图4-31 检查齿轮、垫圈、配对小齿轮轴和差速器

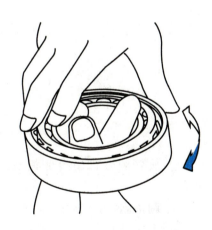

图4-32 检查轴承

**3. 组装**

(1) 安装配对小齿轮以及侧齿轮。

① 将侧齿轮止推垫圈安装到侧齿轮上,然后将配对小齿轮止推垫圈及配对小齿轮安装到位。在组装前,在各个滑动/旋转面上使用充足的ATF润滑。

② 如图 4-33 所示，将两个配对小齿轮以及止推垫圈放在相同的轴线上，在旋转它们的同时，将它们与差速器壳体上配对小齿轮轴的孔对齐，然后插入配对小齿轮轴。操作时注意，在对齐两对配对小齿轮与侧齿轮齿并用配对小齿轮轴定中心之后，取出中心轴，在旋转置于中心的同时将它们移动到位。

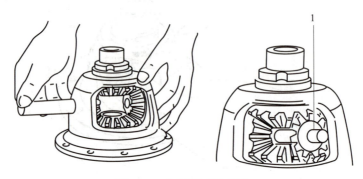

图 4-33 组装配对小齿轮

1—配对小齿轮轴

（2）选择侧齿轮止推垫圈。

① 如图 4-34 所示，将差速器壳体垂直向上放置，将被测量的侧齿轮处于顶端。

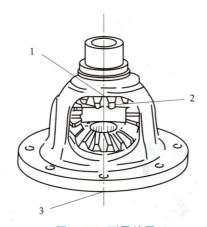

图 4-34 测量放置

1—插入塞尺的位置；2—侧齿轮齿；3—差速器壳体的中心线

② 旋转侧齿轮使得侧齿轮顶部与底部的齿能够与图中所示位置相同，让后间隙最大。

③ 调整侧齿轮的后间隙。

如图 4-35 所示，从两端在侧齿轮的背面插入相同厚度的塞尺测量间隙，要防止侧齿轮跌落。通过旋转侧齿轮测量间隙 3 次，并计算平均值。通过在相同位置对齐侧齿轮顶部与底部的齿，得到最大的间隙。

选择侧齿轮止推垫圈，使得间隙符合标准。对于已经使用过的差速器，调整间隙大约为 0.1 mm。

如图 4-36 所示，将差速器壳体倒置，用相同的方法测量另外一个侧齿轮的后间隙。

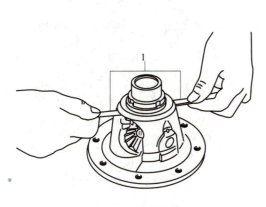

图 4-35 测量间隙
1—塞尺

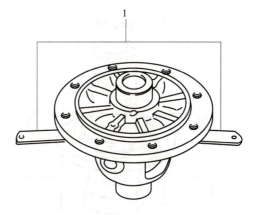

图 4-36 颠倒放置测量另一个侧齿轮的后间隙
1—塞尺

(3) 如图 4-37 所示，确定锁止销与差速器壳齐平后，使用冲具安装配对小齿轮轴上的锁止销。

(4) 如图 4-38 所示，将轴承安装工具置于差速器侧轴承（右侧）上，然后将差速器侧轴承（右侧）压到差速器壳体中。

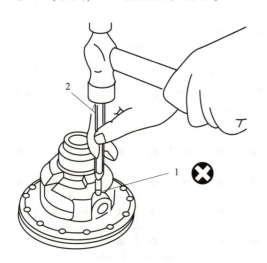

图 4-37 安装配对小齿轮轴上的锁止销
1—锁止销；2—冲具

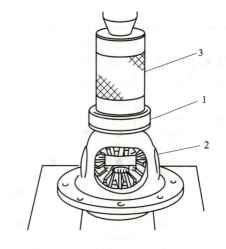

图 4-38 安装差速器侧轴承（右侧）
1—差速器侧轴承（右侧）；2—差速器壳；3—安装工具

(5) 如图 4-39 所示，将轴承安装工具置于差速器侧轴承（左侧）上，然后将差速器侧轴承（左侧）压到差速器壳体中。

(6) 在差速器壳体上安装主减速齿轮，并按照图 4-40 所示顺序拧紧固定螺栓到规定扭矩。

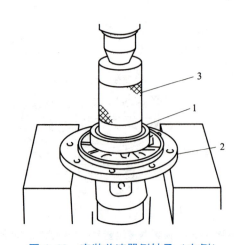

图 4-39　安装差速器侧轴承（左侧）
1—差速器侧轴承（左侧）；2—差速器壳；3—安装工具

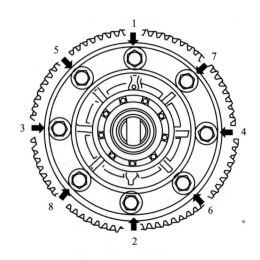

图 4-40　拧紧固定螺栓顺序

### （五）车桥故障分析

车桥出现噪声、振动和不平顺性故障，对照表 4-1、表 4-2 找到症状原因；若有必要，修理或更换相应零部件。

表 4-1　前桥故障分析表

| 可能故障原因及可疑零部件 | | 万向节角度过大 | 万向节滑动阻力 | 不平衡 | 安装不当 | 零部件干涉 | 车轮轴承损坏 | 前桥和前悬架 | 前桥 | 轮胎 | 车轮 | 驱动轴 | 制动器 | 转向 |
|---|---|---|---|---|---|---|---|---|---|---|---|---|---|---|
| 故障现象 | 驱动轴 噪声 | ● | ● | | | | ● | ● | ● | ● | ● | | ● | ● |
| | 驱动轴 抖动 | ● | | ● | | | ● | ● | ● | ● | ● | | ● | ● |
| | 前桥 噪声 | | | | ● | ● | ● | | | ● | ● | ● | ● | ● |
| | 前桥 抖动 | | | | ● | ● | ● | ● | ● | ● | ● | | ● | ● |
| | 前桥 振动 | | | | ● | ● | ● | | | ● | ● | | | |
| | 前桥 颤动 | | | | | | ● | | | ● | ● | | | |
| | 乘坐不适或操作困难 | | | | ● | | ● | ● | | ● | ● | | | |

表 4-2 后桥故障分析表

| 可能故障原因及可疑零部件 | | 安装不当 | 零部件干涉 | 车轮轴承损坏 | 后桥和后悬架 | 轮胎 | 车轮 | 制动器 | 转向 |
|---|---|:---:|:---:|:---:|:---:|:---:|:---:|:---:|:---:|
| 故障现象 | 后桥 | | | | | | | | |
| | 噪声 | ● | ● | | ● | ● | ● | ● | ● |
| | 抖动 | ● | ● | | ● | ● | ● | | ● |
| | 振动 | ● | ● | | ● | ● | | | ● |
| | 颤动 | ● | ● | | ● | ● | ● | | ● |
| | 乘坐不适或操作困难 | ● | ● | ● | ● | | ● | | |

**1. 驱动桥异响故障诊断**

1)故障现象

在汽车行驶中,驱动桥有噪声,有以下几种情况:

(1)行驶时发响,响声随车速增加而增大,脱挡滑行时响声减弱或消失;

(2)行驶时,驱动桥处异响,脱挡滑行时响声也不消失;

(3)汽车直线行驶良好,转弯时驱动桥有异响;

(4)上下坡时驱动桥异响。

2)故障原因

故障原因应视以下几种情况进行确定:

(1)行驶时发响,响声随车速增加而增大,脱挡滑行时响声减弱或消失,其故障原因为:

① 主、从动齿轮,行星齿轮及半轴齿轮等啮合间隙过大,或半轴齿轮花键槽与半轴配合松旷。

② 主、从动圆锥齿轮啮合不良或啮合间隙不均,齿面损伤或轮齿折断。

③ 半轴齿轮与行星齿轮配合不良。

**注意:** 驱动桥传递动力时产生异响,滑行时异响明显减弱或消失,说明异响与各齿轮副的齿隙及啮合情况有关,这是诊断的重要依据。

(2)行驶时,驱动桥异响,脱挡滑行时响声也不消失,故障原因为:

① 主动齿轮轴承松旷,多为轴承磨损、凸缘螺母松动或轴承调整不当。

② 差速器圆锥滚子轴承松旷,多为磨损、调整不当或轴承盖固定螺母松动。

③ 轴承间隙过小,预紧力过大,齿轮啮合间隙过小。

④ 润滑油不足。

**注意:** 汽车行驶时驱动桥发出异响,脱挡滑行时响声也不消失这种异响与传动轴异响相似,但往往车速低时响声更明显。

(3)汽车直线行驶良好,转弯时驱动桥有异响,产生这种异响的主要原因为:

① 差速器行星齿轮与半轴齿轮配合不良。

② 行星齿轮、半轴齿轮磨损、折断或行星齿轮轴磨出台阶,止推垫片过薄,在转弯时因行星齿轮自转而发出异响。

③ 主减速器圆锥、圆柱从动齿轮与差速器壳的固定螺栓或铆钉松动。

④ 润滑油不足。

（4）上下坡时驱动桥异响。上坡时驱动桥发响为齿轮啮合间隙过小；下坡时驱动桥发响为齿轮啮合间隙过大；上下坡时驱动桥都有异响，则为齿轮啮合印痕不符合要求或轴承松旷。

3）故障诊断与排除

驱动桥异响故障诊断与排除流程如图 4-41 所示。

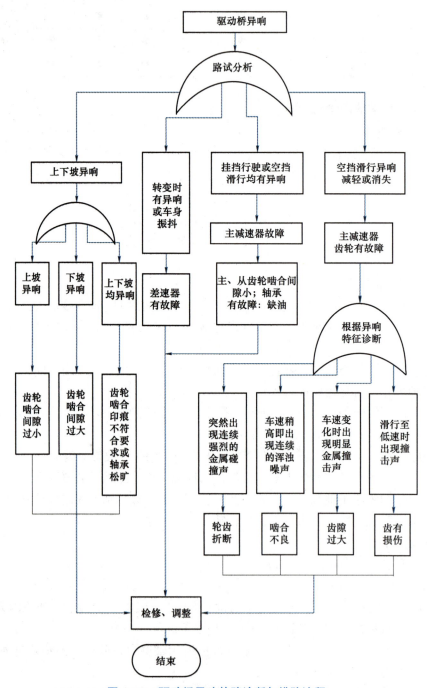

图 4-41　驱动桥异响故障诊断与排除流程

## 二、任务实施

### 项目1  车桥维护检查

**1. 项目说明**

为使车辆保持最佳的性能,应按规定行驶里程进行汽车维护和中间检查。对于东风雪铁龙汽车建议用户在两次定期保养之间进行一次中间检查,即行驶 7 500 km 或 6 个月(以先达到者为限)进行一次中间检查。

维护和中间检查时,对车桥部分按本项目进行维护检查。

**2. 技术要求与标准**

(1)一个学员能在 30 min 内完成此项目。

(2)车桥维护检查的技术标准如表 4-3 所示。

表 4-3  车桥维护检查的技术标准

| 裂纹、破损或漏油 | 目视检查 |
|---|---|
| 弹性铰接间隙 | 用手摇晃检查 |
| 前、后轮毂轴承间隙 | 车轮应悬空 |
| 检查橡胶件有无老化、裂纹现象 | 用手捏压 |
| 检查的部位 | 适当清洁 |

**3. 设备器材**

(1)雪铁龙爱丽舍汽车一辆。

(2)双柱举升机一台。

**4. 作业准备**

(1)准备一辆雪铁龙爱丽舍汽车。　　　　　　　　　　□任务完成

(2)准备一台双柱举升机。　　　　　　　　　　　　　□任务完成

(3)准备记录单。　　　　　　　　　　　　　　　　　□任务完成

**5. 操作步骤**

(1)将车辆用双柱举升机举起。

(2)如图 4-42 所示,检查防尘套密封和状况,防尘套是否完好;检查固定处是否牢靠,是否有裂纹、破损或漏油,必要时更换;检查球头座处有无磕碰、变形或裂纹,必要时更换。

(3)转动检查左、右传动轴,用手摇晃检查左、右转向球头,横向稳定杆连接杆球头,如图 4-43 所示。

(4)检查三角臂球头。

资源 4-6  举升机顶部保养

图 4-42 检查球节和转向防尘套

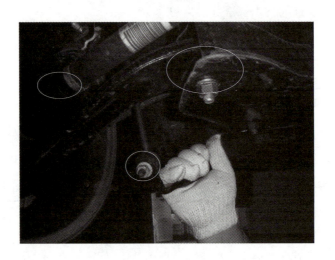

图 4-43 用手摇晃检查球头

（5）检查前、后轮毂轴承间隙，检查时车轮应悬空。

（6）检查前、后减震器，三角臂等弹性铰接间隙。

（7）目视检查前、后减震器密封和状况，有无漏油现象。

（8）检查三角臂和连接杆，检查有无磕碰、变形。

## 项目 2　更换传动轴防护罩

**1. 项目说明**

汽车维护和中间检查中发现传动轴防护罩老化、破裂等损坏情况，应及时更换。根据东风雪铁龙汽车维修工艺编制了本项目操作步骤和维修工艺。

**2. 技术要求与标准**

（1）一个学员能在 90 min 内完成此项目。

（2）更换传动轴防护罩的技术标准如表 4-4 所示。

表 4-4 更换传动轴防护罩的技术标准

| 弹簧压紧器设置 | 与减震器的纵向中心线和垂直中心线对准 |
|---|---|
| 没有定位槽的传动轴 | 应标出防护罩的位置 |
| 拆装减震器 | 不对转向节夹钳施加压力 |
| 去除旧润滑油 | 不要用溶剂 |
| 安装防护罩后 | 让空气进入 |
| 转向节装配在减震器上 | 确保减震器与转向节的相对位置正确定位 |
| 螺栓紧固扭矩 | 按规定扭矩紧固 |

**3. 设备器材**

（1）雪铁龙爱丽舍汽车一辆。
（2）双柱举升机一台。
（3）维修通用工具一套。
（4）更换传动轴防护罩专用工具一套。
（5）传动轴防护罩维修包一套。

**4. 作业准备**

（1）准备一辆雪铁龙爱丽舍汽车。　　　　　　　　　　□任务完成
（2）准备一台双柱举升机。　　　　　　　　　　　　　□任务完成
（3）准备一套维修通用工具。　　　　　　　　　　　　□任务完成
（4）准备一套更换传动轴防护罩专用工具。　　　　　　□任务完成
（5）准备一套传动轴及防护罩维修包。　　　　　　　　□任务完成
（6）准备记录单。　　　　　　　　　　　　　　　　　□任务完成

**5. 操作步骤**

更换传动轴防护罩所用专用工具如表 4-5 所示。

表 4-5 更换传动轴保护罩所用专用工具

| 专用工具名称 | 专用工具 | 专用工具名称 | 专用工具 |
|---|---|---|---|
| 1. 惯性分离装置 | | 2. 弹簧压紧器 | |

续表

| 专用工具名称 | 专用工具 | 专用工具名称 | 专用工具 |
|---|---|---|---|
| 3. 带螺纹的提取套管 | 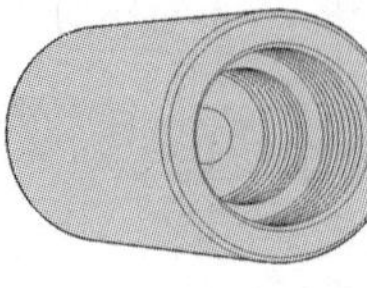  | 7. 轮毂固定工具 | 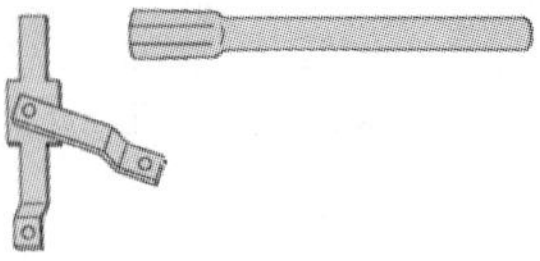  |
| 4. 三脚架保护装置 | 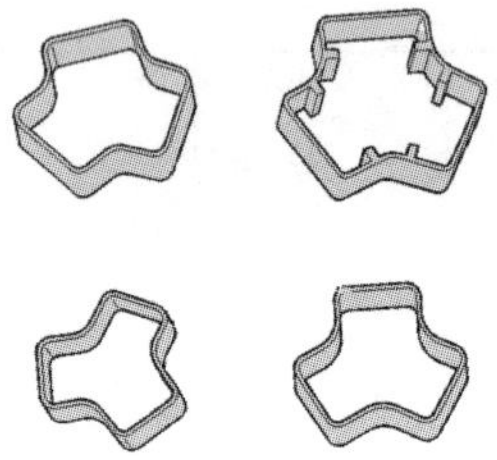  | 8. 球节拔取器 | 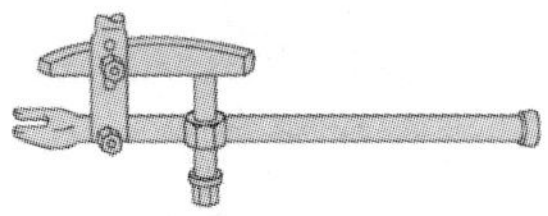  |
| 5. 环箍钳 | 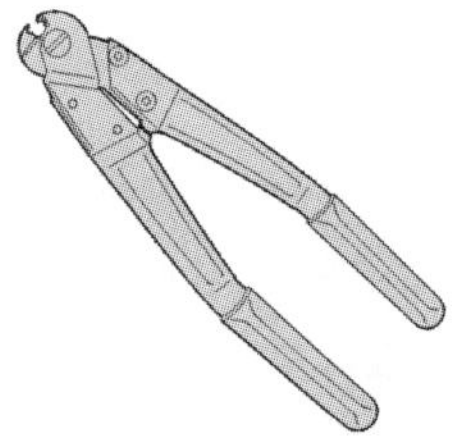  | 9. 转向节口分离杆 |   |
| 6. 软管夹钳 | 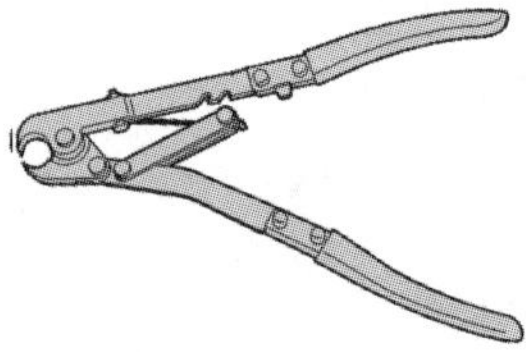  | 10. 主减速器左、右出油口密封圈安装冲头 | 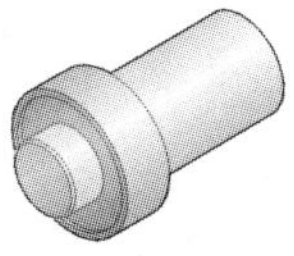 （右）（左） 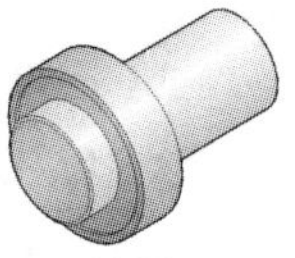 |

1）拆卸传动轴

(1) 用举升机举起汽车。

(2) 拆下车轮。

(3) 排空变速器油（AL4自动变速器型车辆不做此操作，因为AL4自动变速器为终身润滑）。

(4) 使用轮毂固定工具固定轮毂使其无法转动，如图4-44所示，然后拆下传动轴螺母，使用球节拔取器拆下球节，再拆下转向节夹钳固定螺栓、稳定杆螺母。

(5) 如图4-45所示，将转向节口分离杆放置在转向节夹钳中的槽内，转动四分之一圈，打开转向节开口。

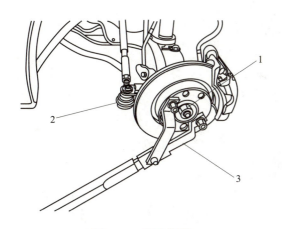

图 4-44 固定轮毂

1—传动轴螺母；2—球节；3—轮毂固定工具

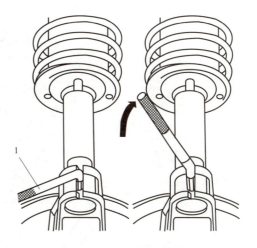

图 4-45 打开转向节开口

1—转向节开口分离杆

(6) 如图 4-46 所示，使用弹簧压紧器，将固定夹置于减震器柱上，将工具底座平放在地面上，使工具与减震器的纵向中心线和垂直中心线对准，将转节夹锁定在弹簧压紧器底座上，设置弹簧压紧器的高度调节销，拧紧调节螺母压缩悬架弹簧，把转向节从悬架部件上卸下。拆装减震器时，不对转向节夹钳施加压力。

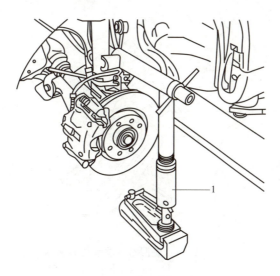

图 4-46 卸下转向节

1—弹簧压紧器

(7) 拆去左侧传动轴。

(8) 拆右侧驱动轴时，先拧松紧固螺母四分之一圈，如图 4-47 所示。

(9) 装回右侧驱动轴导流板，如图 4-48 所示。

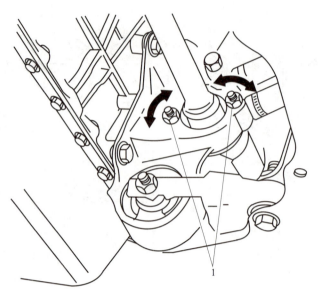

图 4-47 拧松紧固螺母

1—固件螺母

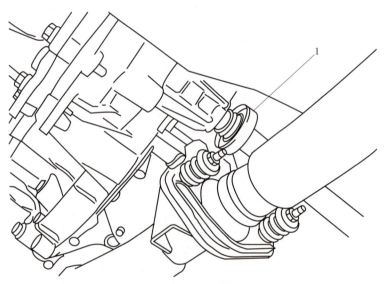

图 4-48 装回右侧驱动轴导流板

1—导流板

2) 检查和更换驱动轴密封件

(1) 检查万向节,不得存在松旷现象,护套、轴承的状况良好,图 4-49 所示为检查部位,如有必要应修理或更换。

(2) 分别对轮毂以及传动轴车轮端的花键进行清洁,并涂抹多功能润滑脂;对右侧驱动轴滚柱轴承的外座圈及其发动机右侧下部支架内的壳体进行清洁,并涂抹多功能润滑脂。

(3) 如图 4-50 所示,使用主减速器左、右出油口密封圈安装冲头更换驱动轴左侧、右侧唇形密封件。AL4 自动变速器车型不进行此步操作。

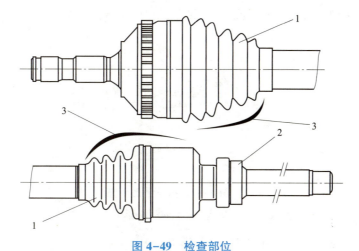

图 4-49 检查部位

1—防护套；2—轴承；3—万向节松旷检查

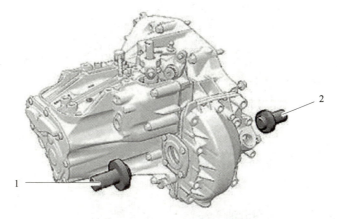

图 4-50 更换驱动轴唇形密封件

1—主减速器左出油口密封圈安装冲头；2—主减速器右出油口密封安装冲头

3）更换车轮端防护罩

（1）拆下传动轴，对于没有定位槽的传动轴，应标出防护罩的位置，如图 4-51 所示。在台钳上拧紧传动轴，拆下防护罩夹子。

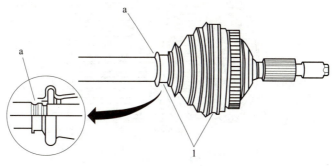

图 4-51 标记位置

1—防护罩夹子

（2）如图 4-52 所示，用带螺纹的提取套管和惯性分离装置卸下钟形外壳。

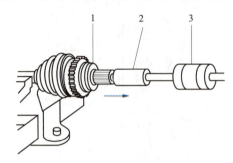

图 4-52　拆下钟形外壳

1—钟形外壳；2—带螺纹的提取套管；3—惯性分离装置

（3）如图 4-53 所示，拆下卡环、传动轴防护罩、环。

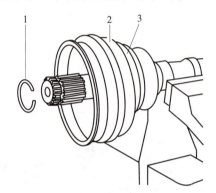

图 4-53　拆下卡环、传动轴防护罩、环

1—卡环；2—传动轴防护罩；3—环

（4）尽量去除所有的旧润滑油，注意不要用溶剂。

（5）安装新夹子、新防护罩、新卡环、环。

（6）如图 4-54 所示，在卡环上装一个软管夹以便进行安装。

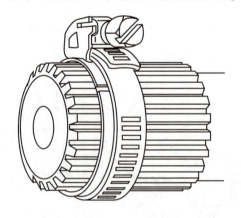

图 4-54　在卡环上装软管夹

（7）如图 4-55 所示，使用带螺纹的提取套管和惯性分离装置在驱动轴上重新安装钟形

外壳。

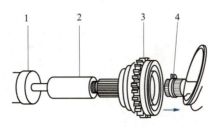

图 4-55 安装钟形外壳

1—惯性分离装置；2—带螺纹的提取套管；3—钟形外壳；4—带箍

（8）拆下带箍，把维修包中所有的润滑油都填充到防护罩中去，把防护罩和固定夹定位。

（9）如图 4-56 所示，用一根焊条让空气进入到防护罩的内部，然后拆下焊条。

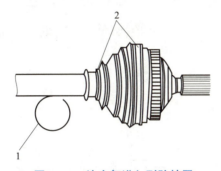

图 4-56 让空气进入到防护罩

1—焊条；2—防护罩夹子

（10）使用环箍钳、软管夹钳拧紧防护罩夹子。

4）更换变速器端防护罩

（1）如图 4-57 所示，在表面 c 处贴上一片胶带，用以保护差速器出口处的油封表面；从车轮末端拆下防护罩，对于没有定位槽的传动轴，标出防护罩的位置。

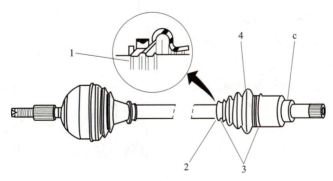

图 4-57 拆卸前准备

1—传动轴；2—防护罩；3—防护罩夹子；4—传动轴防护罩

（2）拆下夹子、传动轴防护罩。

（3）如图 4-58 所示，安装三脚架保护装置，然后，尽量去除所有的用过的润滑油。

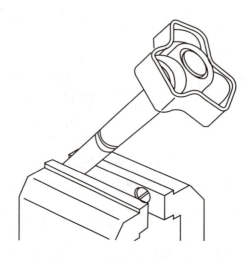

图 4-58 安装三脚架保护装置

（4）安装新夹子和新的防护罩，把维修包中所有的润滑油都填充到防护罩中，把防护罩和固定夹定位。

（5）如图 4-59 所示，在防护罩上使用可通气式密封圈，使用环箍钳、软管夹钳拧紧夹子。

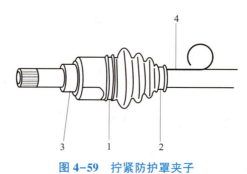

图 4-59 拧紧防护罩夹子

1、2—防护罩夹子；3—胶带；4—工具（焊条）

（6）在车轮末端重新安装防护罩。

没有可通气式密封圈的防护罩可采用如下操作：

① 拧紧颈圈；

② 在车轮末端重新安装防护罩；

③ 拆下胶带；

④ 安装传动轴；

⑤ 根据所作的标记或定位槽把防护罩放到正确的位置上，用一根焊条让空气进入到防护罩的内部，拆下焊条；

⑥ 拧紧颈圈。

5）安装传动轴

（1）从差速器出口密封的表面拆去保护胶带。

（2）如图 4-60 所示，将右侧驱动轴导流板放在其凹槽中。

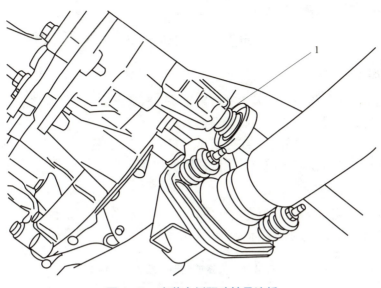

图 4-60　安装右侧驱动轴导流板

1—导流板凹槽

（3）将转向节装配在减震器上，如图 4-61 所示，通过凸块插入凹槽，确保减震器与转向节的相对位置正确定位。

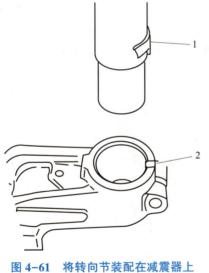

图 4-61　将转向节装配在减震器上

1—凸块；2—凹槽

资源 4-7　安装转向节

（4）使用弹簧压紧器使悬架弹簧减压。

（5）拆下工具转向节口分离杆和弹簧压紧器。

（6）重新装配轮毂夹接头，拧紧扭矩为 (55±2) N·m。

（7）在表面和螺母的螺纹上涂油脂，拧紧传动轴螺母，拧紧扭矩为 (325±10) N·m。

（8）安装稳定杆螺母，拧紧扭矩为 (35±1) N·m；安装车轮，拧紧扭矩为 (90±10) N·m。

（9）放下汽车，注满变速器油。

## 项目3　大修前驱动轮毂

**1. 项目说明**

经汽车维护或中间检查，以及汽车故障维修，若诊断出汽车前驱动桥轮毂或轮毂轴承出现异常损坏情况，应及时大修前驱动轮毂。

根据东风雪铁龙汽车维修工艺编制了本项目的操作步骤和维修工艺，通过对该项目的练习操作，使学员掌握维修汽车前驱动轮毂故障的技能。

**2. 技术要求与标准**

（1）一个学员能在 90 min 内完成此项目。

（2）大修前驱动轮毂的技术标准如表 4-6 所示。

表 4-6　大修前驱动轮毂的技术标准

| 任务 | 标准 |
| --- | --- |
| 紧固传动轴螺母 | 禁止踩制动器拧紧螺母 |
| 三角臂球形接头 | 必须正确到位 |
| 减震器与转向节的相对位置 | 角度定位正确 |
| 螺栓紧固扭矩 | 按规定扭矩紧固 |

**3. 设备器材**

（1）雪铁龙爱丽舍汽车一辆。

（2）4 柱举升机一台。

（3）维修通用工具一套。

（4）前驱动轮毂专用工具一套。

（5）前驱动轮毂维修包一套。

**4. 作业准备**

（1）准备一辆雪铁龙爱丽舍汽车。　　　　　　　　　　　　　　□任务完成

（2）准备一台 4 柱举升机。　　　　　　　　　　　　　　　　　□任务完成

（3）准备一套维修通用工具。　　　　　　　　　　　　　　　　□任务完成

（4）准备一套前驱动轮毂专用工具。　　　　　　　　　　　　　□任务完成

（5）准备一套前驱动轮毂维修包。　　　　　　　　　　　　　　□任务完成

（6）准备记录单。　　　　　　　　　　　　　　　　　　　　　□任务完成

**5. 操作步骤**

大修前驱动轮毂所用专用工具如表 4-7 所示。

表 4-7　大修前驱动轮毂所用专用工具

| 专用工具名称 | 专用工具 | 专用工具名称 | 专用工具 |
| --- | --- | --- | --- |
| 1. 轴承拔取器 |  | 4. 转向节口分离杆 |  |
|  |  | 5. 球节拔取器 |  |
| 2. 轴承提取器限位板 |  | 6. 轮毂固定工具 |  |
| 3. 弹簧压紧器 |  | 7. 螺母 |  |
|  |  | 8. 拔取器 |  |
|  |  | 9. 轴承装配座 |  |

1）拆卸前转向节

（1）用 4 柱举升机举升车辆，使前轮离地，拆下车轮。

（2）如图 4-62 所示，使用轮毂固定工具固定轮毂使其无法转动。然后，拆下开口销、锁帽、传动轴螺母及球节螺母。禁止踩制动器拧紧螺母（制动盘螺栓有拧断风险）。

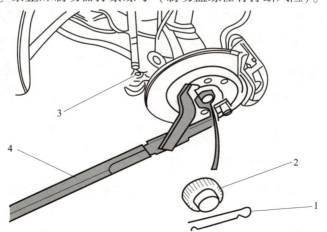

资源 4-8　转向节拆卸

图 4-62　拆下开口销、锁帽、传动轴螺母和球节螺母

1—开口销；2—锁帽；3—球节螺母；4—轮毂固定工具

（3）如图4-63所示，使用球节拔取器拔出球节，拆下卡板螺栓、车轮传感器。

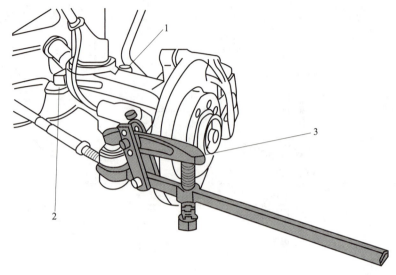

图 4-63　拆下球节

1—卡板螺栓；2—前转向节上的夹钳螺栓；3—球节拔取器

（4）拆下前制动钳。

① 如图4-64所示，拆下制动钳螺栓。

② 如图4-65所示，转动制动钳，拆去前制动衬块，目视检查活塞周围的密封件、防尘帽、护套的状况和安装位置及前制动盘的磨损状况，确保前制动钳销滑动正常。若不正常，应更换任何有故障的零部件。

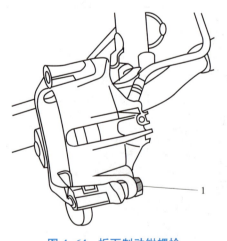

图 4-64　拆下制动钳螺栓

1—制动钳螺栓

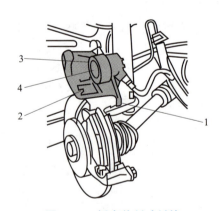

图 4-65　拆去前制动衬块

1—护套；2—制动钳；3—活塞；4—防尘帽

③ 如图4-66所示，将硬管上的制动软管拆开并恢复卡箍，将制动管口堵住，拆下制动软管。

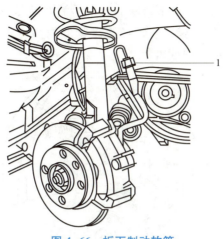

图 4-66 拆下制动软管

1—卡箍

④ 如图 4-67 所示,拆下制动钳支架螺栓,制动钳/支承总成用一根铁丝将其挂起。

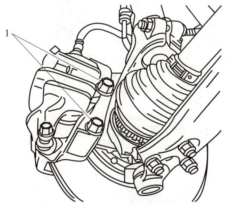

图 4-67 拆下制动钳支架螺栓

1—制动钳支架螺栓

(5)拆下前制动盘、前转向节上的夹钳螺栓、前转向节上的球销紧固件。

(6)如图 4-68 所示,将转向节口分离杆放到转向节夹钳的开口,转动四分之一圈,打开前转向节开口。

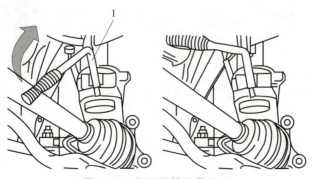

图 4-68 打开前转向节开口

1—转向节口分离杆

（7）如图4-69所示，将弹簧压紧器的固定钳放在前悬架部件上，底座平放在地面上并保持与减震器中心线对准，然后设置弹簧压紧器的高度调节销，拧动操纵螺母以压缩前悬架弹簧，从前悬架部件上松脱并拆下轮毂架。操作时，应支撑起变速器上的传动轴。

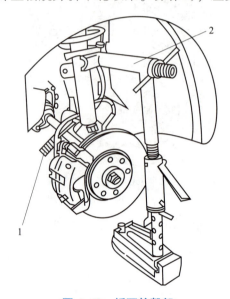

图4-69 拆下轮毂架
1—转向节口分离杆；2—弹簧压紧器

2）分解前驱动轮毂

（1）如图4-70所示，拆下前轮毂轴承弹性挡圈。

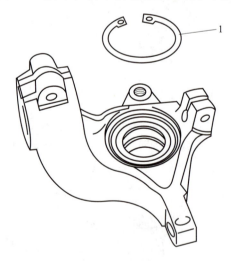

图4-70 拆下前轮毂轴承弹性挡圈
1—轴承弹性挡圈

资源4-9 轮毂轴承更换

（2）如图4-71所示，用台钳夹住前转向节，安装止推轴颈。
（3）如图4-72所示，安装拔取器和螺栓，拔出带有前轮毂轴承内圈的前轮毂。

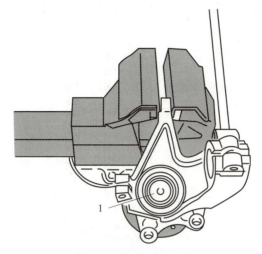

图 4-71 安装止推轴颈

1—止推轴颈

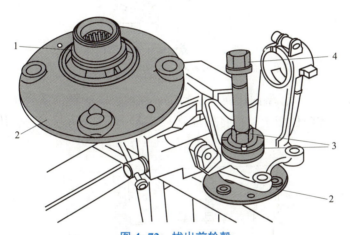

图 4-72 拔出前轮毂

1—前轮毂轴承内圈；2—前轮毂；3—拔取器；4—螺栓

（4）在前轮毂上安装两个车轮螺栓，然后将其夹紧在台钳上，拆下外密封圈，如图 4-73 所示。

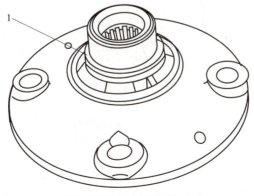

图 4-73 拆下外密封圈

1—外密封圈

（5）如图 4-74 所示，安装止推轴颈、轴承拔取器，使用拔取器和止推轴颈拔出前轮毂轴承内圈。

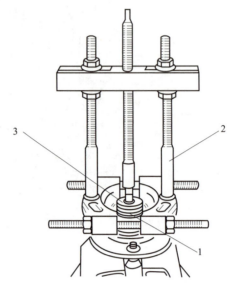

图 4-74　拔出前轮毂轴承内圈

1—前轮毂轴承内圈；2—轴承拔取器；3—止推轴颈

（6）如图 4-75 所示，将内座圈放置到位，轴承提取器限位板放在压力平台上，前轮毂支架放在轴承提取器限位板上，再将螺母放入与前轮毂轴承圈接触，使用压力机压出前轮毂轴承。

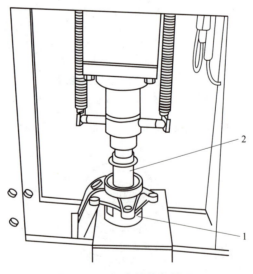

图 4-75　压出前轮毂轴承

1—轴承提取器限位板；2—螺母

3）组装前驱动轮毂

（1）确保安装新的前轮毂轴承和弹性挡圈，在转向节和轮毂的顶部涂上规定型号的润滑脂，所有零件必须是干净的，并且没有非正常磨损或损坏的迹象。

(2) 如图 4-76 所示，安装轴承装配座，使用压力机，安装前轮毂轴承完全到位。

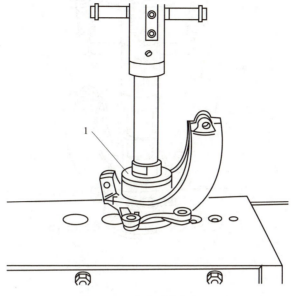

图 4-76　安装前轮毂轴承
1—轴承装配座

(3) 如图 4-77 所示，安装新的弹性挡圈，保持前轮毂轴承位置正确。

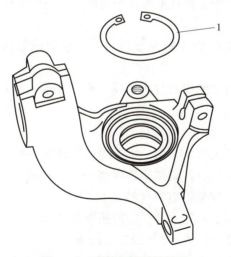

图 4-77　安装新的弹性挡圈
1—弹性挡圈

(4) 如图 4-78 所示，安装螺母，确保轴承下圈塑料保持环存在，该卡环不能用手拆下，它将在安装轮毂时自动被推出。然后，使用压力机全部安装前轮毂。

4）安装前转向节

安装要求如下：

(1) 按拆卸操作相反的顺序进行安装。

(2) 安装新的尼龙防松螺母。

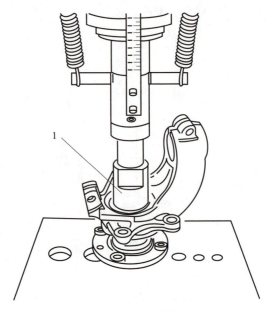

图 4-78 压装前轮毂
1—螺母

（3）在安装三角臂上的转向节时：

① 确保球形接头的保护罩处在良好状态（在转向节上无切割并有固定夹）。

② 清洁球形旋塞，把保护罩从上面移至下面，将保护罩放置在完全伸出的位置。同时，应使保护罩有较好的挠性。

③ 将三角臂球形接头结合在转向节内，不要忘记球形接头的保护装置，它必须正确到位。

④ 确保减震器与转向节的相对位置正确，将凸台卡入缺口中可实现转向节与减震器之间的角度定位。

（4）安装扭矩要求。

① 将球节固定螺栓安装到位，用一个新螺母拧紧到（40±4）N·m。

② 转向节夹轴的紧固件，拧紧扭矩为（55±5）N·m。

③ 转向节球销螺母，拧紧扭矩为（35±3）N·m。

④ 前制动钳在转向节上的紧固件，拧紧扭矩为（105±10）N·m。

⑤ 传动轴螺母，拧紧扭矩为（325±32）N·m。

⑥ 将车辆放下，由车轮支撑，车轮拧紧扭矩为（90±10）N·m。

## 三、学习评价

### （一）理论知识

**1. 自评自测**

评测

**2. 思考**

检查主减速器主、从动齿轮的啮合间隙，若间隙不符合要求如何调整？

### （二）技能操作（见工单册）

## 四、拓展学习（详见"拓展学习二维码"）

（一）中小型货车单级主减速器调整
（二）重型货车万向传动装置、驱动桥维护与调整

拓展学习

# 学习任务 5

## 车轮与悬架检修

某汽车维修站接收一辆轿车，车主反映该车在平路直线行驶时会出现跑偏、车轮摆振、车身下沉等现象，严重影响行车速度，乘坐也不舒服，而且轮胎也出现异常磨损。

请通过检测车轮与悬架等总成，判断它们的技术状况；若需要修复，请制定修复方法和工艺流程。

通过本任务学习，应能够：

（1）描述车轮、轮胎与悬架常见故障现象，分析故障原因。

（2）描述车轮、轮胎与悬架常见故障的检测与修复方法，判定故障部位。

（3）根据维修手册，制定对车轮和悬架的修复方法和工艺流程，完成检测、调整及更换作业。

###  一、知识准备

#### （一）车轮与轮胎检修

**1. 车轮与轮胎检查**

1）车轮及轮胎外观检查

（1）检查轮胎胎面和胎壁是否有裂纹、割痕或其他损坏。

（2）检查轮胎胎面和胎壁是否嵌入任何金属微粒、石子或其他异物。

（3）检查轮辋和轮辐是否损坏、腐蚀和变形，平衡块是否脱落。

资源 5-1 汽车底盘维护检查举升中部

2）轮辋检查

（1）铝轮检测。

①检查车轮是否磨损和充气不当。

②检查车轮是否变形，有裂纹和其他损坏。如果变形，请拆下车轮检查车轮跳动量。

③从铝轮上拆下轮胎，并装在轮胎平衡机上。

④设置百分表，检测车轮跳动量（百分表值），最大径向和横向跳动量极限均为0.4 mm，如图5-1所示。

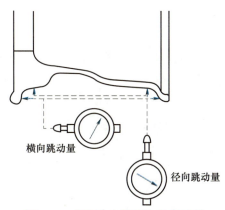

图 5-1 用百分表检测车轮跳动量

（2）钢轮检测。

①检查车轮是否磨损和充气不当。

②检查车轮是否变形，有裂纹和其他损坏。如果变形，请拆下车轮检查车轮跳动量。

③从钢轮上拆下轮胎，并装在轮胎平衡机上。

④按图 5-2 所示设置两个百分表。

资源 5-2 车轮动平衡检查与调整

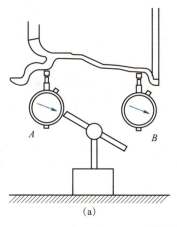
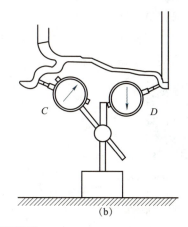

图 5-2 设置百分表

（a）测量径向跳动量；（b）测量横向跳动量

⑤设定每个百分表都为 0。

⑥转动车轮，并检查车轮圆周上几个位置点的百分表读数。

⑦如图 5-2 所示，计算每个点的跳动量，径向跳动量 =（A+B）/2，横向跳动量 =（C+D）/2。

⑧选择最大正跳动量值和最大负跳动量值。将这两个值相加得出总跳动量。在无法获得正值或负值时，使用最大值（负或正）作为整个跳动量。如果整个跳动量值超过极限值，应更换钢制车轮。钢轮最大径向跳动量极限为 0.8 mm，横向跳动量极限为 0.5 mm。

3）轮胎磨损检查

（1）用胎纹规或游标卡尺检查所有轮胎的胎纹深度。

（2）检查轮胎整个外圈是否有不均匀磨损和阶段磨损。

4）轮胎胎压及气密性检查

（1）检查轮胎气压。

（2）检查气压后，通过在气门嘴周围涂肥皂水检查是否漏气。

通过检查胎面花纹深度，判断轮胎磨损程度。测量时应使用深度尺，花纹磨损残留小于极限尺寸时，应停止使用，如图5-3所示为磨损标志。

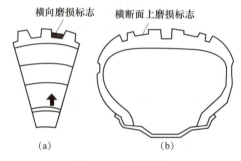

图 5-3　磨损标志

（a）横向磨损标志；（b）横断面上磨损标志

**2. 车轮动平衡试验与校正**

车轮不平衡，在高速行驶时会引起车轮上下跳动和横向摇摆，不仅影响汽车乘坐舒适性，而且使驾驶员难以控制行驶方向，以及汽车制动性能变差，影响行车安全。车轮不平衡还会大大增加各部件所受的力，加大轮胎的磨损和行驶噪声等。因此，汽车在使用和维修中必须进行车轮动平衡试验和校准。

车轮的不平衡包括静不平衡和动不平衡，由于动平衡的车轮一定处于静平衡状态，因此，只要检测了动平衡，就没有必要检测静平衡。

车轮不平衡的主要原因有：

（1）质量分布不均匀，如轮胎产品质量欠佳，翻新胎、补胎、胎面磨损不均匀及在外胎与内胎之间垫带等。

资源 5-3　车轮平衡原理

（2）轮辋、制动鼓变形。

（3）轮毂与轮辋加工质量不佳，如中心不准、轮胎螺栓孔分布不均、螺栓质量不佳等。

车轮的动平衡试验有离车式和就车式两种方法。

1）离车式车轮动平衡机检测

利用离车式车轮动平衡机对车轮进行动平衡检测时，需将车轮从车上拆下。

检测步骤如下：

（1）清洗被测车轮，去掉泥土、砂石，拆掉旧平衡块。

（2）检查轮胎气压，必须符合原厂的规定。轮胎充气应注意以下几个方面：

资源 5-4　车轮动平衡

①轮胎充气应按照该型汽车使用说明书上规定的标准气压执行，并在冷态时用气压表测量；若在热态时测量，应略高于标准气压，取适当的修正值。气压表应定期校准，以保证读数准确。

②若轮胎刚组装完毕，应先充入少量空气，待内胎充气伸展后再继续充至要求气压。

③充气前应检查气门芯与气门嘴是否配合平整，清洁。充气后应检查是否漏气，并将气门帽装紧。

④充入的空气不得含有水分和油雾。

⑤充气时应注意安全防护。

（3）根据轮辋中心孔的大小选择锥体，将车轮安装于平衡机上（注意保护轴部），拧紧螺母，转动一下车轮，检查确保安装正确。

（4）打开电源开关，检查指示装置是否指示正确，根据轮辋结构选择合适的平衡模式。

（5）用平衡机上的标尺测量轮辋边缘至机箱距离 $a$，用卡尺测量轮辋宽度 $b$，查看轮辋直径 $d$，将 $a$、$b$、$d$ 值输入到平衡机，如图 5-4 所示。

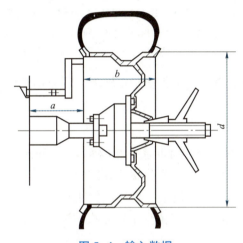

图 5-4 输入数据

$a$—轮辋边缘至机箱距离；$b$—轮辋宽度；$d$—轮辋直径

（6）放下防护罩，按下"起动"键，开始测量，平衡机自动采集数据。

（7）当车轮自动停转后，从显示装置里读取车轮内外侧不平衡量和不平衡位置。

（8）抬起车轮防护罩，用手慢慢转动车轮，当显示装置发出指示（音响、指示灯亮、制动显示点或显示检测数据等）时停止转动。在轮辋的内侧或外侧的上部（时钟十二点位置）应加装指示装置显示该侧的平衡块质量。内外侧要分别进行，平衡块装夹要牢固。

（9）重新起动动平衡机，进行动平衡试验，直至动不平衡量<5 g（克），机器显示"00"或"OK"时为止，取下车轮。

（10）关闭电源，测试结束。

2）就车式车轮动平衡机检测

就车式车轮动平衡机可以在汽车不拆卸车轮前提下，对汽车进行车轮平衡检测，其结构与测量原理如图 5-5 所示。

检测方法如下：

（1）对车轮进行清洁，去掉旧平衡块，将轮胎充气到规定气压，轮毂轴承松紧度合适，支起前桥，使两侧车轮离地间隙相等，在轮胎上做出标记。

（2）将传感器头吸附在制动底板边缘，使车轮在规定转速下旋转。

（3）观察轮胎标记位置，在指示装置上读取不平衡量，停转车轮，加装平衡块，再进一步复查，直至合格，测试结束。

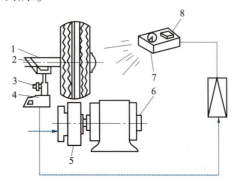

图 5-5　就车式车轮动平衡机的结构与测量原理

1—转向节；2—传感磁头；3—可调支杆；4—底座；
5—转轮；6—电动机；7—频闪灯；8—不平衡度表

测从动轮时，利用动平衡机转轮驱动车轮转动；测驱动车轮时，直接用汽车发动机、传动系统来驱动车轮转动。

**3. 轮胎换位**

按时换位可使轮胎磨损均匀，约可延长 20% 的使用寿命，应结合车辆二级维护定期换位。在路面拱度较大的地区或夏季，轮胎磨损差别较大，可适当增加换位次数。

轮胎换位方法常用的有交叉换位法、循环换位法和单边换位法，十轮三桥、六轮二桥汽车轮胎换位法如图 5-6 所示，四轮二桥汽车轮胎换位法如图 5-7 所示。

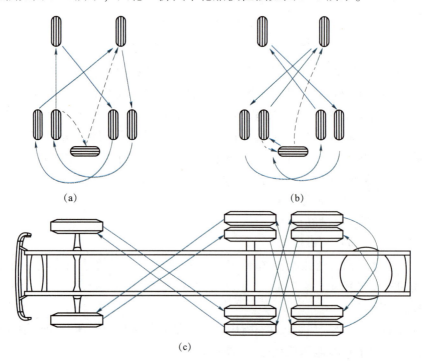

图 5-6　汽车轮胎换位法

（a）六轮二桥汽车循环换位；（b）六轮二桥汽车交叉换位；（c）十轮三桥汽车交叉换位

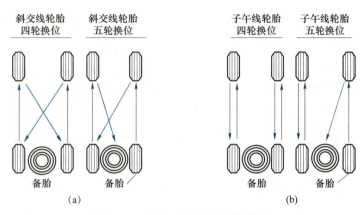

图 5-7 四轮二桥汽车轮胎换位法
(a) 交叉换位；(b) 单边换位

装用普通斜交线轮胎的六轮二桥汽车，常用图 5-6 (b) 所示交叉换位法，具体做法是：左右交叉，主胎（后内）换前胎，前胎换帮胎（后外），帮胎换主胎。这样，通过三次换位每只轮胎就可轮到一次担负主力胎。

四轮二桥汽车斜交线轮胎也可采用交叉换位法，如图 5-7 (a) 所示。子午线轮胎宜用单边换位法，如图 5-7 (b) 所示。子午线轮胎的旋转方向应始终不变，若反向旋转，会因钢丝帘线反向变形产生振动，汽车平顺性变差。轿车宜用单边换位法。

轮胎换位后，应按所换的胎位要求，重新调整气压。轮胎换位后须做好记录，下次换位仍要按上次选定的换位方法换位。

### 4. 轮胎故障诊断

轮胎故障有轮胎噪声、振动和不平顺性故障，轮胎异常磨损故障等。

1）轮胎噪声、振动和不平顺性故障

轮胎噪声、振动和不平顺性故障分析如表 5-1 所示。

表 5-1 轮胎噪声、振动和不平顺性故障分析

| 可能故障原因及可疑零部件 | | 安装不当,松动 | 不圆 | 不平衡 | 轮胎压力不对 | 轮胎磨损不均匀 | 变形或损坏 | 不一致 | 轮胎尺寸不正确 | 前桥和前悬架 | 后桥和后悬架 | 轮胎 | 车轮 | 驱动轴 | 制动器 | 转向 |
|---|---|---|---|---|---|---|---|---|---|---|---|---|---|---|---|---|
| 故障现象 | 轮胎 | 噪声 | ● | ● | ● | ● | ● | ● | | ● | ● | | ● | ● | ● | ● |
| | | 抖动 | ● | ● | ● | ● | ● | ● | | | ● | ● | | ● | ● | ● | ● |
| | | 振动 | | | ● | ● | | | | | ● | ● | | | | | ● |
| | | 颤动 | ● | ● | ● | | ● | ● | | | ● | ● | | ● | ● | ● | ● |
| | | 乘坐不适或操作困难 | ● | ● | ● | ● | ● | ● | ● | ● | ● | ● | ● | ● | ● | ● | ● |

续表

| 可能故障原因及可疑零部件 | | | 安装不当,松动 | 不圆 | 不平衡 | 轮胎压力不对 | 轮胎磨损不均匀 | 变形或损坏 | 不一致 | 轮胎尺寸不正确 | 前桥和前悬架 | 后桥和后悬架 | 轮胎 | 车轮 | 驱动轴 | 制动器 | 转向 |
|---|---|---|---|---|---|---|---|---|---|---|---|---|---|---|---|---|---|
| 故障现象 | 车轮 | 噪声 | ● | ● | ● |  |  | ● |  |  | ● | ● | ● |  | ● | ● | ● |
|  |  | 抖动 | ● | ● | ● |  |  | ● |  |  | ● | ● | ● |  | ● | ● | ● |
|  |  | 剧烈振动,轰鸣声 | ● | ● | ● |  |  | ● |  |  | ● | ● | ● |  |  | ● | ● |
|  |  | 乘坐不适或操作困难 | ● | ● | ● |  |  | ● |  |  | ● | ● | ● |  |  |  |  |

2)胎肩或胎面中间磨损

(1)现象。

图5-8所示为胎肩和胎面中间磨损。

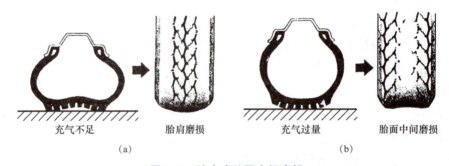

图5-8 胎肩或胎面中间磨损

(a)胎肩磨损;(b)胎面中间磨损

(2)故障原因。

集中在胎肩或胎面中间的磨损,主要原因是轮胎充气压力不正确。如果轮胎充气压力过低,轮胎的中间便会凹入,将载荷转移到胎肩上,使胎肩磨损快于胎面中间;反之,如果充气压力过高,轮胎中间便会凸出,承受了较大的载荷,使轮胎中间磨损快于胎肩。

(3)故障排除步骤。

①检查是否超载。

②检查充气压力。如果充气过量或充气不足,应调整充气压力。

③调换轮胎位置。

3)内侧或外侧磨损

(1)现象。

图5-9所示为轮胎内侧或外侧磨损。

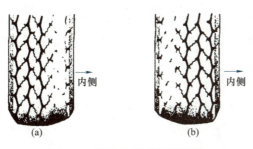

图 5-9 轮胎内侧或外侧磨损

(a) 内侧磨损；(b) 外侧磨损

（2）原因。

①在过高的车速下转弯会造成转弯磨损。转弯时轮胎滑动，就产生了斜形磨损。

②悬架部件变形或间隙过大，会影响前轮定位，造成不正常的轮胎磨损。

③如果轮胎面某一侧的磨损快于另一侧的磨损，主要原因可能是外倾角不正确。由于轮胎与路面接触面积大小因载荷而异，对具有正外倾角的轮胎而言，其外侧直径要小于其内侧直径。胎面必须在路面上滑动，以使转动距离与胎面的内侧相等。这种滑动造成了外侧胎面的过量磨损。反之，具有负外倾角的轮胎，其内侧胎面磨损较快。

（3）故障排除步骤。

①询问驾驶员是否高速转弯，如果是则要避免。

②检查悬架部件。如松动则将其紧固；如变形和磨损，应修理或更换。

③检查外倾角。如不正常，应校正。

④调换轮胎位置。

4）前束和后束磨损（羽状磨损）

（1）现象。

如图 5-10 所示，车轮出现了前束和后束磨损。

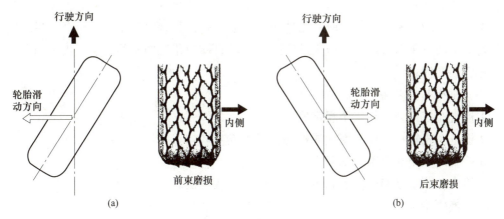

图 5-10 前束和后束磨损

(a) 前束磨损；(b) 后束磨损

（2）故障原因。

用手指从轮胎的内侧至外侧划过胎面就可以辨别羽状磨损。磨损主要原因是前束调节不当。过量的前束，会迫使轮胎向外滑动，并使胎面的接触面在路面上朝内拖动，造成前束磨损。但过量的后束，会将轮胎向内拉动，并使胎面的接触面在路面上朝外拖动，造成后束磨损。

（3）故障排除步骤。

①检查前束和后束。如果前束过量或后束过量，应调整。

②调换轮胎位置。

5）前端和后端磨损

（1）现象。

图5-11所示为前端和后端磨损。

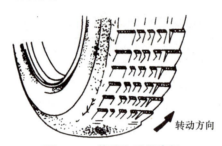

图 5-11　前端和后端磨损

（2）故障原因。

①前端和后端磨损是一种局部磨损，常常出现在具有横向花纹和区间花纹的轮胎上，胎面上的区间发生斜向磨损，最终变成锯齿状。

②具有纵向折线花纹的胎面，磨损时会产生波状花纹。

③非驱动轮的轮胎只受制动力的影响，而不受驱动力的影响，因此往往会有前后端形式的磨损，如反复使用制动器，会使轮胎每次发生短距离滑动而磨损，前后端磨损的形式与这种磨损相似。

④对于驱动轮轮胎，由于驱动力造成磨损的影响，驱动轮轮胎极少出现前后端磨损。客车和大货车由于制动时产生了极大的摩擦力，具有横向花纹的轮胎，也会出现与非驱动轮相似的前后端磨损。

（3）故障排除步骤。

①检查充气压力，充气至规定值。

②检查车轮轴承。如有磨损或松动，应更换或调整。

③检查外倾角和前束。如果不正确，应调整。

④检查轴颈或悬架部件。如果损坏，应修理或更换。

⑤调换轮胎位置。

### （二）前悬架检修

**1. 就车检修**

通过就车检修，确认各个元件之间的固定状况，如松动、间隙等是否正常，并确认元件状况，如磨损、损坏等。

1）检查球节端隙

（1）将前轮正直向前，请勿踩下制动踏板。

（2）将铁杆放置在横拉杆和转向节之间。

（3）上下撬动，测量轴端间隙是否为正常值（0 mm），不要损坏球节防尘罩，勿用力过大而损坏安装部位。

2）检查减震器

检查减震器有无机油泄漏、损毁，发现故障应更换。

3）检查前轮定位

检测车轮定位应在空载条件下测量，即燃油、发动机冷却液和润滑剂已满，备胎、千斤顶、随车工具和脚垫都在指定位置。

（1）检测前轮定位，应检查确保以下项目正常：

①轮胎气压正确，轮胎磨损正常。

②车轮跳动不超过极限。

③车轮轴承轴端间隙正确。

④横拉杆球节轴端间隙正常。

⑤减震器正常。

⑥车桥和悬架的各个固定零部件无松动和变形。

⑦每个悬架梁、减震器、上拉杆和横拉杆无裂纹、变形和其他损坏。

⑧汽车的高度正确。

（2）检查外倾角、后倾角、主销内倾角和车轮前束：

①外倾角、后倾角和主销内倾角一般无法调整。

②检查前，将前轮安装到转向半径规上，将后车轮安装到相同高度的支架上，使汽车保持水平。

③安装并使用车轮定位仪检测读取定位参数。

④如果外倾角、后倾角或主销内倾角不在标准范围内，请再次检查前悬架零部件是否磨损和损坏。如果发现故障，更换可疑部件。

⑤如果车轮前束值不符合规定，应调整至规定值。

**2. 前悬架总成拆装**

前悬架总成元件组成及螺栓紧固扭矩要求如图5-12所示，扭矩单位为N·m。

1）拆卸

（1）从转向小齿轮轴上拆卸中间轴。

（2）从汽车上拆卸下轮胎。

（3）从转向节上拆卸车轮传感器。

（4）使用动力工具拆卸稳定连杆上侧的固定螺栓，然后从减震器总成上拆卸稳定连杆。

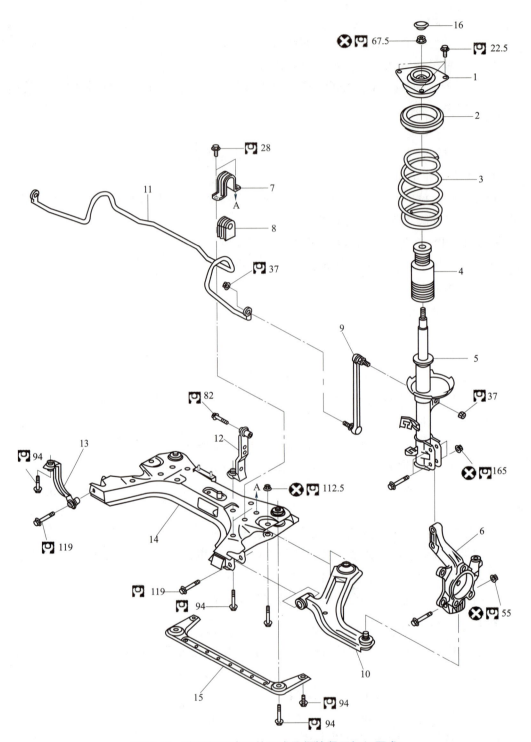

图 5-12 前悬架总成元件组成及螺栓紧固扭矩要求

1—减震器安装隔垫；2—减震器安装轴承；3—螺旋弹簧；4—弹跳缓冲器；5—减震器；6—转向节；7—稳定卡箍；8—稳定衬套；9—稳定连杆；10—横拉杆；11—稳定杆；12—上拉杆（左侧）；13—上拉杆（右侧）；14—前悬架梁；15—梁托架；16—盖

（5）松开转向外套筒的固定螺母，如图5-13所示，使用球节拆卸器从转向节上拆卸转向外套筒，以免损坏球节防尘罩。临时拧紧螺母，防止损坏螺纹及球节拆卸器突然脱落。

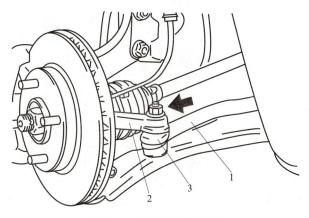

图5-13 拆卸转向外套筒

1—转向外套筒；2—转向节；3—球节

（6）拆卸后扭力杆。

（7）拆卸横拉杆球节固定螺母与螺栓。然后，从转向节上拆卸横拉杆。

（8）将千斤顶固定在前悬架梁下面。

（9）拆卸上拉杆上部螺栓。拆卸梁托架固定螺栓，然后从汽车上拆卸梁托架。

（10）逐渐放低千斤顶以拆卸前悬架总成。

2）安装

（1）按照与拆卸相反的顺序安装。

（2）在空载条件下，对拆卸前悬架总成时拆下的每个零部件进行最终拧紧，装配完成后应检查车轮定位。

（3）检查车轮传感器线束是否连接正确。

### 3. 螺旋弹簧和减震器拆检与安装

1）从车上拆下

（1）拆卸前围上盖板。

（2）拆下轮胎。

（3）从减震器总成上拆卸车轮传感器线束。

（4）拆卸制动软管锁止片。

（5）拆卸稳定连杆上侧的固定螺栓，然后从减震器总成上拆卸稳定连杆。

（6）拆卸固定螺母和螺栓，然后从减震器组件上拆卸转向节。

（7）拆卸减震器安装隔垫的固定螺栓，如图5-14所示，然后从汽车上拆卸减震器总成。

2）解体

从减震器上拆卸零部件时，注意不要损坏减震器活塞推杆总成。

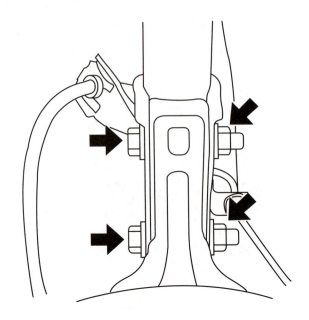

图 5-14 拆卸减震器安装隔垫的固定螺栓

(1) 将减震器附件安装到减震器上,如图 5-15 所示,并将它固定在卡钳中,注意用棉布包裹减震器,以免在将减震器附件安装到减震器时将其损坏。

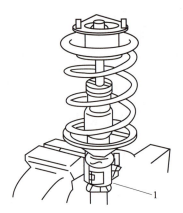

图 5-15 安装减震器附件
1—减震器附件

(2) 使用弹簧压缩器,如图 5-16 所示,确保弹簧压缩器能压缩螺旋弹簧,在与减震器安装轴承与螺旋弹簧下座之间压缩螺旋弹簧,直到螺旋弹簧摆脱以前所受约束的状态。

(3) 固定活塞推杆端部使之不发生转动,以拆卸锁紧螺母。

(4) 拆卸减震器安装隔垫、减震器安装轴承和弹跳缓冲器。

(5) 用弹簧压缩器拆卸螺旋弹簧,在螺旋弹簧拆卸器位置可靠的情况下,然后慢慢松开压缩器。

(6) 从减震器上拆卸减震器附件。

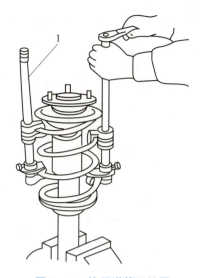

图 5-16 使用弹簧压缩器

1—弹簧压缩器

3) 解体后检查

(1) 检查减震器有无变形、裂纹或损毁,有无泄漏情况,发现故障应更换。

(2) 检查活塞连杆有无损毁、不均匀磨损或变形,发现故障应更换。

(3) 检查减震器安装隔垫是否有裂纹,橡胶零部件是否磨损,发现故障应更换。

(4) 检查螺旋弹簧是否有裂纹、磨损和损坏,如果发现故障,应更换。

4) 组装

**注意**:在组装时不得损坏减震器活塞连杆。

(1) 将减震器附件安装到减震器上,并将它固定在卡钳中。用棉布包裹减震器,以免损坏减震器。

(2) 使用弹簧压缩器,确保弹簧压缩器被牢牢连接在螺旋弹簧上后,才压缩螺旋弹簧,压缩后将其安装到减震器上。注意将螺旋弹簧管状端面朝下,如图 5-17 所示,将下端对准弹簧底座。

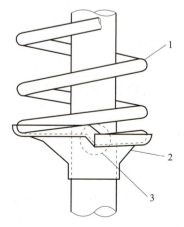

图 5-17 组装时将螺旋弹簧管状端面朝下

1—螺旋弹簧;2—弹簧座;3—螺旋弹簧末端

(3) 在弹跳缓冲器上涂抹肥皂水，在弹跳缓冲器内插入减震器固定隔垫。注意请勿使用机油。

(4) 安装减震器安装轴承，如图 5-18 所示，安装减震器安装隔垫。

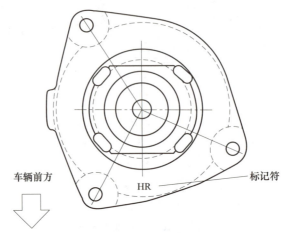

图 5-18　安装减震器安装隔垫

(5) 固定活塞推杆端部使之不发生转动，然后拧紧活塞推杆锁紧螺母到规定扭矩。

(6) 在确保螺旋弹簧位置可靠的情况下，逐渐松开弹簧压缩器，然后拆下弹簧压缩器。

(7) 从减震器上拆下减震器附件。

5) 安装到车上

(1) 按照与拆卸相反的顺序安装，按规定扭矩拧紧螺栓。

(2) 车轮位于水平路面上，最终拧紧减震器总成下侧（橡胶衬套）的螺栓与螺母，安装完成后应检查车轮定位。

(3) 检查车轮传感器线束是否连接正确。

(4) 按正确方法安装减震器安装隔垫。

**4. 横拉杆拆检**

1) 拆卸

(1) 拆下轮胎。

(2) 拆卸横拉杆球节固定螺母与螺栓，然后从转向节上拆卸横拉杆。

(3) 拆卸横拉杆固定螺母与螺栓，然后将横拉杆从前悬架梁上拆下。

①将千斤顶固定在前悬架梁下面。

②松开右上连杆固定螺栓、左上连杆固定螺栓（前悬架梁侧）、前悬架梁固定螺栓（左/右）。应降低前悬架梁以便拆卸横拉杆固定螺栓。

③从汽车上拆卸横拉杆。

2) 拆卸后检查

(1) 目视检查。

①横拉杆和衬套是否变形、有裂纹或损坏，发现故障应更换。

②球节罩是否有裂纹或其他损坏，以及油脂泄漏，发现故障应更换。

(2) 球节检查。

①用手活动球形螺柱，至少十次，检修确认是否活动灵活。

②摆动扭矩检查，在球形螺柱的切口上吊一个弹簧秤，如图 5-19 所示，确认球形螺柱开始移动时，弹簧秤测量值在指定范围内，摆动扭矩应为 0.5~4.9 N·m，弹簧秤测量值应为 15.4~150.8 N，如果超出规范，更换横拉杆总成。

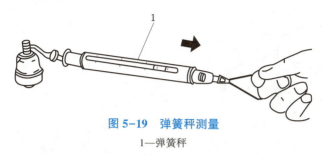

图 5-19 弹簧秤测量

1—弹簧秤

（3）轴端间隙检查。

①沿轴向移动球柱，检查螺栓端部是否松动。

②正常轴端间隙应为 0 mm，如果超出规范，更换横拉杆总成。

3）安装

（1）按照与拆卸相反的顺序安装，按规定扭矩拧紧各螺栓。

（2）车轮位于水平路面上，最终拧紧前悬架梁固定位置的螺栓与螺母，安装完成后检查车轮定位。

**5. 稳定杆拆检**

1）拆卸

（1）从转向小齿轮轴上拆卸中间轴。

（2）从车上拆卸轮胎。

（3）拆卸稳定连杆下侧的固定螺母，然后从稳定器上拆卸稳定连杆。

（4）若有必要，拆卸稳定连杆的上螺母，分离稳定连杆与减震器。

（5）松开外转向套筒的固定螺母，用球节拆卸器从转向节上拆卸转向外套筒，临时拧紧螺母，防止损坏螺纹及球节拆卸器突然脱落造成球节防尘罩损坏。

（6）拆卸后扭力杆。

（7）在前悬架梁下面用千斤顶固定，如图 5-20 所示。

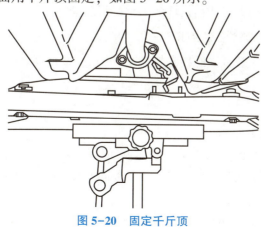

图 5-20 固定千斤顶

（8）拆卸梁托架固定螺栓，然后从汽车上拆卸梁托架。逐渐降低前悬架梁以便拆卸稳定器固定螺栓，注意不要降得太低。

（9）拆卸稳定卡箍固定螺栓，如图5-21所示，然后从车辆上拆卸稳定卡箍和稳定衬套。

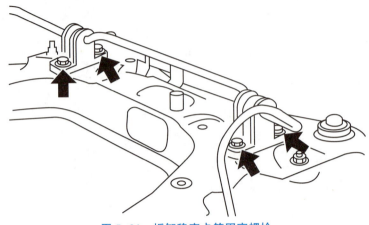

图5-21 拆卸稳定卡箍固定螺栓

（10）从汽车上拆卸稳定杆。

2）拆卸后检查

检查稳定杆、稳定连杆、稳定衬套和稳定卡箍是否变形，有裂纹和损坏。发现故障应更换。

3）安装

按照与拆卸相反的顺序安装，按规定扭矩拧紧螺栓。

### （三）后悬架检修

**1. 就车检查和维修**

（1）检查确认每个元件的固定状况，无松动、间隙；检查确认每个元件的技术状况，无磨损、损坏。

（2）检查减震器有无机油泄漏、损毁，发现故障予以更换。

（3）检查车轮定位情况，使用车轮定位仪测量左右车轮的外倾角以及车轮前束值，如果超出规定值，请检查并更换任何损坏或磨损的后悬架零部件。

**2. 后悬架总成紧固螺栓扭矩要求**

后悬架总成元件组成及紧固螺栓扭矩要求如图5-22所示，扭矩单位为N·m。

**3. 大修后悬架**

1）拆卸

（1）从汽车上拆卸下轮胎。

（2）从后制动鼓和后悬架臂上分离驻车制动后拉线。

（3）从轮毂和轴承总成以及后悬架臂上拆卸车轮传感器及线束。

（4）拆卸锁止板，然后从制动软管上分离制动管。

资源5-5 后摆臂及后桥组成

（5）拆卸轮毂和轴承总成与底板。

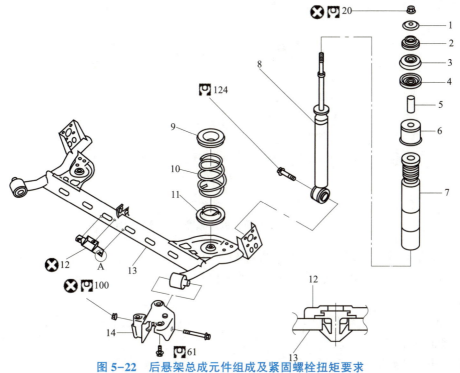

图 5-22 后悬架总成元件组成及紧固螺栓扭矩要求

1—垫圈（上）；2—衬套（上）；3—衬套（下）；4—垫圈（下）；5—隔管；6—弹跳缓冲器盖；
7—弹跳缓冲器；8—减震器；9—后弹簧橡胶座（上）；10—螺旋弹簧；
11—后弹簧橡胶座（下）；12—制动管保护装置；13—后悬架臂；14—后悬架臂支架

（6）使用平头螺丝刀，在其端部裹上软布以避免损伤元件，从行李箱侧饰件处拆卸减震器罩。

拆卸减震器上部螺母，如图 5-23 所示，然后从减震器上拆卸垫圈（上）、衬套（上）。

资源 5-6 后摆臂轴拆卸

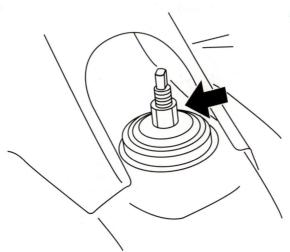

图 5-23 拆卸减震器上部螺母

（7）将千斤顶固定在后悬架臂下面，如图 5-24 所示，拆卸减震器下端的固定螺栓，拆卸车身与后悬架臂支架之间的固定螺栓。

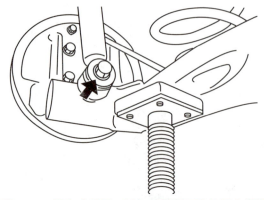

图 5-24　固定千斤顶，拆卸减震器下端的固定螺栓

（8）不断放低千斤顶，从车辆上拆卸衬套（下）、垫圈（下）、隔管、弹跳缓冲器盖、弹跳缓冲器与减震器，拆卸螺旋弹簧和后弹簧橡胶座（下、上），拆下螺旋弹簧（左、右），拆卸后悬架臂。

（9）拆卸后悬架臂支架上的固定螺栓与螺母，然后从后悬架臂上拆卸后悬架臂支架。

2）拆卸后检查

（1）检查减震器有无变形、裂纹或损毁，发现故障予以更换。

（2）检查活塞连杆有无损毁、不均匀磨损或变形，发现故障予以更换。

（3）检查弹跳缓冲器和衬套有无裂纹、变形或其他损毁，发现故障予以更换。

（4）检查螺旋弹簧与弹簧橡胶座有无变形、裂纹和损坏；如果检测到故障，予以更换。

资源 5-7　后摆臂轴管轴承更换

（5）检查后悬架臂支架有无变形、裂纹，以及其他损坏；如果检测到故障，予以更换。

3）安装

（1）按照与拆卸相反的顺序安装，按规定扭矩拧紧固定螺栓。

（2）安装弹簧的时候，要确保将弹簧底端位置与后弹簧橡胶座平齐，如图 5-25 所示。

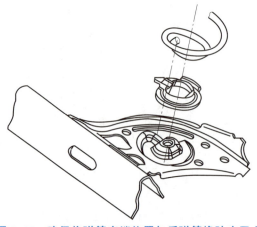

图 5-25　确保将弹簧底端位置与后弹簧橡胶座平齐

（3）在车轮位于水平路面的情况下，做后悬架臂与后悬架臂支架（橡胶衬套）的最后拧紧。

（4）加注新制动液并放出空气。

（5）工作完成后请检查驻车制动，检查车轮传感器线束是否连接正确。

### （四）悬架故障诊断

**1. 悬架噪声、振动和不平顺性故障**

悬架噪声、振动和不平顺性故障分析如表5-2所示。

表5-2 悬架噪声、振动和不平顺性故障分析

| 可能故障原因及可疑零部件 | | 减震器变形、损害 | 安装不当，松动 | 衬套或安装部位老化 | 零部件干涉 | 弹簧疲劳 | 悬架松动 | 车轮定位不正确 | 稳定杆疲劳 | 前桥和前悬架 | 后桥和后悬架 | 轮胎 | 车轮 | 驱动轴 | 制动器 | 转向 |
|---|---|---|---|---|---|---|---|---|---|---|---|---|---|---|---|---|
| 故障现象 | 前悬架 噪声 | ● | ● | ● | ● | ● | ● |  | ● |  | ● | ● | ● | ● | ● | ● |
| | 抖动 | ● | ● | ● |  |  | ● | ● |  | ● |  | ● | ● | ● | ● | ● |
| | 振动 | ● | ● | ● |  |  |  | ● |  | ● |  | ● | ● | ● |  |  |
| | 颤动 | ● | ● | ● |  |  |  | ● | ● | ● |  | ● | ● |  |  | ● |
| | 乘坐不适或操作困难 | ● | ● | ● | ● | ● | ● | ● | ● | ● |  | ● | ● |  | ● | ● |
| | 后悬架 噪声 | ● | ● | ● | ● | ● | ● |  |  |  | ● | ● | ● | ● | ● |  |
| | 抖动 | ● | ● | ● |  |  | ● | ● |  |  | ● | ● | ● | ● | ● |  |
| | 振动 | ● | ● | ● |  |  |  | ● |  |  | ● | ● | ● | ● |  |  |
| | 颤动 | ● | ● | ● |  |  | ● |  |  |  | ● | ● | ● |  |  |  |
| | 乘坐不适或操作困难 | ● | ● | ● | ● | ● | ● | ● |  |  | ● | ● | ● |  | ● |  |

**2. 汽车行驶跑偏**

故障原因与排除：

（1）两侧轮胎气压不等，应按规定压力充气，予以排除故障。

（2）两侧的轮胎花纹不一样或花纹深浅不一样。全车最好全使用同一种型号的轮胎，前轴及后轴的两个轮胎必须是同一型号，并且花纹深度必须一样，超过磨损极限必须更换。

（3）车轮定位失准，应调整车轮定位，达到规定参数要求。

（4）前减震器失效。前减震器失效后在车辆行驶中两悬架一高一低，受力不均匀，导致跑偏。可以通过专用减振测试仪来检测减震器的吸收度，判断减震器的好坏；如无条件可拆卸后，用拉抻的方法来判断。若前减震器有故障，应成对更换。

（5）前两侧减震器弹簧变形、缓冲不一致。可通过按压或拆卸后比较，判断减震器弹簧性能。若有故障，应更换。

（6）某个车轮的制动器回位不良，分离不完全。通过检查轮毂的温度情况判断，若有故障，应维修制动器排除故障。

（7）车辆底盘部件磨损过大，存在不正常间隙。如转向拉杆球头、支撑臂胶套、稳定杆胶套等是常见的间隙易过大的部位，应举升车辆仔细检查，予以排除。

（8）车架变形。两侧轴距相差过大，超出最大允许范围，必须用车架校正台进行校正。

## 二、任务实施

### 项目1　轮胎维护与检修

**1. 项目说明**

合理使用车轮是延长其使用寿命的根本途径，只有合理使用车轮，才能防止轮胎的异常磨损，减少致命损伤，从而提高轮胎的行驶里程。因此，要按规定行驶里程对车轮与轮胎进行维护操作。通过本项目的实施，掌握车轮与轮胎维护及检修作业的方法。

**2. 技术要求与标准**

（1）一个学员能在 60 min 内完成此项目。

（2）轮胎维护与检修的技术标准如表 5-3 所示。

表 5-3　轮胎维护与检修的技术标准

| 轮胎型号 | 新花纹沟深度/mm | 最大磨损深度/mm | 车型 |
| --- | --- | --- | --- |
| 215/55R16VK406 | 8.1±0.3 | 1.6 | 东风雪铁龙凯旋 |
| 东风雪铁龙凯旋汽车平衡后平衡块质量要求 | 内侧<50 g，外侧<80 g 总重量<115 g | | |
| 东风雪铁龙凯旋汽车轮辋径向跳动极限 | 0.4 mm | | |

**3. 设备器材**

（1）东风雪铁龙凯旋汽车一辆。

（2）轮胎检测设备一套（车轮平衡机、扒胎机、压力表、百分表、游标卡尺等）。

（3）车轮维修通用工具一套。

**4. 作业准备**

（1）准备一辆东风雪铁龙凯旋汽车。　　　　　　　　　　　　　　□任务完成

（2）准备一套轮胎检测设备。　　　　　　　　　　　　　　　　　□任务完成

（3）准备一套车轮维修通用工具。　　　　　　　　　　　　　　　□任务完成

（4）准备记录单。　　　　　　　　　　　　　　　　　　　　　　□任务完成

**5. 操作步骤**

1）轮胎检查

（1）用螺丝刀或其他合适工具，清理轮胎花纹中夹杂的明显石子或异物。

（2）检查轮胎有无裂纹、缺损或鼓包；检查轮胎是否出现偏磨；检查轮胎型号是否相同，花纹是否一致；检查轮胎安装方向是否正确。

（3）检查平衡块是否缺失；检查轮辋是否变形。

（4）用游标卡尺或轮胎深度尺测量轮胎花纹深度，如图 5-26 所示。

图 5-26 测量轮胎花纹深度

资源 5-8 汽车底盘维护检查（举升中部）

（5）检查气门嘴位置是否居中，有无裂纹、破损。

（6）按照车门门框上的标记压力标准，用压力表测量轮胎压力，给压力不足的轮胎加气或压力过高的轮胎放气。

（7）按规定的拧紧力矩拧紧车轮螺栓（仅后鼓式制动车轮）。

注意：

①备胎要拆下检查。

②有钉子扎入的轮胎要征询意见后才能取出。

2）轮胎动平衡检测

完成此项作业，应首先准备所用工具设备，工具如图 5-27 ~ 图 5-31 所示。

资源 5-9 车轮动平衡

图 5-27 轮胎动平衡检测工具

图 5-28 车轮平衡机

图 5-29 轮胎拆装机

图 5-30 百分表

图 5-31 轮胎气压表

（1）检查轮胎气压，必须符合原厂的规定。如图 5-32 所示，用气压表检测并记录车轮位置，如图 5-33 所示，然后拆下车轮。

资源 5-10 拆卸车轮

图 5-32 检测气压

图 5-33 标记车轮位置

(2) 清洗被测车轮，去掉泥土、砂石，拆掉旧平衡块；

(3) 根据轮辋中心孔的大小选择锥套，如图 5-34 所示，将车轮安装于平衡机上（注意保护轴部），拧紧螺母，检查确保安装正确。

图 5-34 选择合适锥套

(4) 打开电源开关，检查指示装置是否指示正确，根据轮辋结构选择合适的平衡模式，如图 5-35 所示。

(5) 用平衡机上的测量臂，测量轮辋内缘、外侧参照点位置，采集值会自动输入到平衡机。

(6) 放下防护罩，按下"起动"键，开始测量，平衡机自动采集数据。

图 5-35 选择合适的平衡模式

(7) 当车轮自动停转后,从显示装置里读取车轮内外侧不平衡量和不平衡位置,如图 5-36 所示。

图 5-36 内外侧不平衡量和位置

(8) 抬起车轮防护罩,用手慢慢转动车轮,当显示装置发出指示(音响、指示灯亮、制动显示点或显示检测数据等)时停止转动。在轮辋的内侧或外侧的上部(平衡机凸起正上方,时钟十二点位置)应加装指示装置显示该侧的平衡块质量。内外侧要分别进行,平衡块装夹要牢固,若外侧平衡块为粘贴式,应用测量臂按平衡机提示位置粘贴,如图 5-37 所示。

图 5-37 粘贴平衡块

**注意**：应夹住平衡块的中间部位。

（9）重新起动平衡机，进行动平衡试验，直至动不平衡量<5 g，机器显示"00"或"OK"时为止，如图5-38所示；平衡后，如果平衡块重量内侧<50 g，外侧<80 g，总重量<115 g，则可以装车路试，否则应调整车轮。

图5-38 平衡后应显示"00"

（10）平衡后，取下车轮，关闭电源，测试结束。

3）调整车轮

（1）给轮胎放气后，在轮胎和轮辋上做好标记，如图5-39所示。

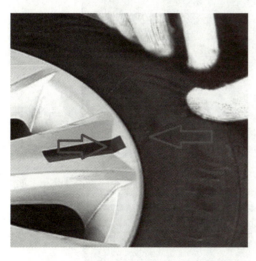

图5-39 在轮胎和轮辋上做好标记

资源5-11 车轮动平衡检查与调整

（2）用轮胎拆装机，分解轮胎，如图5-40所示。

（3）将轮胎沿轮辋顺时针方向，相对转1/2圈后，组装上轮胎。

（4）给轮胎充气后做动平衡检测，然后路试。

（5）若路试转向盘依然抖动，应重新分解开轮胎，将轮胎沿轮辋顺时针方向，相对再转1/4圈，然后再次进行动平衡和路试。

4）测量轮辋径向跳动量

若调整车轮后，依然不能排除故障或动平衡失败，应做轮辋径向跳动量测量。

图 5-40 分解轮胎

(1) 拆下轮胎。

(2) 检测轮辋内外侧跳动量,如图 5-41 所示,若大于 0.4 mm,应更换轮辋。

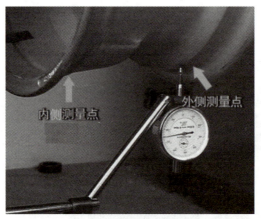

图 5-41 检测轮辋内外侧跳动量

(3) 若内外侧跳动量不超过极限值,则测量轮辋的动平衡,如图 5-42 所示。

图 5-42 轮辋动平衡检测

(4) 若轮辋的动平衡合格，则更换轮胎。若动平衡不合格，应更换轮辋。

## 项目 2　前减震器维修

**1. 项目说明**

在汽车维护和中间检查中发现汽车前减震器出现漏油情况。因此，应对减震器进行及时维修。根据东风雪铁龙爱丽舍汽车维修工艺和汽车维修标准，编制了本项目操作步骤和维修工艺。通过本项目的实施，能掌握前减震器故障的维修操作。

**2. 技术要求与标准**

（1）一个学员能在 90 min 内完成此项目。

（2）前减震器维修的技术标准如表 5-4 所示。

表 5-4　前减震器维修的技术标准

| 任务 | 标准 |
| --- | --- |
| 前减震器总成的固定螺栓 | 拧紧扭矩为（20±2）N·m |
| 转向节开口连接螺母 | 拧紧扭矩为（54±5）N·m |
| 前横向稳定杆连接杆螺母<br>减震器尼龙自锁螺母 | 拧紧扭矩为（45±5）N·m |
| 传动轴螺母 | 拧紧扭矩为（325±10）N·m |
| 减震器总成组装 | 确保弹簧与上下支座位置正确 |

**3. 设备器材**

（1）雪铁龙爱丽舍汽车一辆。

（2）雪铁龙爱丽舍前减震器专用检修工具一套。

（3）雪铁龙爱丽舍前减震器通用维修工具一套。

（4）雪铁龙爱丽舍前减震器维修包一套。

**4. 作业准备**

（1）准备一辆雪铁龙爱丽舍汽车。　　　　　　　　　　　□任务完成

（2）准备一套雪铁龙爱丽舍前减震器专用检修工具。　　　□任务完成

（3）准备一套雪铁龙爱丽舍前减震器通用维修工具。　　　□任务完成

（4）准备一套雪铁龙爱丽舍前减震器维修包。　　　　　　□任务完成

（5）准备记录单。　　　　　　　　　　　　　　　　　　□任务完成

**5. 操作步骤**

雪铁龙爱丽舍前减震器维修专用工具如图 5-43 所示。

1）拆卸

（1）准备。

①准备好拆装前减震器所用的通用工具和专用工具。

②车辆停放至举升机。

③打开发动机罩，安装上防护布。

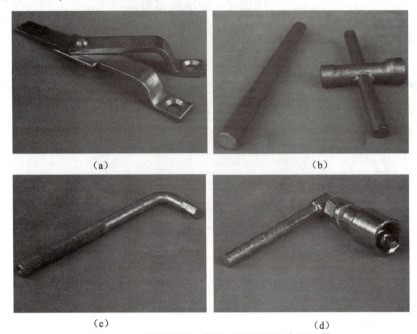

图 5-43　雪铁龙爱丽舍前减震器维修专用工具

(a) 轮毂固定工具 ZX 6310-T；(b) 传动轴螺母拆卸工具；
(c) 转向节口分离杠 ZX 9501-T.L；(d) 专用套筒

④拆下车轮装饰罩，如图 5-44 所示。

资源 5-12　拆卸车轮　　　　图 5-44　拆下车轮装饰罩

⑤松开前轮螺栓，如图 5-45 所示。

图 5-45 松开前轮螺栓

⑥举升车辆，使前轮离地，如图 5-46 所示。

图 5-46 举升车辆

（2）拆下前车轮。

①拧下车轮螺栓，卸下前车轮，如图 5-47 所示。

图 5-47 卸下前车轮

②举升车辆至合适高度，如图 5-48 所示。

图 5-48　举升车辆至合适高度

③拆下开口销，取下螺母盖，如图 5-49 所示。

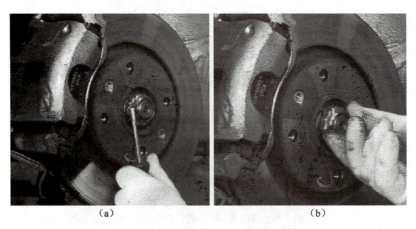

图 5-49　拆下开口销，取下螺母盖

(a) 拆下开口销；(b) 取下螺母盖

（3）敲松传动轴。

①安装轮毂固定工具，如图 5-50 所示。

图 5-50　安装轮毂固定工具

警告：禁止通过踩制动踏板进行拆卸

②拆卸传动轴螺母，如图5-51所示。

图5-51 拆卸传动轴螺母

③用橡胶锤敲击传动轴，使其松动，如图5-52所示。

图5-52 用橡胶锤敲击传动轴

（4）解开减震器锁扣。

减震器下端连接机件如图5-53所示。

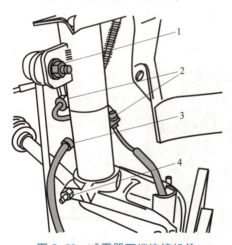

图5-53 减震器下端连接机件

1—横向稳定杆螺母；2—ABS传感器线束夹；
3—制动软管夹；4—转向节开口螺母

资源5-13 拆卸前减震器总成

①拧下稳定杆连接杆螺母,如图 5-54 所示,然后,将稳定杆连接杆置于一边。

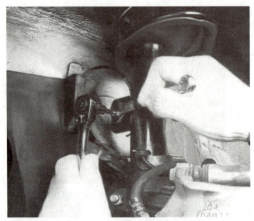

图 5-54　拧下稳定杆连接杆螺母

②松开 ABS 传感器线束、制动软管,拆下卡板,如图 5-55 所示。

图 5-55　拆下卡板

③拆下转向节开口连接螺母,如图 5-56 所示。

图 5-56　拆下转向节开口连接螺母

④将转向节口分离杆插入转向节开口，旋转1/4圈，撑开转向节开口，如图5-57所示。

图5-57 撑开转向节开口

⑤分离转向节与减震器，注意防止损伤波纹防护罩，如图5-58所示。

图5-58 分离转向节与减震器

（5）拆下减震器总成。
①拆卸减震器总成紧固螺栓，托住减震器，如图5-59所示。

图5-59 拆卸减震器总成紧固螺栓

②取出减震器总成,如图5-60所示,取出时要注意保持传动轴与差速器的连接状态。

图 5-60 取出减震器总成

(6)分解减震器总成。

分解减震器总成专用工具如图5-61所示。

图 5-61 分解减震器总成专用工具

1—弹簧压缩器;2—弹簧保持架

资源 5-14 分解与组装前减震器总成

①在台钳上组装专用工具,如图5-62所示。

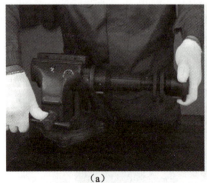
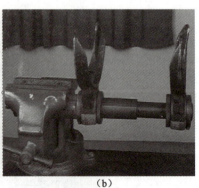

(a) (b)

图 5-62 组装专用工具

(a)装弹簧压缩器;(b)装弹簧保持架

②将减震器总成安装到夹具上,如图 5-63 所示,将螺旋弹簧完全压缩,使减震器可以自由转动。

**图 5-63 将减震器总成安装到夹具上**
(a) 将减震器总成安装到夹具上;(b) 压缩螺旋弹簧

**注意**:一定要将弹簧完全压缩后才可以开始减震器的分解。

③用专用工具拧下减震器头部螺母,如图 5-64 所示,依次取下头部各机件。

**图 5-64 拆下减震器头部螺母**

④取下减震器杆保护套和弹性挡块，如图5-65所示。

图5-65　取下减震器杆保护套和弹性挡块

⑤清洁分解后的各元件，如图5-66所示。

图5-66　清洁分解后的各元件

2）拆卸后检查与更换

（1）更换新减震器，并检查新减震器。压缩减震器，放开后确认能完全恢复原位。

（2）检查螺旋弹簧与弹簧座有无变形、裂纹和损坏；如果检测到故障，予以更换。

（3）检查减震器杆保护套有无老化、破损；如果发现故障，予以更换。

（4）检查弹性挡块及其他各元件有无变形、裂纹、损伤；如果检测到故障，予以更换。

3）安装

安装应注意以下方面：

（1）按照与拆卸相反的顺序进行安装。

（2）每次拆装都应更换所有自锁螺母。

（3）按规定扭矩拧紧固定螺栓。

①前减震器总成的固定螺栓拧紧扭矩为（20±2）N·m。

资源5-15　安装前减震器总成

②转向节开口连接螺母拧紧扭矩为（54±5）N·m。
③前横向稳定杆连接杆螺母、减震器尼龙自锁螺母，拧紧扭矩为（45±5）N·m。
④传动轴螺母拧紧扭矩为（325±10）N·m。
⑤车轮紧固螺栓拧紧扭矩为（90±10）N·m。
（4）组装减震器总成。
①正确安装弹簧的位置，如图5-67所示。

图5-67　正确安装弹簧

②减震器总成组装后，确保弹簧与上下支座位置正确，如图5-68所示。

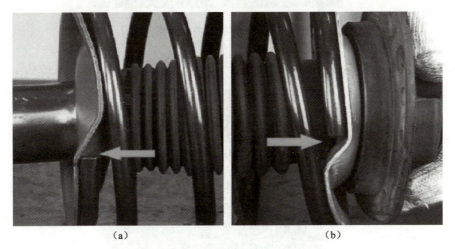

图5-68　弹簧与上下支座位置
（a）弹簧与上支座位置；（b）弹簧与下支座位置

（5）安装减震器总成。
①减震器上端定位销装入定位销孔，如图5-69所示。

图5-69 定位销插入定位销孔

②减震器上端螺栓位置应正确,如图5-70所示。

图5-70 上端螺栓位置

③转向节与减震器连接时应保证减震器与转向节的正确定位,如图5-71所示。

图5-71 减震器与转向节正确定位

**注意**:减震器下端的小凸点必须插入转向节的开口中。

## 项目 3　后减震器维修

**1. 项目说明**

在汽车维护和中间检查中发现汽车后减震器漏油，因此，应对后减震器进行及时更换。根据东风雪铁龙 C5 汽车维修工艺和汽车维修标准，编制了本项目操作步骤和维修工艺，通过本项目的实施，能掌握后减震器故障的维修作业。

**2. 技术要求与标准**

（1）一个学员能在 90 min 内完成此项目。
（2）后减震器维修的技术标准如表 5-5 所示。

表 5-5　后减震器维修的技术标准

| 后减震器上部吊耳螺母 | 拧紧扭矩为 65 N·m |
|---|---|
| 排气管夹螺母 | 拧紧扭矩为 25 N·m |
| 后减震器固定螺母 | 拧紧扭矩为 70 N·m |
| 车轮螺栓 | 拧紧扭矩为 90 N·m |
| 组装减震器时要求 | 上下吊耳螺栓安装孔轴线平行 |

**3. 设备器材**

（1）东风雪铁龙 C5 汽车一辆。
（2）东风雪铁龙 C5 后减震器专用检修工具一套。
（3）东风雪铁龙 C5 后减震器通用维修工具一套。
（4）东风雪铁龙 C5 后减震器维修包一套。

**4. 作业准备**

（1）准备一辆东风雪铁龙 C5 汽车。　　　　　　　　　　□任务完成
（2）准备一套东风雪铁龙 C5 后减震器专用检修工具。　　□任务完成
（3）准备一套东风雪铁龙 C5 后减震器通用维修工具。　　□任务完成
（4）准备一套东风雪铁龙 C5 后减震器维修包。　　　　　□任务完成
（5）准备记录单。　　　　　　　　　　　　　　　　　　□任务完成

**5. 操作步骤**

1）工具准备

更换东风雪铁龙 C5 后减震器所用维修工具如图 5-72 所示。

2）拆卸

（1）举升车辆前操作项目。
①将车辆停放到举升机上。
②打开行李箱盖，取出行李箱地毯，取下行李箱右侧的减震器堵盖。

资源 5-16　后减震器拆卸

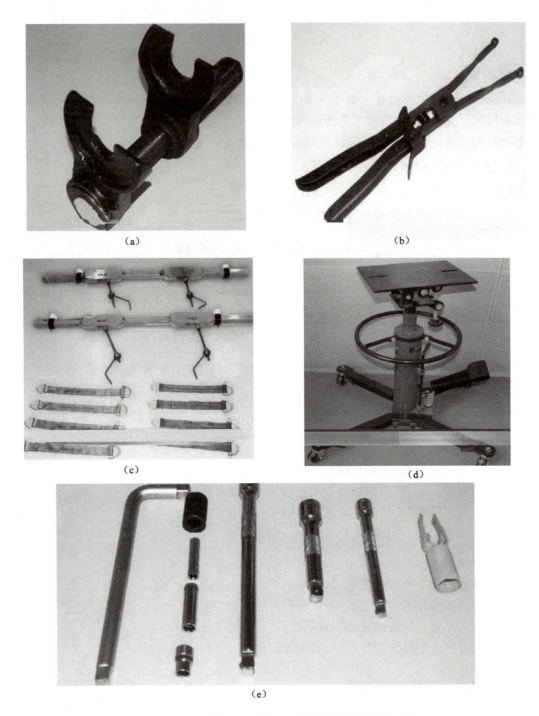

图 5-72 更换东风雪铁龙 C5 后减震器所用维修工具
(a) 悬架弹簧压紧工具；(b) 排气管夹钳；(c) 悬架压缩器套件；(d) 部件举升器；(e) 通用工具

③拆下右后减震器上端固定螺母，如图 5-73 所示。

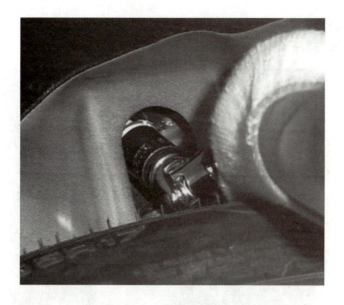

图 5-73 拆下右后减震器上端固定螺母

④拆下车轮螺栓装饰罩，如图 5-74 所示，拧松车轮螺栓。

图 5-74 拆下车轮螺栓装饰罩

⑤松开驻车制动。
（2）拆下车轮。
①举升车辆。
②拆下车轮。
（3）拆下右后减震器总成。

①再举升车辆到合适高度。
②取下右后减震器护罩，如图5-75所示。

图5-75 取下右后减震器护罩

③拆下右后减震器下端固定螺母，如图5-76所示。

图5-76 拆下右后减震器下端固定螺母

④下压后转向节，抽出右后减震器下端固定螺栓，如图5-77所示。

图 5-77 抽出右后减震器下端固定螺栓

⑤取出减震器上端固定螺栓和减震器总成,如图 5-78 所示。

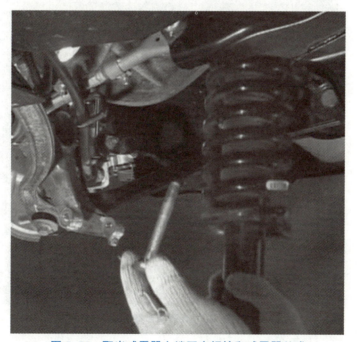

图 5-78 取出减震器上端固定螺栓和减震器总成

(4) 拆卸左右减震器总成。

①等发动机排气管冷却后,拆下排气管夹螺母和螺栓,如图 5-79 所示。

②用排气管夹钳松开排气管夹，如图 5-80 所示。

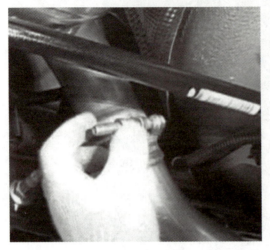
图 5-79　拆下排气管夹螺母和螺栓

图 5-80　松开排气管夹

③脱开消声器弹性吊耳，如图 5-81 所示。

图 5-81　脱开消声器弹性吊耳

④将部件举升器放置到消声器下适当位置，支撑住消声器，如图 5-82 所示。

图 5-82 支撑住消声器

⑤拆下左后减震器护罩。
⑥拆下左后减震器下端固定螺母。
⑦下压后转向节,抽出左后减震器下端固定螺栓。
⑧拆下左后减震器上端固定螺母。
⑨取出左后减震器上端固定螺栓和减震器总成。
(5)清洁并检查减震器总成。
3)分解减震器总成
(1)将弹簧压紧器固定到台钳上。
(2)将减震器总成夹装到弹簧压紧器上,注意确保弹簧安装到位,如图 5-83 所示。

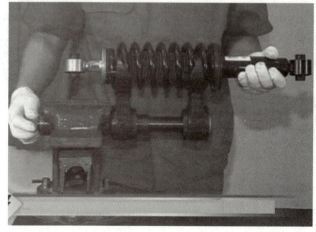

图 5-83 将减震器总成夹装到弹簧压紧器上

资源 5-17 后减震器分解与组装

**注意**:为避免造成人身伤害,悬架弹簧必须安装到位。

（3）最大限度压缩弹簧，用开口扳手拆下减震器上部环形吊耳，如图 5-84 所示。

图 5-84　拆下环形吊耳

（4）依次取下垫圈、上部腕形盖、减震器等机件。

4）清洁并检查分解后的各零件

（1）更换新减震器，并检查新减震器。压缩减震器，放开后，确认能完全恢复原位。

（2）检查螺旋弹簧与弹簧座有无变形、裂纹和损坏；如果检测到故障，予以更换。

（3）检查减震器保护罩有无老化、破损，发现故障，予以更换。

5）组装与安装

组装与安装应注意以下方面：

（1）按照与拆卸及分解相反的顺序进行安装。

（2）每次拆装都应更换所有自锁螺母。

（3）按规定扭矩拧紧固定螺栓。

①减震器上部环形吊耳，拧紧扭矩为 65 N·m。

②排气管夹螺母，拧紧扭矩为 25 N·m。

③后减震器固定螺母，拧紧扭矩为 70 N·m。

④车轮螺栓，拧紧扭矩为 90 N·m。

（4）组装减震器总成。

确保减震器上下吊耳螺栓安装孔轴线平行，如图 5-85 所示。

（5）在四柱举升机上将后悬架设置到参考高度后，方可按规定扭矩拧紧后减震器固定螺母。

（6）工作完成后应检查驻车制动，检查车轮传感器线束是否连接正确。

资源 5-18　后减震器的安装

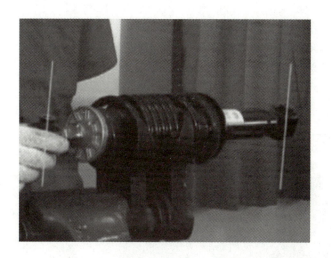

图 5-85 上下吊耳螺栓安装孔相对位置

## 项目 4　后悬架纵臂维修

**1. 项目说明**

汽车维护和中间检查中发现汽车后悬架纵臂挠性支撑损坏，因此，应对后悬架纵臂进行维修。根据东风雪铁龙 C5 汽车维修工艺和汽车维修标准，编制了本项目操作步骤和维修工艺，通过本项目的实施，能掌握后悬架纵臂故障的维修作业。

**2. 技术要求与标准**

（1）一个学员能在 90 min 内完成此项目。

（2）后悬架纵臂维修的技术标准如表 5-6 所示。

表 5-6　后悬架纵臂维修的技术标准

| 后悬架纵臂与后转向节螺母 | 拧紧扭矩为 70 N·m |
| --- | --- |
| 后悬架纵臂与车身连接螺母 | 拧紧扭矩为 33 N·m，拧紧角度 150° |
| 后减震器固定螺母 | 拧紧扭矩为 70 N·m |
| 车轮螺栓 | 拧紧扭矩为 90 N·m |
| 后轮中心线与后桥总成安装面距离 | 距离为 （111±1） mm |

**3. 设备器材**

（1）东风雪铁龙 C5 汽车一辆。

（2）东风雪铁龙 C5 后悬架纵臂专用检修工具一套。

（3）东风雪铁龙 C5 后悬架纵臂通用维修工具一套。

（4）东风雪铁龙 C5 后悬架纵臂维修包一套。

**4. 作业准备**

（1）准备一辆东风雪铁龙 C5 汽车。　　　　　　　　　　　　　□任务完成

（2）准备一套东风雪铁龙 C5 后悬架纵臂专用检修工具。　　　□任务完成

（3）准备一套东风雪铁龙 C5 后悬架纵臂通用维修工具。　　□任务完成

（4）准备一套东风雪铁龙 C5 后悬架纵臂维修包。　　　　□任务完成

（5）准备记录单。　　　　　　　　　　　　　　　　　　□任务完成

**5. 操作步骤**

1）工具准备

东风雪铁龙 C5 后悬架纵臂维修工具如图 5-86 所示。

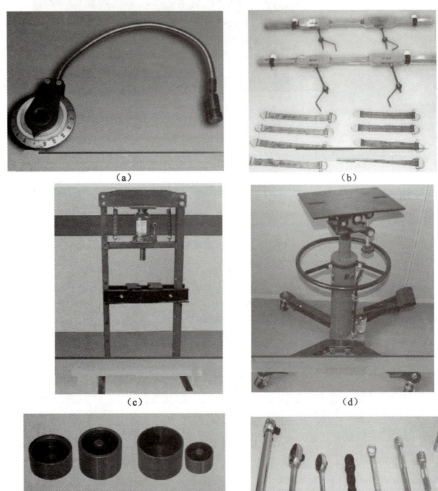

**图 5-86　东风雪铁龙 C5 后悬架纵臂维修工具**

(a) 角度拧紧工具；(b) 悬架压缩器套件；(c) 压力机；(d) 部件举升器；
(e) 后悬架纵臂挠性支撑拆装工具；(f) 通用工具

资源 5-19　后悬架
纵臂拆卸

2）拆卸

（1）举升车辆前操作项目。

①将车辆停放到双柱举升机上。
②拆下车轮螺栓装饰罩,拧松车轮螺栓。
③松开驻车制动。
(2) 拆下后车轮。
①举升车辆。
②拆下后车轮。
(3) 分离后转向节与后减震器。
①再举升车辆到合适高度。
②拆下油箱护板。
③取下减震器护罩。
④拆下右后减震器下端固定螺母,下压后转向节,抽出右后减震器下端固定螺栓,分离后转向节与后减震器。
(4) 拆下后悬架纵臂。
①在后转向节下放置部件举升器,抬升部件举升器,如图5-87所示。
②抬升部件举升器,压缩悬架,直到限位块接触到后悬架上臂,如图5-88所示。

图 5-87　放置部件举升器

图 5-88　用部件举升器压缩悬架

③拆下纵臂转向节侧和车身侧固定螺栓,如图5-89所示。

图 5-89　拆下纵臂两侧固定螺栓

④取下后悬架纵臂,如图5-90所示。

图 5-90 取下后悬架纵臂

3）挠性支撑更换

（1）包上防护件，把纵臂夹装到台钳上。

（2）组装上挠性支撑拆装工具，然后缓慢拧紧螺栓，如图 5-91 所示。

（3）取下拆装工具和转向节侧挠性支撑，如图 5-92 所示。

资源 5-20 后悬架纵臂挠性支撑更换

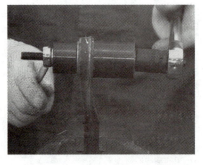

图 5-91 组装上挠性支撑拆装工具并缓慢拧紧螺栓

图 5-92 取下拆装工具和转向节侧挠性支撑

（4）更换新的转向节侧挠性支撑，安装时，定心环需朝向转向节侧，如图 5-93 所示。

（5）在压力机上拆卸纵臂车身侧挠性支撑，安置好挠性支撑拆装工具，缓慢压出挠性支撑，如图 5-94 所示，取下专用工具，取出挠性支撑。

图 5-93 转向节侧挠性支撑方向

图 5-94 压出挠性支撑

（6）安装时，应对正挠性支撑与纵臂的标记、对正支撑套筒与纵臂之间的标记，如图 5-95 所示。

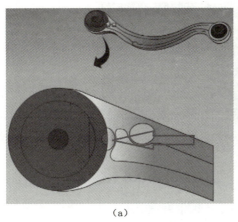 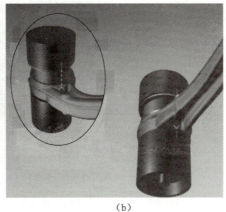

(a) （b）

图 5-95 对正安装标记

（a）对正挠性支撑与纵臂的标记；（b）对正支撑套筒与纵臂之间的标记

（7）用压力机将挠性支撑压装到位，如图 5-96 所示。
（8）取下专用工具，与纵臂的装配面间隙应小于 1 mm，如图 5-97 所示。

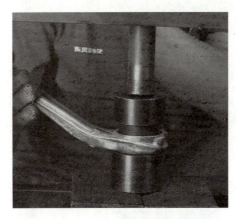 

图 5-96 用压力机将挠性支撑压装到位　　　　图 5-97 间隙

4）安装

安装应注意以下方面：

（1）按照与拆卸及分解相反的顺序进行安装。
（2）每次拆装都应更换所有自锁螺母。
（3）按规定扭矩拧紧固定螺栓。

①后悬架纵臂与后转向节螺母，拧紧扭矩为 70 N·m。
②后悬架纵臂与车身连接螺母，拧紧扭矩为 33 N·m，拧紧角度 150°。
③后减震器固定螺母，拧紧扭矩为 70 N·m。
④车轮螺栓，拧紧扭矩为 90 N·m。

（4）安装后悬架纵臂。

资源 5-21 后悬架纵臂安装

①使定心环固定到后转向节上,如图5-98所示,先拧入转向节处固定螺栓,再拧入车身处固定螺栓。

图5-98　定心环固定到后转向节上

**注意:**悬架纵臂通过一个定心环固定在后转向节上。

②拧紧纵臂紧固螺母前,使用部件举升器、车身高度尺,保证后轮中心线与后桥总成安装面距离为111±1 mm,如图5-99所示。

图5-99　后轮中心线与后桥总成安装面距离要求

③后悬架纵臂与车身连接螺母,预紧33 N·m,拧紧角度150°,如图5-100所示。

图5-100　拧紧后悬架纵臂与车身连接螺母

（5）在四柱举升机上将后悬架设置到参考高度后，方可按规定扭矩拧紧后悬架纵臂固定螺母、后减震器固定螺母。

（6）工作完成后应检查车轮定位和调整后轮前束。

## 项目 5　四轮定位检测与调整

### 1. 项目说明

出现轮胎异常磨损、汽车跑偏等汽车异常运行情况，以及汽车悬架与车桥拆装维修后，应进行四轮定位操作。本项目以战神四轮定位仪对东风雪铁龙 C5 汽车四轮定位检测与调整为例，按四轮定位仪使用手册操作要求，编制了操作步骤和调整方法，通过本项目的实施，能掌握四轮定位检测与调整作业。

### 2. 技术要求与标准

（1）一个学员能在 60 min 内完成此项目。

（2）四轮定位检测与调整的技术标准如表 5-7 所示。

表 5-7　四轮定位检测与调整的技术标准

| 轮辋直径 | 17 in① | 前轮外倾角 | $-0°54'\sim+0°06'$ |
|---|---|---|---|
| 前轮距 | 1 584 mm | 前主销后倾角 | $+3°41'\sim+4°41'$ |
| 后轮距 | 1 551 mm | 前主销内倾角 | $+15°06'\sim+16°06'$ |
| 轴距 | 2 815 mm | 后轮前束 | $+3.00\sim5.00$ mm |
| 前轮前束 | $0.00\sim2.00$ mm | 后轮外倾角 | $-2°30'\sim-1°30'$ |

### 3. 设备器材

（1）东风雪铁龙 C5 汽车一辆。

（2）四轮定位仪一台。

（3）车身高度调整专用工具一套。

（4）车轮平衡和车轮调整工具一套。

### 4. 作业准备

（1）准备一辆东风雪铁龙 C5 汽车。　　　　　　　　　　　　□任务完成

（2）准备一台四轮定位仪。　　　　　　　　　　　　　　　　□任务完成

（3）准备一套车身高度调整专用工具。　　　　　　　　　　　□任务完成

（4）准备一套车轮平衡和车轮调整工具。　　　　　　　　　　□任务完成

（5）准备记录单。　　　　　　　　　　　　　　　　　　　　□任务完成

### 5. 操作步骤

车辆经过车轮平衡检测后，停至四柱举升机上，使用车轮定心工具、车身高度尺、悬架压缩器将悬架压缩到参考高度，然后再进行以下操作。

---

① 英寸，1 in = 2.54 cm。

(1) 开启四轮检查仪电脑主机,进入系统主界面,如图 5-101 所示。

资源 5-22　车桥参数　　　　　　　　　图 5-101　系统主界面

(2) 选择雪铁龙品牌,进入 C5 车系,输入车型号、版本号,如图 5-102 所示。

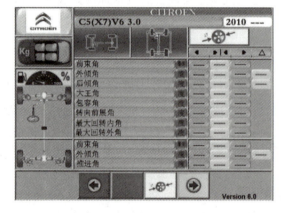

资源 5-23　车桥参数调整工具　　　　　图 5-102　进入 C5 车系

(3) 修改车辆参数,如图 5-103 所示,C5 可调参数为前后轮前束角,其他参数不可调,完成后保存参数。

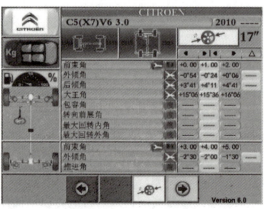

资源 5-24　车桥参数及调整设置参考高度　　图 5-103　修改车辆参数

（4）重新进入该车型检测界面，如图5-104所示。

图5-104 重新进入该车型检测界面

资源5-25 车桥参数检查调整

（5）安装四个车轮的夹具和传感器，如图5-105所示，然后根据提示，起动传感器。

（6）锁止制动踏板，如图5-106所示。

图5-105 安装四个车轮的夹具和传感器

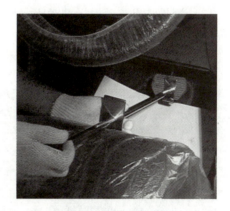

图5-106 锁止制动踏板

（7）转正转向盘，如图5-107所示。

（8）调整传感器水平，如图5-108所示。

图5-107 转正转向盘

图5-108 调整传感器水平

（9）达到水平后，四轮定位仪开始自动测量，如图 5-109 所示。

（10）根据指示，转动转向盘，如图 5-110 所示。

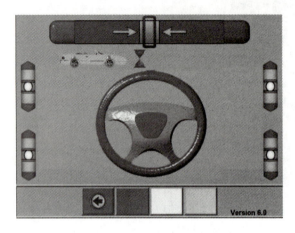
图 5-109　四轮定位仪开始自动测量

图 5-110　根据指示，转动转向盘

（11）测量完成后，四轮定位仪显示出定位数据，如图 5-111 所示。

（12）测量结果与预设标准对比，找出应调整的参数。

（13）进入四轮定位调整界面。

（14）锁正转向盘，如图 5-112 所示。

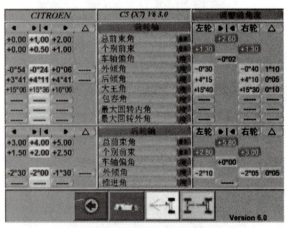
图 5-111　四轮定位仪显示出定位数据

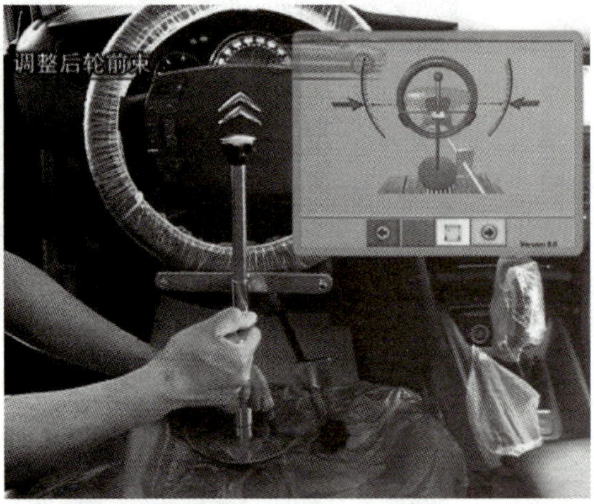

图 5-112　锁正转向盘

（15）进入后轮调整界面，如图 5-113 所示，调整后轮前束。

（16）举升车辆至合适高度，从后轮前束调节拉杆上分开驻车制动拉索导管，如图 5-114 所示。

（17）拧松前束调节拉杆的锁止杆螺栓，如图 5-115 所示。

图 5-113 进入后轮调整界面

图 5-114 分开驻车制动拉索导管

（18）将前束调节杆左右旋转，使之升长或缩短，调节每一边的前束值到规定值，如图 5-116 所示。然后，拧紧转向节拉杆锁止螺栓，规定扭矩为 10 N·m，固定驻车制动拉索导管，调整完成后需使后桥参数在规定范围内，再调整前轮前束。

图 5-115 拧松前束调节拉杆的锁止杆螺栓

图 5-116 调节前束值到规定值

（19）拧松横拉杆端头锁紧螺母，旋转齿条接头，调整左右车轮前束值至规定值 0.5 mm，然后拧紧横拉杆端头的锁紧螺母，如图 5-117 所示。

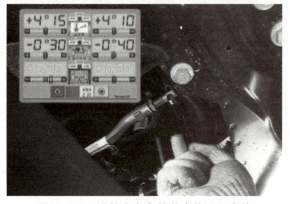

图 5-117 调整左右车轮前束值至规定值

（20）调整完成后，确定前后轮调整数据无误，保存并打印调整结果，退回到四轮定位主界面，关闭电脑主机。

（21）取下悬架压缩装置，安装发动机下护板，降下车辆。

（22）取下车轮定位仪传感器，拆下夹具，取出转向盘锁止工具和制动踏板锁止工具。结束后，进行路试，车辆应正常运行，无跑偏、转向盘不正等现象。

## 三、学习评价

### （一）理论知识

**1. 自评自测**

评测

**2. 思考**

（1）简述分析车轮定位各参数对车辆行驶的影响。

（2）前轮前束作用是什么？怎么调整？

（3）轮胎换位的目的是什么？如何换位？

### （二）技能操作（见工单册）

## 四、拓展学习（详见"拓展学习二维码"）

重型货车行驶系统的维护与调整（以解放 CA1208P 货车悬架为例）。

拓展学习

# 学习任务 6
## 转向系统检修

一辆行驶 4 万公里的轿车，配备手动变速器，客户反映在驾驶中感觉转向沉重、发抖，需对转向系统进行维护与检修。

根据维修手册，正确选用工具对转向系统部件进行检查与调整，安全规范地进行转向系统零部件的更换。

通过本任务学习，应能够：

（1）按轿车保养规范对转向系统进行正确的维护。

（2）对转向沉重、发抖等现象进行正确判断及检修。

（3）根据维修手册，正确选用工具对转向系统部件进行检查与调整，安全规范地进行转向系统零部件的更换。

## 一、知识准备

### （一）转向系统维护

**1. 转向系统的常规检查**

（1）在汽车保持直线行驶状态下检查转向盘的游隙是否恰当，是否有"咔嗒"声。

（2）检查螺栓及螺母是否扭紧，如松动要按规定力矩重新扭紧。如有损伤部件，应维修或更换。

（3）检查转向杆是否松动和损坏，如有损伤部件应维修或更换。

（4）检查转向杆保护罩和转向齿轮箱罩是否有损坏（泄漏、脱开、撕裂等），如发现有损坏，应更换新罩。

（5）检查转向轴、万向节是否有"咔嗒"声和损坏，如有"咔嗒"声和损坏，应更换新部件。

（6）检查转向盘是否能左右转向自如，能否自动回位。如转动不良，应维修或更换。

（7）检查转向盘是否校准。

（8）检查助力转向泵工作情况。

**2. 转向器的调整**

转向器总成经拆装后或在安装了新转向器总成后,应对其进行调整。调整按以下步骤进行:

(1) 使车轮位于直线行驶位置。

(2) 将自锁调整螺钉小心地拧进约 20°。

(3) 进行道路试验。

(4) 转向器如能自行回到直线位置,则把调整螺钉拧松一点。

(5) 若转向器还有间隙,则将调整螺钉拧紧一点。

**3. 检查转向盘自由行程**

(1) 将前轮摆正,在转向盘周边加 5 N 的力。

(2) 向左右方向轻轻转动转向盘,测量转向盘行程,标准自由行程为 0~30 mm。

(3) 如果自由行程大于标准值,应检查转向轴的连接部位和横拉杆球头的间隙。

图 6-1 所示为检测转向盘自由行程所用的转向参数测量仪。

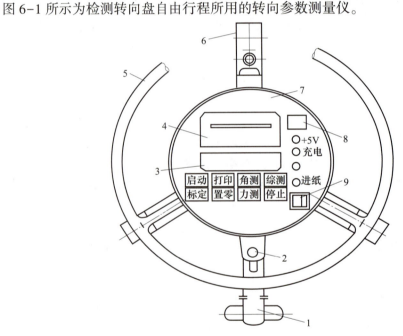

图 6-1 检测转向盘自由行程所用的转向参数测量仪

1—固定杆;2—固定螺栓;3—显示器;4—打印机;
5—操纵盘;6—连接叉;7—主轴箱;8—电压表;9—电源开关

**4. 检查转向角度**

(1) 将前轮置于转角盘上,检查车轮转向角。最大转向时,内侧车轮转向角标准值为 40.7°±2°,外侧车轮转向角标准值为 32.4°。

(2) 若超出标准值,进行前束调整后再测量转向角。

**5. 检查转向盘自动回位**

(1) 检查转向盘回正力时,无论快慢转动转向盘,左右两侧的回正力都应相同。

(2) 车速在 23~30 km/h 时打转向盘 90°,保持 1~2 s 后,放松后转向盘应回到 70°以上的位置,如果快速转动转向盘时可能在瞬间感到转向盘沉重,不属于故障。

**6. 检查横拉杆球头预紧力**

(1) 使用专用工具拆下转向横拉杆和转向节。

(2) 将球头销转动几次后，检查螺母预紧力。

(3) 规定预紧力为 0.5~2.5 N·m，如超过应更换横拉杆球头。

**7. 动力转向油**

使用规定动力转向油。转向助力泵储油罐如图 6-2 所示。

图 6-2 转向助力泵储油罐

1) 检查油面高度

(1) 将车辆停放在平坦地面。

(2) 起动发动机，空挡状态下转动转向盘数次，使转向油温度上升到 50℃~60℃。

(3) 在发动机怠速状态下数次转动转向盘至左右极限位置。

(4) 检查储油罐的转向油是否有泡沫或混浊。

(5) 检查发动机起动后和停止后的储油罐油面差，如果油面差超过 5 mm 应进行排气，熄火后如液面迅速上升说明放气不彻底；如果系统内有空气，助力泵和控制阀会发出噪声，这将降低油泵性能。

2) 更换转向油的方法

(1) 用千斤顶支起前轮，车下放支撑凳或用举升器将车辆举升。

(2) 从储油罐上拆下回油管，用塞子堵住储油罐。

(3) 将回油管插到适当的容器中。

(4) 拆开发动机高压线，起动电动机的同时反复转动转向盘到极限位置。

(5) 待转向油放尽后连接回油管，用卡子固定牢靠，储油罐内加入规定型号为 PSF-3 的动力转向油，容量约为 1 L。

(6) 进行转向系统放气。

3) 起动时转向系统放气的方法

(1) 拆开发动机高压线分几次起动发动机，同时转动转向盘到极限位置 5~6 次（15~20 s），此时观察储油罐中的油面，不能下降到储液罐内过滤器下端，应随时加转向油。如果在怠速状态下放气，有可能空气被油吸收，因此在起动时进行放气。

(2) 插好高压线后起动发动机。

(3) 左右转动转向盘，直到储油罐内无气泡，转向盘在极限位置不要超过 10 s。

（4）检查转向油是否混浊，油面高度是否高于规定值。

（5）左右转动转向盘时，确定油面高度无变化，如果有变化应重新放气，发动机熄火时油面突然上升，表明系统内有空气。如果系统内有空气，从助力泵可以听到噪声，控制阀也发出异常噪声。

**注意**：储油罐内没有动力转向油时，请不要起动发动机；补充动力转向油时，防止进入灰尘；动力转向油过少时，转向盘可能转动不顺畅并有异常声音；使用不符合规格的动力转向油，会降低转向器的性能并导致内部装置损坏。

4）动力转向油管

检查动力转向油管接头是否漏油、破裂、磨损、扭曲等。

### 8. 动力转向系统的密封性检查

动力转向系统密封性的检查应在热车时进行，按以下步骤进行检查：

（1）将转向盘快速向左、右两侧转至极限位置，并保持不动，此时可使系统内压力达到最大值。

（2）目测检查转向控制阀、齿条密封、叶片泵（转向助力泵）。油管接头是否有漏油现象，如有渗漏则应更换密封件。

（3）检查储油罐中是否缺少动力转向油。如缺少，应检查动力转向系统的密封性是否完好。

（4）如果动力转向器壳体中的齿轮齿条密封件不密封，动力转向油可能流入波纹管套里，此时，应拆开转向机构，更换所有密封环。

（5）检查动力转向系统的油管接头处是否有渗漏现象，如有应查明原因并重新接好。

### 9. 转向助力泵的压力检查

（1）拆下叶片泵的压力管。

（2）将管接头 VAG1402/1A 接到叶片泵上，将检查仪器 VAG1402 和管接头 VAG1402/2 连接好。

（3）起动发动机，观察储油罐内的液位，必要时添加动力转向油。

（4）使发动机怠速运转，关闭阀门并读取压力值，该压力值应在 8.5~9.5 MPa 范围内。

（5）如果该压力值超过了规定位，则必须更换叶片泵。

## （二）转向系统检修

### 1. 转向盘就车检查与维修

1）转向盘安装情况检查

（1）检查转向齿轮总成、前悬架总成、车桥和转向柱总成的安装情况。

（2）当转向盘上下、左右和轴向移动时，检查其是否存在移动，正常转向盘轴端间隙应为 0 mm。

（3）对转向机总成固定螺栓和螺母进行检查，测试其是否松动。

2）检查转向盘自由行程

（1）转动转向盘，使前轮处于笔直向前的位置。起动发动机，并稍微左右转动转向盘直至前轮开始移动。测量转向盘在外圆上的移动，转

资源 6-1  转向盘自由行程测量

盘自由行程规定的数据范围：0~35 mm。

（2）当测量值超过标准值时，检查转向柱各个接头的间隙和转向机总成的安装情况。

3）检查转向盘是否处在中间位置

（1）确认转向机总成、转向柱总成和转向盘的方向是否正确安装。

（2）先对车轮定位，然后执行中间位置检查。

（3）将汽车朝前笔直停好，确认转向盘处在中间位置。

（4）松开外套筒锁紧螺母并左右转动纵拉杆进行微调，检查转向盘是否在中间位置。

4）检查转向盘转向力的大小

（1）将车辆停放在水平干燥的地面上，将驻车制动手柄拉起。

（2）发动机点火。

（3）将转向盘从中间位置转过360°，在此位置检查转向盘转向力的大小。转向盘转向力应小于 36 N。

（4）如果转向盘转向力超出规定值，则参考转向机总成中的小齿轮旋转扭矩。如图 6-3 所示为转向盘转向力矩测试。

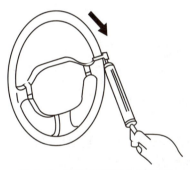

图 6-3　转向盘转向力矩测试

5）检查前轮转向角

（1）在前轮前束检查后，检查前轮转向角。

检查方法如下：

①将前轮放置在转向半径规上，将后轮放在支架上，如图 6-4 所示。

②检查左右车轮的最大内外车轮转向角。

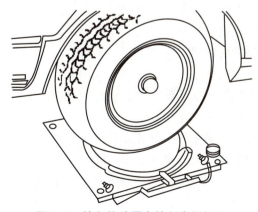

图 6-4　转向轮放置在转向半径规上

（2）发动机处在怠速状态时，转向盘左右转动到极限位置测量转向角，如图6-5所示，内外轮转向角参数标准如表6-1所示。

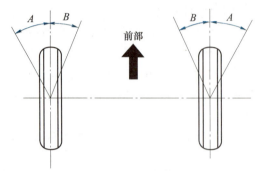

图6-5 转向轮角度测量示意图

表6-1 内外轮转向角参数标准

| 内轮（角度：A） | 最小 | 35° |
| --- | --- | --- |
|  | 标准 | 38° |
|  | 最大 | 39° |
| 外轮（角度：B） |  | 33° |

（3）如果前轮转向角度超过规定值，要测量齿条行程。齿条行程"L"标准数据：65.0 mm。

（4）解体转向机总成检查导致齿条行程超出标准的原因。

（5）转向角不可调整。如果有转向角与规定值不符，请检查转向机总成、转向柱总成和前悬架零部件是否磨损或损坏。如果有任何不符合厂家维修资料规定的情况，要进行更换。

6）转向盘拆卸和安装

（1）拆卸。

拆卸时应注意：重新连接螺旋电缆时，用胶带固定电缆，使固定销和旋转部分对齐。这样将在安装螺旋电缆时忽略中间位置对齐这一步骤。

①将汽车停放时，使车身笔直向前。

②从转向盘中间拆卸驾驶员安全气囊模块。

③转向锁定后拆卸转向盘锁止螺母。

④使用转向盘拔具拆卸转向盘。

（2）安装。

按照与拆卸相反的步骤进行安装转向盘，注意事项如下：

①空挡位置设置。

轻轻地按照顺时针将螺旋电缆转到终止位置。然后将其逆时针旋转（约两圈半），并在与限位器插入孔位置相同的时候停止转动，如图6-6所示。维修件安装在限位器旁的空挡位置，并且在限位器拆卸后无须调节。勿随意转动螺旋电缆，不要过度转动，否则可能导致线缆断开。

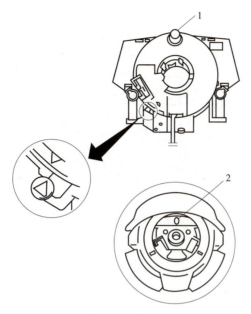

图 6-6 转向盘空挡位置设置图

1—螺旋电缆固定销钉；2—转向柱固定销孔

②调整螺旋电缆固定销钉，使之与转向柱固定销孔对齐。

**2. 转向柱检修**

1）就车拆卸转向柱

拆卸前准备工作：举起车辆，前轮悬空，将转向盘放在中间位置，断开蓄电池负极。转向柱结构如图 6-7 所示。

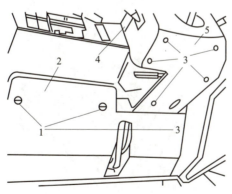

图 6-7 转向柱结构

1，3—螺钉；2—下挡板；4—上护板；5—下护板

（1）从转向盘上拆卸转向盘装饰盖。

（2）旋转螺钉 1 1/4 圈，拆下下挡板 2。

（3）拆下螺钉 3，拆下转向柱上护板 4 和下护板 5。

（4）拆下通风管。

（5）如图 6-8 所示，将转向柱置于最低位置，断开插接器 1、2、3，将转向柱置于最高位置。

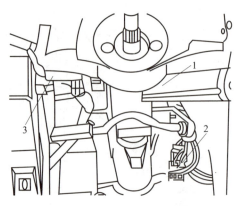

图 6-8　转向柱上插接器示意图

1，2，3—插接器

（6）松开卡子。

（7）取下隔套，将转向柱拆下。

2）安装转向柱

按拆卸相反的顺序进行安装。

同时要注意检查转向盘辐条的角度是否正确。

3）转向柱调整

转向柱的调整步骤如下：

（1）松开转向柱。

（2）如图 6-9 所示，拧松调整螺母，调整其位置使转向柱能沿滑槽自由移动。

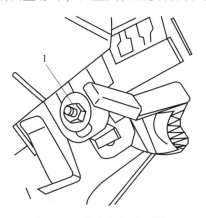

图 6-9　转向柱调整螺母

1—调整螺母

（3）拧紧螺母。

（4）检查转向柱的锁止性能，如有问题，重复上述操作步骤。

**3．机械转向器检修**

机械转向器检修需用到转向横拉杆拆卸扳手及卡钳等专用工具，如图 6-10 和图 6-11 所示。

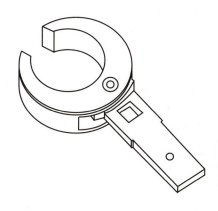

图 6-10 转向横拉杆拆卸扳手

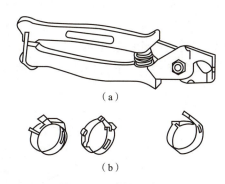

图 6-11 卡钳和卡箍

(a) 卡钳；(b) 卡箍

1) 拆卸转向器

拆卸步骤如下：

（1）用卡钳拆下卡箍，如图 6-11 所示，拆下齿条防尘套。

（2）如图 6-12 所示，测量 $L1$ 和 $L2$ 的距离是否与齿条的两极限端距离相等，将齿条置于中间点。

$$中间点 = (L1+L2)/2$$

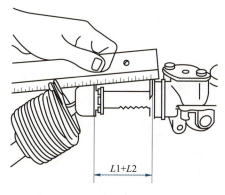

图 6-12 确定齿条中间点示意图

资源 6-2 转向器检修

（3）按顺序拆卸下列部件：螺栓、法兰（油封）、弹簧、齿条推杆、调整垫片、固定螺栓。

（4）用螺丝刀松开锁紧垫圈。

（5）用专用工具拆卸下列零部件，具体步骤如下：

①用扁平扳手固定齿条，拆卸转向横拉杆，如图 6-13 所示。

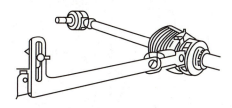

图 6-13 拆卸转向横拉杆

②取下平垫圈。
③拆下锁紧垫圈。
④拆下转向齿轮的防尘罩。

(6) 如图 6-14 所示，拆卸固定转向齿轮的卡环。

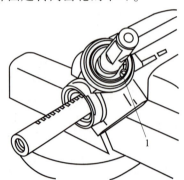

图 6-14　拆卸固定转向齿轮的卡环
1—卡环

(7) 如图 6-15 所示，拆下转向齿轮。

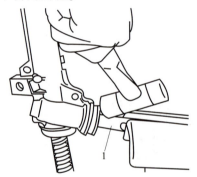

图 6-15　拆下转向齿轮
1—转向齿轮

**注意**：仔细标注齿轮相对于齿条本身的角度位置。

(8) 拆下齿条。

(9) 拆卸下列零部件：垫圈、卡环，如图 6-16 所示。

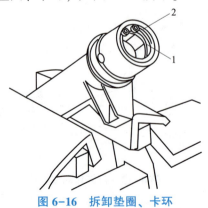

图 6-16　拆卸垫圈、卡环
1—垫圈；2—卡环

拆卸轴承座（从里面顶出），如图6-17所示。

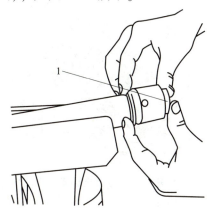

图6-17 拆卸轴承座

1—轴承座

2）安装机械转向器

机械转向器安装步骤如下：

（1）手工安装垫圈、卡环。

（2）将齿条涂G6润滑脂。

（3）将齿条置于中间点。

（4）按拆卸时做的标记装上转向齿轮。

（5）用手装好卡环。

（6）安装防尘罩。

（7）调节转向器的齿条推杆间隙，具体步骤如下：

①拆卸螺栓，如图6-18所示。

②拿下法兰盘，如图6-18所示。

③取下整垫片。

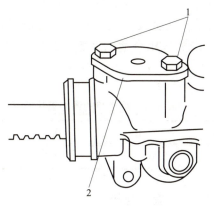

图6-18 拆卸螺栓、法兰盘

1—螺栓；2—法兰盘

④将百分表固定在支架上，将百分表和百分表支架的总成固定在转向器壳体上（无调整垫片），如图6-19所示。调节齿条推杆间隙所用的专用工具如图6-20、图6-21所示。

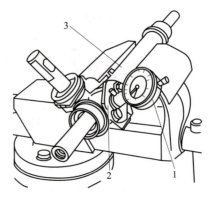

图 6-19 百分表、百分表支架安装在转向器壳体上

1—百分表；2—百分表支架；3—转向器壳体

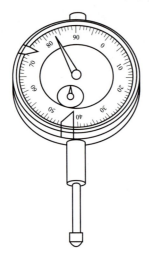

图 6-20 百分表

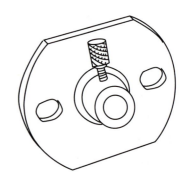

图 6-21 百分表支架

**注意**：因制造原因，最小间隙位于齿条的中间位置。

将齿条沿压杆方向用力推，直至限位块位置，然后测量最小间隙值（在转向器中间位置，间隙应为 0.01~0.06 mm），选用合适的调整垫片以达到规定间隙值。可选用的调整垫片厚度如表 6-2 所示。

表 6-2 可选用的调整垫片厚度　　　　　　　　　　　　　　　　　　　　mm

| 0.10 | 0.12 | 0.15 | 0.18 | 0.20 | 0.30 |
| --- | --- | --- | --- | --- | --- |
| 0.40 | 0.50 | 0.60 | 0.70 | 0.80 | 1.20 |

⑤按顺序安装调整垫片、法兰盘及螺栓。

（8）安装下列部件：

①齿条推杆、弹簧和调节垫片。

②放置好环形油封，防止漏油。

③装好法兰盘。

④扭紧螺栓至 12 N·m。
⑤拧紧转向横拉杆的球头销至 60 N·m。

**注意**：用扁平扳手旋转固定齿杆，装上齿条防尘套；用卡钳装上卡箍。

#### 4. 助力转向器检修

拆卸助力转向器的专用工具如图 6-22、图 6-23 及图 6-24 所示：

图 6-22　转向横拉杆拆卸扳手

资源 6-3　动力转向系统工作

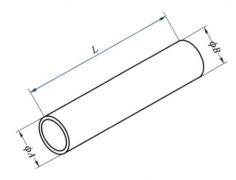

图 6-23　套管 1

$L=100$ mm，$\phi A=20$ mm，$\phi B=21.5$ mm

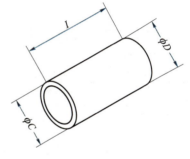

图 6-24　套管 2

$l=50$ mm，$\phi C=22.5$ mm，$\phi D=24.5$ mm

1）拆卸助力转向器

拆卸步骤：

（1）拆转向器。

（2）如图 6-25 所示，测量 $L1$ 和 $L2$ 的距离是否与齿条的两端位置相符，将齿条置于中间点。

中间点 =（$L1+L2$）/2

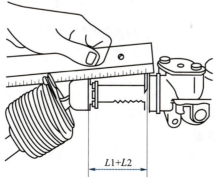

图 6-25　确定齿条中间点示意图

(3)在拆卸分配阀前精确标记齿轮相对于分配阀的角度位置。
(4)拆卸固定分配阀的螺栓。
(5)取下分配阀,如图6-26所示。

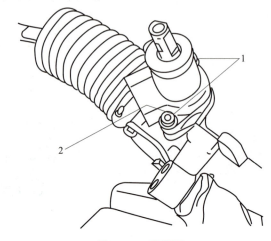

图6-26 分配阀
1—螺栓;2—分配阀

(6)按顺序拆卸下列部件:螺栓、法兰盘(环形油封)、调整垫片、弹簧、齿条推杆、紧固件、助力推杆。

如图6-27所示为法兰盘固定螺栓与紧固件。

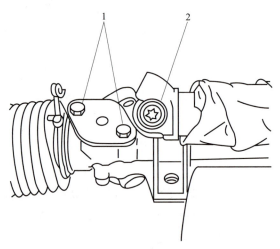

图6-27 法兰盘固定螺栓与紧固件
1—螺栓;2—紧固件

(7)拆卸齿条防尘罩。
(8)用螺丝刀拆球头销的橡胶保护套。
(9)用螺丝刀拆锁紧垫圈。
(10)用扁平扳手固定齿条,借助扁平扳手拆球销,如图6-28所示。

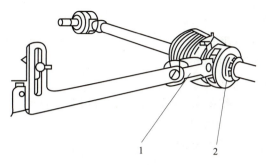

图 6-28 拆卸球销

1—扁平扳手；2—球销

拆下扁平垫圈、锁紧垫圈，拆下齿条，如图 6-29 所示。

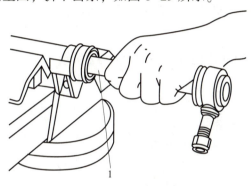

图 6-29 拆下齿条

1—齿条

（11）助力推杆铰链的更换。

①拆卸。拆卸时将千斤顶置于套管 2 及套管 1 之间，如图 6-30 所示。

**注意**：套管对铰链外套正中而不应与千斤顶杆或千斤顶壳体接触，借助压力拆下铰链。

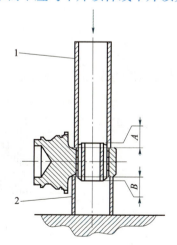

图 6-30 千斤顶置于套管 1 和套管 2 之间

1—套管 1；2—套管 2

②安装。借助套管 1 和套管 2 装上新铰链。

**注意**：将铰链置中（$A=B$）。

2）安装助力转向器

助力转向器的安装步骤如下：

（1）装上涂有 G6 润滑脂的齿条。

（2）在壳体与齿条之间插入保护套。

（3）安装分配阀；拧紧螺栓至 12 N·m；调节齿条推杆的间隙。

（4）安装齿条推杆、弹簧和调整垫片。

（5）将法兰盘、锁紧垫、平垫圈按照规定要求装好。

（6）拧紧转向横拉杆球头销至 60 N·m。

（7）将锁紧垫圈插入球头销的凹口中。

（8）按要求装好球头销保护罩、保护伸缩罩及弹性环。

（9）安装助力推杆固定螺母，拧紧至 55 N·m。

### 5. 转向助力泵检修

转向助力泵拆装专用工具如图 6-31 和图 6-32 所示。

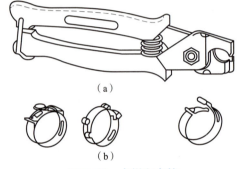

图 6-31　卡钳和卡箍

（a）卡钳；（b）卡箍

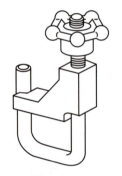

图 6-32　夹皮胶布管夹

1）拆卸转向助力泵

拆卸步骤：

（1）拆附件传动皮带。

（2）如图 6-33 所示，拆装转向助力泵油管用夹皮胶布管夹夹住管子。

资源 6-4　转向助力泵检修

资源 6-5　就车拆卸转向助力泵

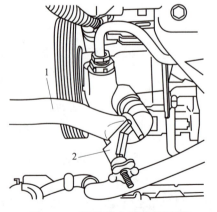

图 6-33　拆装转向助力泵油管

1—管子；2—夹皮胶布管夹

(3) 用卡钳松开卡箍，脱开管子。
(4) 如图6-34所示，拆装转向助力泵管路，将螺栓a拆下，取下管子。

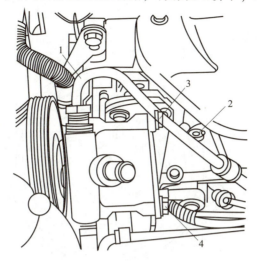

图 6-34 拆装转向助力泵管路
1—管子；2—螺栓a；3—螺栓b；4—螺栓c

(5) 拆卸螺栓b和c。
(6) 如图6-35所示为转向助力泵总成，拆卸螺栓d和e。

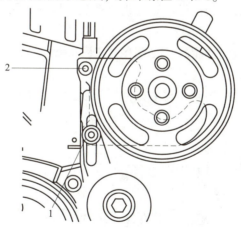

图 6-35 转向助力泵总成
1—螺栓d；2—螺栓e

(7) 如图6-36所示，拆卸螺栓f、法兰盘，取下法兰盘及转向助力泵总成。

2) 安装转向助力泵

转向助力泵安装，具体步骤如下：
(1) 将法兰盘置于转向助力泵上。
(2) 安装螺栓f，拧紧至22 N·m。
(3) 将助力泵总成置于发动机壳体上。
(4) 安装螺栓d并拧紧。
(5) 安装螺栓e、c、b，分别拧紧至22 N·m。

(6) 连接管子，安装螺栓 a。
(7) 拧紧管子，扭矩为 25 N·m。
(8) 用卡钳连接管子，拆下夹皮胶布管夹。
(9) 装上附件传动皮带。

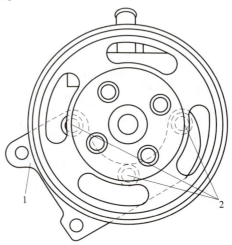

图 6-36 转向助力泵及法兰盘
1—法兰盘；2—螺栓 f

安装转向助力泵后要对转向助力系统进行排气，具体步骤如下：

(1) 发动机熄火。

在此状态下将转向器从左极限位至右极限位来回操纵，并随着液面的下降添加动力转向油。

(2) 发动机运转。

当发动机转动时将转向器从左至右来回操纵以排空管道中的空气，如有必要添加动力转向油。

**6. 防盗装置检修**

拆卸防盗装置前首先断开蓄电池负极。

如图 6-37 所示为防盗装置。

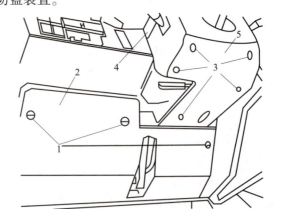

图 6-37 防盗装置
1、3—螺钉；2—挡板；4—上盖板；5—下盖板

1）拆卸防盗装置

（1）先将螺钉1拧1/4圈，拆下挡板。

（2）拆卸螺钉3。

（3）将转向柱上盖板、下盖板拆下。

（4）拆开插接器固定夹，脱开插接器；如图6-38所示为防盗装置插接器及其固定夹。

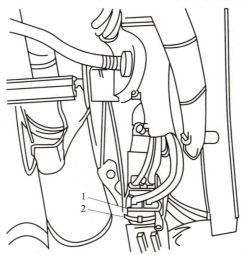

图6-38 防盗装置插接器及其固定夹

1—插接器；2—插接器固定夹

（5）卸下螺栓，将点火钥匙放在A与S之间，用螺丝刀压下止动销，卸下防盗装置，如图6-39所示。

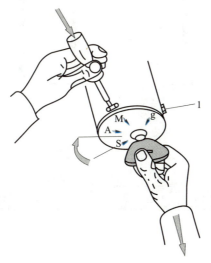

图6-39 拆卸防盗装置螺栓

1—螺钉

2）安装防盗装置

按照上述拆卸的相反顺序进行安装。

**注意：** 拔出点火钥匙时，要检查转向锁止性。

## 7. 电动助力（EPS）转向系统的检修

1）电动助力转向系统的检修电路

图 6-40 所示为电动助力转向系统的检修电路。

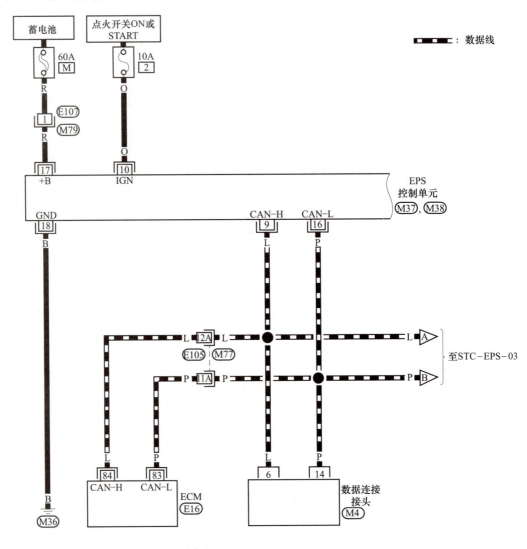

图 6-40 电动助力转向系统的检修电路

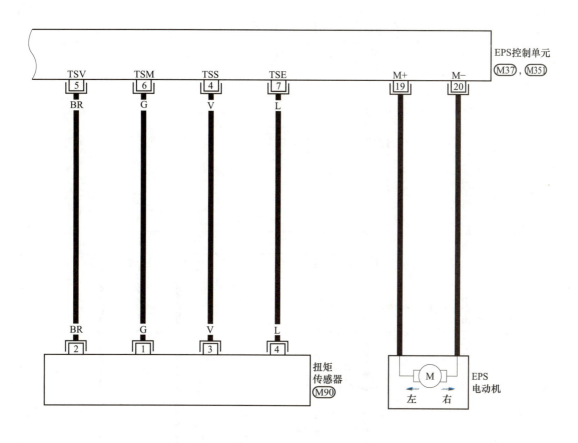

图 6-40　电动助力转向系统的检修电路（续）

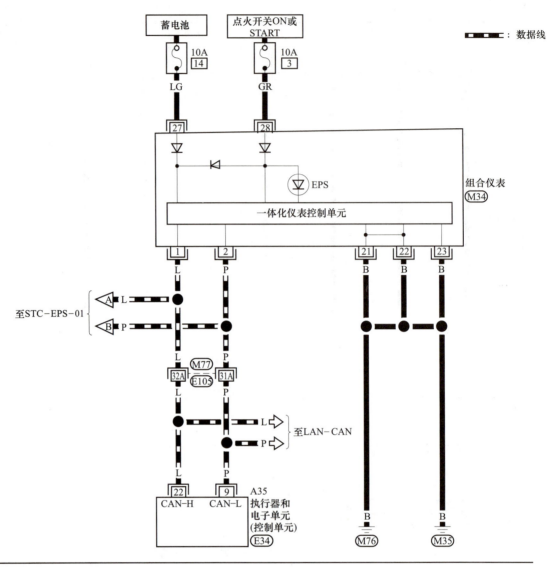

图 6-40 电动助力转向系统的检修电路（续）

2）EPS 控制单元输入/输出信号标准

电动助力控制单元输入/输出信号的标准如表 6-3、表 6-4、表 6-5 所示，在进行检测时要将测量值与标准数值进行对比，并根据故障代码分析具体故障部位。

表 6-3 电路检测仪参考值

| 端口 | | 测量点 | 测量状态 | 标准 |
| --- | --- | --- | --- | --- |
| +（电线颜色） | - | | | |
| 4 V | | 扭矩传感器（辅助） | 点火开关在 ON 位置，转向盘位于中置位置 | 约 2.5 V |

续表

| 端口 | | 测量点 | 测量状态 | 标准 |
|---|---|---|---|---|
| +（电线颜色） | − | | | |
| 5（BR） | 接地 | 扭矩传感器电源 | 点火开关处于 ON 位置 | 约 8 V |
| 6（G） | 接地 | 扭矩传感器（主） | 点火开关在 ON 位置，转向盘位于中置位置 | 约 2.5 V |
| 7（L） | 接地 | 扭矩传感器接地 | — | 导通 |
| 9（L） | 接地 | CAN-H | — | — |
| 10（O） | 接地 | 点火电源 | 点火开关处于 ON 位置 | 蓄电池电压（约 12 V） |
| | | | 点火开关关闭 | 约 0 V |
| 16（P） | — | CAN-L | — | — |
| 17（R） | — | 蓄电池电源 | 点火开关在 ON 或 OFF 位置 | 蓄电池电压（约 12V） |
| 18（B） | 接地 | 接地 | — | 导通 |
| 19（−） | — | 电动机（+） | — | — |
| 20（−） | — | 电动机（−） | — | — |

表 6-4  EPS 诊断仪标准

| 监控项目 | 数据监控 | |
|---|---|---|
| | 状态 | 正常操作的参考值 |
| MOTOR VOL/V | 点火开关在 ON 位置或者发动机运行 | 蓄电池电压（约 12 V） |
| TORQUE SENSOR/(N·m) | 点火开关在 ON 位置或者发动机运转的情况下，顺时针或逆时针转动转向盘 | 中置位置（转向力为 0）：约 0 N·m。测量值会根据左右转向变化 |
| MOTOR SIG/A | | |
| MOTOR CURRENT/A | | 中置位置（转向力为零，车轮正前）：约 0 A，测量值会根据左右转向变化 |
| VEHICLE SPEED/(km·h⁻¹) | | 几乎与车速表显示的值一致。点火开关刚转到 ON 位置后显示值可能不一致，但这不是故障 |
| WARNING LAMP（ON/OFF） | 点火开关在 ON 位置或者发动机运行 | EPS 警告灯开启：ON；EPS 警告灯关闭：OFF |
| DERATING STAT（ON/OFF） | | 通常关闭。如果固定转向操作过度，就会再打开；如果暂时不操作，恢复到关闭状态 |
| ENGINE STATUS (stop, stall, run, and crank) | | 显示发动机状态 |

表 6-5　EPS 诊断仪故障代码一览表

| 诊断仪故障代码 | 诊断项 | 如有下列情况，则检测下列诊断项项目 |
|---|---|---|
| C1601 | BATTERY_ VOLT | EPS 电源故障 |
| C1604 | TORQUE_ SENSOR | 转向柱总成中的扭矩传感器故障 |
| C1606 | EPS_ MOTOR | 电动机驱动器故障或 EPS 控制单元故障 |
| C1607 | EEPROM | EPS 控制单元的 EEPROM 故障 |
| C1608 | CONTROL_ UNIT | EPS 控制单元内部故障 |
| C1609 | CAN_ VHCL_ SPEED | 通过 CAN 通信接收车速信号故障 |
| C1610 | CAN_ ENG_ PRM | 通过 CAN 通信接收发动机信号故障 |
| U1000 | CAN_ COMM_ CIRCUIT | 在 CAN 通信电路中检测到故障 |

3）电动助力转向的基本检修

（1）电源电路端口松动和蓄电池检修。

检查蓄电池正极/负极端及接地端是否松动，同时确认蓄电池电压正常。

（2）EPS 警告灯检修。

①在打开点火开关的情况下，确保 EPS 警告灯点亮。

②如果不点亮，则检查 CAN 通信电路。

③点火开关转动到 ON 位置且发动机起动之后，确保 EPS 警告灯关闭。如果没有熄灭，执行自诊断。

④故障诊断结束之后，一定要清除故障代码记忆。

（3）EPS 控制单元供电与接地电路的检修。

①EPS 控制单元接头的检查。

点火开关转到 OFF 位置，将 EPS 控制单元线束接头断开，然后检查端口有无变形、断开、松弛等异常。如正常转至②；如异常则是接头端口出现松动、损坏、开路或短路，要进行修理或更换。

②检查 EPS 控制单元接地电路。

断开 EPS 控制单元线束接头 M38，然后检查 EPS 控制单元线束接头，M38 与接地之间的导通性。

检查端口 18 是否接地，检查其导通性，如图 6-41 所示。若正常则转到③；如异常则检查接地电路开路或短路，修理或更换故障零部件。

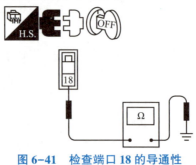

图 6-41　检查端口 18 的导通性

③检查 EPS 控制单元电源电路。

将点火开关转至 ON 位置，检查 EPS 控制单元线束接头 M37、M38 端口和接地之间的电压。端口 10、17 接地测得的电压数值应为蓄电池电压（约 12 V），如图 6-42 所示。

若数据正常，则电源和接地电路正常；若异常，则为电源电路开路或短路，要修理或更换故障零部件。

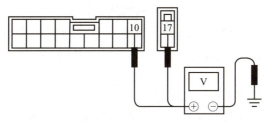

图 6-42　检查端口 10、17 的导通性及电压

4）电动助力转向系统常见故障的检修。

（1）蓄电池电压故障检修。

①检查 EPS 控制单元接头。

将点火开关转到 OFF 位置，断开 EPS 控制单元线束接头，检查端子有无变形、断开、松弛等异常。

重新安装接头，确保牢固并执行自诊断，查看在自诊断中是否显示"BATTERY_VOLT"。如是则转到②；否则是接头端口出现松动、损坏、开路或短路，需修理或更换端口。

②检查 EPS 控制单元接地电路。

关闭点火开关，断开 EPS 控制单元线束接头 M38，然后检查 EPS 控制单元线束接头 M38 与接地之间的导通性。检查端口 18 是否接地导通。若是则转到③；否则是接地电路开路或短路，需修理或更换故障零部件。

③检查 EPS 控制单元电源电路。

将点火开关转至 ON 位置，检查 EPS 控制单元线束接头 M37、M38 端口和接地之间的电压，端口 10、17 应接地，测得的电压应为蓄电池电压（约 12 V）。

若数据测量正常，则转到④；否则应是接头端口出现松动、损坏、开路或短路，需修理或更换故障零部件。

④检查 EPS 控制单元。

点火开关转到 OFF 位置，断开 EPS 控制单元线束接头，起动发动机，在测试仪数据监控中检查"MOTOR VOL"，其电压应为 10~16 V。

若数据正常则转至⑤；否则是 EPS 控制单元故障，要更换 EPS 控制单元。

⑤检查电源电路。

关闭前大灯、A/C、鼓风机以及后窗除雾器。转动转向盘，直到转不动，同时在测试仪数据监控中检查"MOTOR VOL"，其电压应为 10~16 V。

若正常则检测结束；否则是电源电路开路或短路，需修理或更换故障零部件。

（2）扭矩传感器故障检修。

①检查 EPS 控制单元接头。

点火开关转到 OFF 位置，断开 EPS 控制单元线束接头，然后检查端口有无变形、断开、松弛等异常。

重新安装接头并执行自诊断，查看在自诊断中是否显示"TORQUE SENSOR"，若是则转至②；否则应是接头端口出现松动、损坏、开路或短路，应修理或更换端口。

②检查扭矩传感器接头。

点火开关转到 OFF 位置，断开扭矩传感器线束接头，然后检查端口有无变形、松弛等异常，重新牢固安装接头并执行自诊断，查看在自诊断中是否显示"TORQUE SENSOR"。若是则转至③；否则应是接头端口出现松动、损坏、开路或短路，应修理或更换端口。

③检查扭矩传感器线束。

点火开关转到 OFF 位置，断开 EPS 控制单元线束接头以及扭矩传感器线束接头。检查 EPS 控制单元线束端口 M37 与扭矩传感器线束接头 M90 之间的导通性，如图 6-43 所示。

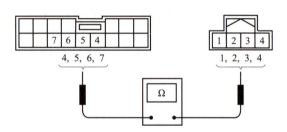

图 6-43　扭矩传感器线束接头的测量

扭矩传感器线束接头导通性如表 6-6 所示。

表 6-6　扭矩传感器线束接头导通性

| EPS 控制单元 | 扭矩传感器 | 导通 |
| --- | --- | --- |
| 端口 4 | 端口 3 | 是 |
| 端口 5 | 端口 2 | |
| 端口 6 | 端口 1 | |
| 端口 7 | 端口 4 | |

若上述数据正常则转至④；否则是 EPS 控制单元与扭矩传感器之间线束出现开路或短路，应维修相应的线束。

④检查扭矩传感器的电源。

连接 EPS 控制单元与扭矩传感器线束接头，将点火开关转至 ON 位置，将转向盘转到中置位置（转向力：0），然后检查 EPS 控制单元线束接头 M37 的电压，扭矩传感器电源端口 5-7 电压约为 8 V。如正常则转至⑤；否则应是 EPS 控制单元故障，应更换 EPS 控制单元。

图 6-44 所示为扭矩传感器电源电压测量。

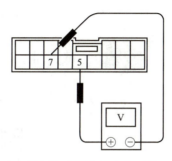

图 6-44　扭矩传感器电源电压测量

⑤检查扭矩传感器信号。

将转向盘转到中置位置（转向力：0），然后检查 EPS 控制单元线束接头 M37 的电压，扭矩传感器（辅）端口 4-7 电压应为 2.5 V，扭矩传感器（主）端口 6-7 电压约 2.5 V。若正常，则 EPS 控制单元故障，需更换 EPS 控制单元；若异常则是扭矩传感器故障，应更换转向柱总成（包括电动机、减速齿轮、传感器）。

图 6-45 所示为扭矩传感器信号检测。

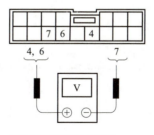

图 6-45　扭矩传感器信号检测

(3) 电动机故障检修。

①检查 EPS 控制单元接头。

将点火开关转到 OFF 位置，断开 EPS 控制单元线束接头，检查端口有无变形、断开、松弛等异常现象。

重新牢固安装接头并执行自诊断，查看在自诊断中是否显示"EPS MOTOR"。若显示转到②；若不显示则接头端口出现松动、损坏、开路或短路，应修理或更换端口。

②检查电动机电阻。

点火开关转到 OFF 位置，从 EPS 控制单元上断开电动机线束接头 M351，检查电动机线束接头 M351 之间的电阻，用欧姆表测量端口 19-20。若测得的阻值为 0.1 Ω 或更小，则 EPS 控制单元故障，需更换 EPS 控制单元。图 6-46 所示为电动机线束接头电阻值测量。

若测量数据不在上述范围，则是电动机故障，需更换转向柱总成（包括电动机、减速齿轮、传感器）。

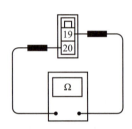

图 6-46　电动机线束接头电阻值测量

（4）EEPROM 故障检修。

①检查 EPS 控制单元接头。

将点火开关转到 OFF 位置，断开 EPS 控制单元线束接头，然后检查端口有无变形、断开、松弛等异常现象。

②重新安装接头并执行自诊断，检查在自诊断中是否显示"EEPROM"。若显示，则 EPS 控制单元出现故障，需更换 EPS 控制单元；若不显示，则接头端口出现松动、损坏、开路或短路，应修理或更换端口。

（5）控制单元故障检修。

①检查 EPS 控制单元接头。

点火开关转到 OFF 位置，断开 EPS 控制单元线束接头，然后检查端口有无变形、断开、松弛等异常。

若正常转到②；若异常，则接头端口出现松动、损坏、开路或短路，需修理或更换端口。

②检查 EPS 控制单元接地电路。

断开 EPS 控制单元线束接头 M38，然后检查 EPS 控制单元线束接头 M38 与接地之间的导通性。若正常则转到③；若异常，则是接地电路开路或短路，应修理或更换故障零部件。

③检查 EPS 控制单元电源电路。

将点火开关转至 ON 位置，检查 EPS 控制单元线束接头 M37、M38 端口和接地之间的电压，使端口 10、17 接地，测量其电压为蓄电池电压（约 12 V）。

若正常，则转至④；若异常，则是电源电路开路或短路，需修理或更换故障零部件。

④检查 EPS 控制单元。

牢固连接 EPS 控制单元线束接头并执行自诊断，检查在自诊断中是否显示"CONTROL UNIT"。若显示则是 EPS 控制单元故障，需更换 EPS 控制单元；若显示异常则检测结束。

（6）车辆速度信号故障检修。

①检查 ABS 执行器和电子单元（控制单元）地线电路。

执行 ABS 执行器和电子单元（控制单元）自诊断。若正常则转至②；若异常则修理或更换故障零部件。

②检查车速表。

执行组合仪表（车速表）自诊断。若正常转则至③；若异常则修理或更换故障零部件。

③检查 EPS 控制单元接头。

点火开关转到 OFF 位置，断开 EPS 控制单元线束接头，然后检查端口有无变形、断开、松弛等异常，重新牢固安装接头并执行自诊断。EPS 控制单元自诊断显示结果如表 6-7 所示。

表 6-7　EPS 控制单元自诊断显示结果

| 自诊断结果 |
| --- |
| CAN_ VHCL_ SPEED |
| CAN_ COMM_ CIRCUIT |

若自诊断显示"CAN_ VHCL_ SPEED"，则 EPS 控制单元发生故障，需更换 EPS 控制单元；若显示"CAN_ COMM_ CIRCUIT"，则检查通信电路。

若接头端口出现松动、损坏、开路或短路，则修理或更换端子。

（7）发动机信号故障检修。

①检查发动机速度信号。

确保诊断仪数据监控上显示的速度信号值与车速表上的一致，若正常则转至②，否则应检查车速表与电路。

②检查 EPS 控制单元接头。

点火开关转到 OFF 位置，断开 EPS 控制单元线束接头，然后检查端口有无变形、断开、松弛等异常。

重新牢固安装接头并执行自诊断。EPS 控制单元自诊断显示结果如表 6-8 所示。

表 6-8　EPS 控制单元自诊断显示结果

| 自诊断结果 |
| --- |
| CAN_ ENG_ RPM |
| CAN_ COMM_ CIRCUIT |

若自诊断显示"CAN_ ENG_ RPM",则是 EPS 控制单元故障,应更换 EPS 控制单元;如果显示"CAN_ COMM_ CIRCUIT",应检查 CAN 通信电路。

若不显示,则是 EPS 控制单元接头端口出现松动、损坏、开路或短路,需修理或更换端子。

## 二、任务实施

### 项目 1 转向系统维护

**1. 项目说明**

一辆东风雪铁龙新爱丽舍轿车行驶 40 000 km,前来 4S 店进行维护,在维护过程中检查出转向盘自由行程过大、动力转向油偏少等问题,因此,应按有关工艺技术标准对汽车转向系统进行维护操作。

**2. 技术要求与标准**

(1) 两个学员合作,能在 30 min 内完成此项目。

(2) 转向系统维护的技术标准如表 6-9 所示。

表 6-9 转向系统维护的技术标准

| 动力转向油(ATF.D)容量 | 1 L |
| --- | --- |
| 助力泵油压 | 调节 79±4 bar |
| 转向盘圈数 | 3.3 |
| 内转角 | 31° |
| 外转角 | 37° |

**3. 设备器材**

(1) 东风雪铁龙新爱丽舍汽车一辆。

(2) ATF.D 加注桶一套。

(3) ATF.D 回收容器一个。

(4) 东风雪铁龙新爱丽舍专用 ATF.D。

(5) 通用维修工具及放油专用工具各一套;

(6) 汽车举升机一台。

**4. 作业准备**

(1) 准备汽车及举升机。　　　　　　　　　　　　　　□任务完成

(2) 准备通用工具及放油专用工具。　　　　　　　　　□任务完成

(3) 准备一套 ATF.D 加注桶。　　　　　　　　　　　　□任务完成

(4) 准备 ATF.D 回收容器。　　　　　　　　　　　　　□任务完成

(5) 准备记录单。　　　　　　　　　　　　　　　　　□任务完成

5. **操作步骤**

1）动力转向液的检查与维护

（1）检查储油罐液位。

（2）检查动力转向机构是否泄漏。

（3）检查动力转向软管是否有裂纹或其他损伤。

2）转向盘的检查

（1）检查转向盘自由行程。

（2）检查转向盘是否松动与摆动。

（3）检查转向盘锁止。

3）转向连接机构与转向器的检查

（1）检查转向连接机构是否有松动和摇摆。

（2）检查转向连接机构有无弯曲和损坏。

（3）检查防尘套是否开裂和撕裂。

（4）检查转向器工作情况。

根据检查结果填写表6-10。

表6-10 转向系统维护

| 序号 | 项目 | 结果 |
|---|---|---|
| 1 | 储油罐液位 | |
| 2 | 液位偏差 | |
| 3 | 渗漏部位 | |
| 4 | 转向盘自由行程 | |
| 5 | 转向盘松动与摆动 | |
| 6 | 转向盘锁止 | |
| 7 | 转向球节滑动 | |
| 8 | 转向连接机构 | |
| 9 | 转向器 | |

## 项目2 转向分配阀的检修

1. **项目说明**

一辆东风雪铁龙新爱丽舍轿车行驶40 000 km，前来4S店进行维护，在试车过程中检查出转向沉重，疑是转向分配阀出现故障所致，因此，应按有关工艺技术标准对转向分配阀的相关部件进行检修，从而最终排除故障。

2. **技术要求与标准**

（1）两个学员合作，能在30 min内完成此项目。

（2）转向分配阀检修的技术标准如表6-11所示。

表 6-11 转向分配阀检修的技术标准

| 分配阀固定螺栓 | 扭矩为（15±1）N·m |
|---|---|
| 动力转向管管接头 | 扭矩为（8±1）N·m |

#### 3. 设备器材

（1）东风雪铁龙新爱丽舍汽车一辆；

（2）通用维修工具及转向系统专用工具各一套；

（3）汽车举升机一台。

#### 4. 作业准备

（1）准备汽车及举升机。　　　　　　　　　　　　　　　□任务完成

（2）准备通用工具及专用工具。　　　　　　　　　　　　□任务完成

（3）准备记录单。　　　　　　　　　　　　　　　　　　□任务完成

#### 5. 操作步骤

分配阀拆装检修需要的专用工具，如图 6-47、图 6-48 所示。

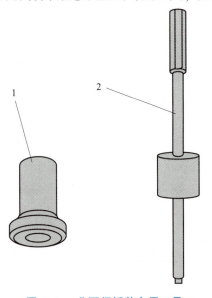
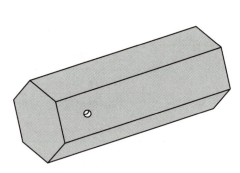

图 6-47　分配阀拆装专用工具　　　　　图 6-48　齿条减震器调整扳手

1—安装心轴工具；2—惯性分离装置

1）拆卸

（1）先拆下转向机构，再拆下供油管 1 及 2，堵住开口 3 与 4，转动数周拧松螺栓 5，使齿条减震器调整扳手拆卸塑料减振装置。如图 6-49 所示为转向油管。

**注意：** 为避免助力转向管路受到污染，将分配阀的两个开口（分配阀）和转向油管开口堵住，应使用塑料塞。

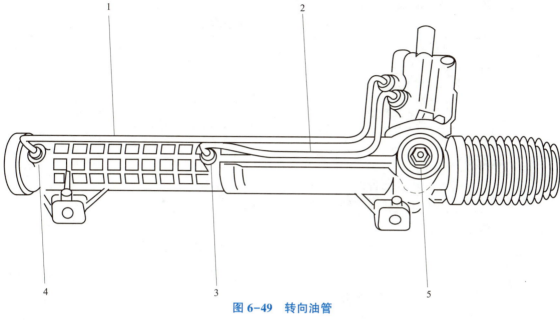

图 6-49 转向油管

1，2—供油管；3，4—开口；5—螺栓

（2）拆下转向器壳固定螺栓。

（3）将转向机构固定在虎钳上（钳口应装有保护垫板），使阀杆向左转直到齿条达到极限位置，在到达齿条极限位置后，继续转动阀杆，直到阀与壳体分离（小齿轮螺栓会将阀顶起）。

（4）拆下密封圈。

2）安装

（1）安装新 O 形环。

（2）使用规定润滑脂润滑分配阀的齿轮。

（3）在新阀门上画上与拆下的阀门相同的标记，设置分配阀。

（4）使用安装心轴工具、惯性分离装置安装分配阀，拧紧螺栓至（15±1）N·m。

（5）安装新的 O 形圈。

（6）安装供油管，拧紧分配阀上的动力转向管的管接头使扭矩达（8±1）N·m，安装塑料减振装置，更换和调整转向齿条预加载柱塞，重新装配转向齿条。

## 项目 3　转向柱的检修

### 1. 项目说明

一辆东风雪铁龙新爱丽舍轿车行驶 40 000 km，前来 4S 店进行维护，在试车过程中检查出转向沉重，疑是转向柱出现故障所致，因此应按有关工艺技术标准对转向柱的相关部件进行检修，从而最终排除故障。

### 2. 技术要求与标准

（1）两个学员合作，能在 30 min 内完成此项目。

（2）转向柱检修的技术标准如表 6-12 所示。

表 6-12 转向柱检修的技术标准

| 转向盘固定螺栓 | 扭矩为（35±3）N·m |
| --- | --- |
| 转向柱万向节紧固螺栓 | 扭矩为（25±2）N·m |
| 转向柱固定螺栓 | 扭矩为（40±4）N·m |

**3．设备器材**

（1）东风雪铁龙新爱丽舍汽车一辆。

（2）通用维修工具及转向系统专用工具各一套。

（3）汽车举升机一台。

**4．作业准备**

（1）准备汽车及举升机。　　　　　　　　　　　　　　　　□任务完成

（2）准备通用工具及专用工具。　　　　　　　　　　　　　□任务完成

（3）准备记录单。　　　　　　　　　　　　　　　　　　　□任务完成

**5．操作步骤**

1）拆卸

拆卸前先断开蓄电池，拆下安全气囊。

（1）如图 6-50 所示，拆卸转向万向节螺栓。

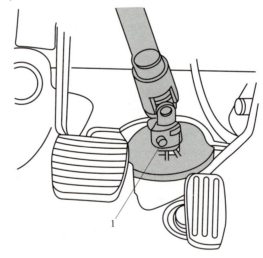

图 6-50　拆卸转向万向节螺栓

1—螺栓

（2）为保证与转向柱管有关的转向盘正确定位，在重新安装位置标记好转向盘位置，并标记好转向柱管的位置。在不拉出安全气囊供电接头的情况下拆下转向盘。

（3）拆下固定件 1，装饰衬板 2、3，如图 6-51 所示。

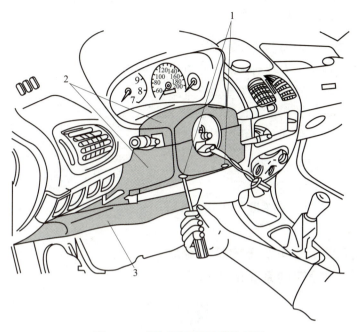

图 6-51 拆卸固定件及装饰衬板
1—固定件；2，3—装饰衬板

(4) 将保险夹移到旁边，拆下转向万向节。

(5) 取下转向柱。

2) 安装

(1) 转向柱备有防断裂垫片，以便在操作期间保护万向节，重新安装转向柱之后拆除垫片。

(2) 按照拆卸相反的顺序操作。

(3) 安装转向盘控制装置，检查并确认电气附件正确运行，初始化各个ECU，安装转向万向节紧固件，拧紧到（25±2）N·m。安装转向盘固定螺栓，拧紧到（35±3）N·m，安装安全气囊，连接蓄电池。

## 三、学习评价

（一）理论知识

**1. 自评自测**

评测

**2. 思考**

（1）简述齿轮齿条转向器的检修方法。
（2）简述齿轮齿条动力转向器的检修方法。
（3）简述液压动力转向系统车上检查方法。
（4）简述液压动力转向系统转向沉重故障排除方法。
（5）简述电动动力转向系统转向困难故障原因。

（二）技能操作（见工单册）

## 四、拓展学习（详见"拓展学习二维码"）

（一）电控回轮转向系统的基本组成
（二）电控回轮转向系统的工作情况

拓展学习

# 学习任务 7

## 制动系统检修

一辆行驶 4.5 万公里的轿车，要求进行制动系统的维护与检修。

熟悉车轮制动器和 ABS 系统检修的相应工作，编写维修工艺，进行制动系统维护和制动系统检修操作。

通过本任务学习，应能够：

（1）对制动系统进行维护。

（2）对鼓式制动系统进行检修。

（3）对盘式制动系统进行检修。

## 一、知识准备

### （一）制动系统的保养与维护

**1. 制动踏板基本维护**

（1）制动踏板状况检查，如图 7-1 所示。

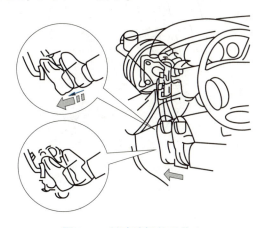

图 7-1　制动踏板状况检查

通过检查确保制动踏板没有下述任何故障：反应灵敏度高、踏板不完全落下、异常噪声、过度松动。

（2）制动踏板高度检查，如图7-2所示。

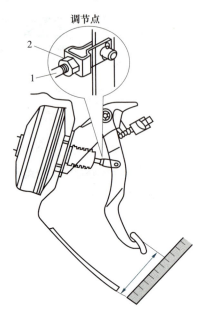

图7-2 制动踏板高度检查
1—推杆；2—锁止螺母

使用一把直尺测量制动踏板高度。如果超出规定范围，调整制动踏板高度。测量从地面到制动踏板上表面的距离。如果必须要从地毯表面开始测量，则从标准值中扣除地毯的厚度，或者地毯和沥青纸毡的厚度。

（3）制动踏板高度调整，如图7-3所示。

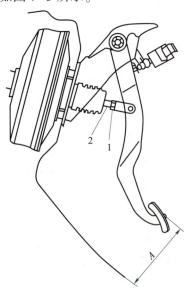

图7-3 制动踏板高度调整
1—锁止螺母；2—踏板推杆；A—制动踏板高度

①松开锁止螺母。
②转动踏板推杆直到制动踏板高度正确。
③上紧锁止螺母。
④调整好制动踏板高度之后，检查制动踏板自由行程。
（4）制动踏板自由行程检查，如图7-4所示。

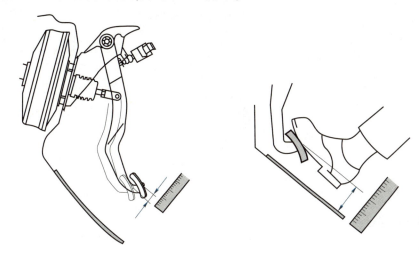

图7-4　制动踏板自由行程检查

发动机停止后，踩下制动踏板几次，以便解除制动助力器。然后，使用手指轻轻按压制动踏板并且使用一把直尺测量制动踏板自由行程。对于配备了液压制动助力器的车辆，至少要踩下制动踏板40次。

当用手指轻轻按压制动踏板时，制动踏板的运动在两个阶段发生变化：第一阶段，U形夹销和转轴销的松动；第二阶段，推杆刚好在液压升高之前运动。第一阶段与第二阶段的总运动即为制动踏板的自由行程。调整制动踏板的高度时制动踏板的自由行程会自动调整。

（5）制动踏板行程余量。

发动机运转和驻车制动器松开时，使用490 N力踩下制动踏板，然后使用一把标尺测量制动踏板行程余量，以便检查其是否处于规定的范围内。测量从地面到制动踏板上表面的距离。如果必须要从地毯表面开始测量，则从标准值中扣除地毯的厚度，或者地毯和沥青纸毡的厚度。

**2. 制动助力器基本检查维护**

踩下制动踏板并检查制动助力器是否正常工作。

1）工作检查

发动机工作时，制动助力器状况良好。

2）气密性检查

检查下述项：是否维持了制动助力器中的真空，恒压室和变压室是否密封，空气阀是否允许空气流入。

3）真空检查

检查制动助力器室中的真空压力，是否泄漏。

3. 制动管路基本检查维护

检查制动管路，如图7-5所示。

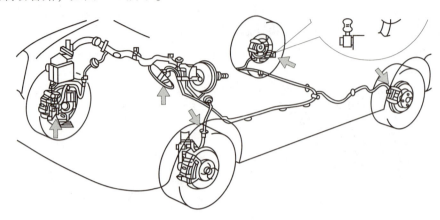

图7-5　制动管路检查

1）液体渗漏

检查制动管路连接部分是否有液体渗漏。

2）损坏

检查制动管路是否有凹痕或者其他损坏。检查制动管路软管是否扭曲、磨损、开裂、隆起等。如果保护盖上有飞石的痕迹，制动管路可能有相同的损坏。

3）安装状况

检查制动管道和软管，确保车辆运动或者转向盘完全转动到任何一侧时，不会因为振动而与车轮或者车身接触。手动转动轮胎直到转向盘被完全转向一侧。

4. 盘式制动器基本检查维护

1）制动器摩擦片厚度检查

使用一把直尺测量外制动器摩擦片的厚度。

通过制动卡钳内的检查孔目测检查内制动器摩擦片的厚度，确保其与外制动器摩擦片没有明显的偏差。

确保制动器摩擦片没有不均匀磨损。

若制动器摩擦片的厚度低于磨损极限，则应更换制动器摩擦片。

使用该次检查和上一次检查之间的行驶距离，估计下一次检查前的行驶距离。通过检查自从上一次检查到现在的制动器摩擦片的磨损，来估计制动器摩擦片在下一次检查时的情况。如果估计在下一次计划检查时，制动器摩擦片的厚度将会小于可接受的磨损值，建议车主更换制动器摩擦片。

2）制动盘磨损和损坏检查

检查制动盘上是否有刻痕、不均匀或者异常磨损以及裂纹和其他损坏。

3）制动盘厚度和跳动检查

如果制动盘出现任何分段、不均匀或者异常磨损、裂纹或者其他损坏，拆卸制动卡钳检查下述内容：

（1）制动盘厚度检查：使用一个千分尺测量制动盘厚度，如图7-6所示。

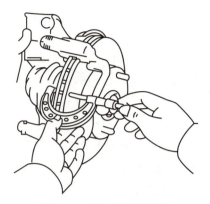

资源7-1　制动盘厚度检查

图7-6　制动盘厚度检查

（2）制动盘跳动检查，如图7-7所示。

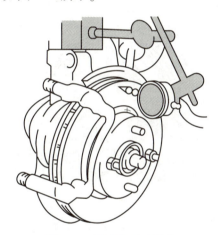

图7-7　制动盘跳动检查

使用一个百分表测量制动盘跳动。使用轮毂螺母临时固定制动盘。测量制动盘跳动以前，检查前轮毂轴承的游隙是否在规定的范围以内。

4）制动液渗漏检查

检查制动卡钳中是否有液体渗漏。如果制动液溅出或者黏在油漆上，立即用水漂洗。否则，将损坏油漆表面。在一个配备制动盘内有制动鼓型的驻车制动系统的汽车上，拆卸后盘式制动卡钳和后制动盘以便检查驻车制动器。

5）拆卸后盘式制动卡钳和后制动盘

根据工艺要求拆卸后盘式制动卡钳和后制动盘。

6）制动蹄片滑动区域的磨损检查

手动移动制动蹄片并检查制动蹄片移动是否顺利。检查制动蹄片和背板的接触面是否磨损，检查制动蹄片和背板的接触面是否生锈。

7）制动衬片的厚度及损坏检查

使用一把直尺测量制动衬片的厚度；检查制动衬片是否有任何碎屑、层离或者其他损坏。

8）后制动盘内径检查

使用一个制动鼓规或者类似器具测量后制动盘的内径。

9）后制动盘磨损和损坏检查

检查后制动盘是否有任何磨损或者损坏。

10）安装后制动盘和后制动盘制动卡钳

根据工艺要求安装后盘式制动卡钳和后制动盘。

11）驻车制动蹄片间隙调整

临时安装轮毂螺母。拆卸孔塞，转动调节器并扩展制动蹄片直到制动盘锁定，回退调节器8个槽口。检查制动蹄片是否拖滞在制动器上，安装调节孔塞。

### 5. 鼓式制动器基本检查维护

制动鼓拆下后，不要踩下制动踏板。

1）制动鼓拆卸

拆卸制动鼓，如图7-8所示。

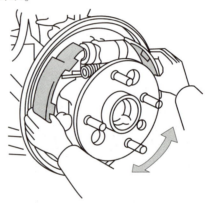

图7-8 制动鼓拆卸

2）制动蹄片与背板区域磨损检查

手动前后移动制动蹄片并检查制动蹄片移动是否顺利。检查制动蹄片与背板和固定件之间的接触面是否磨损。检查制动蹄片、背板和固定件是否生锈。检查期间，在背板和制动蹄片之间的接触面上涂高温润滑油脂。

3）制动蹄片厚度检查

使用一把直尺测量制动蹄片的厚度。如果厚度低于磨损极限，则更换制动蹄片。利用该次检查和上次检查之间的行驶距离，估计下一次检查的行驶距离。通过检查自从上一次检查到现在的制动蹄片的磨损，来估计制动蹄片在下一次检查时的情况。如果估计在下一次计划检查时，蹄片的厚度将会小于可接受的磨损值，则建议车主更换蹄片。更换制动蹄片时，所有的制动蹄片都必须同时更换。

4）制动蹄片的损坏检查

检查制动蹄片是否有裂纹、蜕皮和损坏。

5）制动液渗漏检查

检查车轮制动分泵缸中是否有液体渗漏。如果制动液溅出或者黏在油漆上，立即用水漂洗。否则，制动液将损坏油漆表面。

6）调整制动蹄片间隙

制动蹄片间隙的自动调节器操作有两种类型：

（1）通过运用制动踏板调整间隙。

（2）通过操作驻车制动杆调整间隙。

如果是第（2）种类型，检查自动调节器操作。

7）制动鼓内径测量

使用一个制动鼓测量规或者类似器具测量制动鼓内径。

8）制动鼓内径磨损和损坏检查

检查制动衬片是否有裂纹、蜕皮和损坏。

9）清洁

使用砂纸清洁制动蹄衬片并清除油污。如果必要，应同时清洁制动鼓的内表面。

10）安装制动蹄片

调整制动蹄片间隙的方法因制动蹄片间隙调节器的种类不同而有所变化。

### 6. 驻车制动基本检查和维护

（1）操作驻车制动杆几次并且踩下制动踏板几次，以便使制动蹄片下陷。使用驻车制动杆或者制动踏板直到后制动器自动调节器的咔嗒声音消失。

（2）手动转动制动盘或者制动鼓，检查是否有任何拖滞现象。

### 7. 制动液更换

使用制动液更换工具，按照下述顺序更换制动液：左前、左后、右后、右前。

详情请参考厂家技术维修手册，因为某些类型的制动器，比如带有液压制动助力器或者ABS类型的制动器，可能要求特殊的操作。

如果制动液溅出或者沾在油漆上，立即用水漂洗。否则，制动液将损坏油漆表面。

1）液位

检查制动总泵的储油罐中的液位是否在最高线和最低线之间。如果制动蹄片或者制动器摩擦片磨损，制动液液位就会下降。如果制动液液位明显偏低，则需要检查制动系统是否渗漏。

2）液体渗漏

检查制动总泵是否有渗漏。

资源 7-2　检查制动转向液

3）制动管线

（1）液体渗漏：检查制动管线是否有制动液渗漏。

（2）损坏：检查制动软管和管道是否有裂纹和老化。

（3）安装：检查制动软管和管道的安装是否正确。

需要在各软管和管道上安装管箍。软管和管道不得干扰其他部件。

### （二）鼓式与盘式制动器检修

#### 1. 鼓式制动器拆卸与检修

1）专用工具

鼓式制动器专用拆卸工具，如图7-9所示。

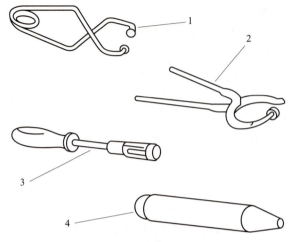

图7-9 鼓式制动器专用拆卸工具

1—轮缸夹钳；2—前制动蹄拆装钳；
3—制动蹄保持罩拆装扳手；4——锁止螺母

2）拆卸

依次处理每一个侧边。拆下轮毂和鼓式制动器总成。

如图7-10所示为鼓式制动器制动底板。

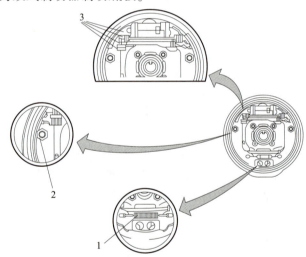

图7-10 鼓式制动器制动底板

1—弹簧；2—螺栓；3—弹簧总成

拆卸过程：

（1）使用前制动蹄拆装钳拆卸弹簧。

（2）用制动蹄保持罩拆装扳手拆卸盖帽，取下固定制动器蹄的弹簧。

（3）取下制动蹄、调节机构和弹簧总成。

**注意**：不要损坏轮缸的保护罩。

（4）分开手制动器拉索。

（5）将轮缸夹钳置于轮缸上，如图7-11所示。

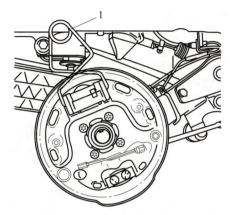

图 7-11 轮缸夹钳置于轮缸上
1—轮缸夹钳

(6) 密封车轮制动辅助气缸活塞的周围。
(7) 轮缸橡胶保护装置的状态良好。
(8) 检查制动鼓的磨损程度。
(9) 更换任何有故障的零部件（如有必要）。

3）安装

(1) 必须更换油封。
(2) 加润滑脂：A 表面使用 LUBRITHERM G200 型油脂，如图 7-12 所示。

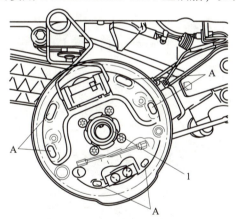

图 7-12 A 表面涂润滑脂
1—油封

(3) 图 7-13 所示为手刹杆轴，调整机构螺钉。

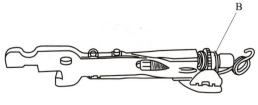

图 7-13 手刹杆轴

(4) 检查自动控制轮能否自由旋转。
(5) 强制复原调整系统轮到位置 B，如图 7-13 所示。
(6) 按照与拆卸相反的顺序继续进行组装。
(7) 安装制动鼓轮毂、垫圈、螺母，如图 7-14 所示，拧紧到 200 N·m（用工具使其锁止）。

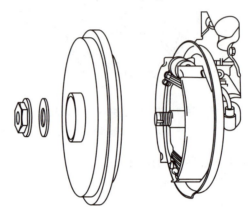

图 7-14 安装制动鼓轮毂、垫圈、螺母

(8) 车轮的拧紧扭矩为到 90 N·m。
(9) 给制动踏板施加全部压力大约 30 次（随着发动机运转，轻轻地逐步加）。

4）制动器检修

车轮制动器的检修内容和方法如下：

制动蹄片厚度的检查：如图 7-15 所示，用游标卡尺测量制动蹄片的厚度，标准值为

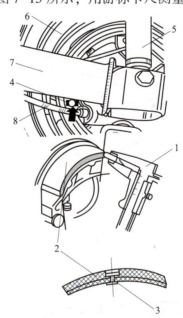

图 7-15 后制动蹄片厚度的检查
1—卡尺；2—摩擦片；3—铆钉；4—观察孔；
5—后减震器；6—制动底板；7—后桥体；8—驻车制动器

5 mm，使用极限为 2.5 mm，其铆钉与摩擦片的表面深度不得小于 1 mm，以免铆钉头刮伤制动鼓内表面。在未拆下车轮时，后制动蹄片的厚度可从制动底板的观察孔中检查。

制动鼓内孔磨损的检查：检查制动鼓内孔有无烧损、刮痕和凹陷，若不能修磨应更换新件。

后制动蹄片与后制动鼓接触面积的检查：如图 7-16 所示，将后制动鼓蹄片表面打磨干净后，贴在后制动鼓上，检查二者的接触面积，应不小于 60%，否则应继续打磨后制动蹄片表面。

图 7-16　后制动蹄片与后制动鼓接触面积的检查

1—后制动蹄片；2—后制动鼓

后制动器定位弹簧及复位弹簧的检查：如图 7-17 所示，若后制动器定位弹簧、上复位弹簧、下复位弹簧和楔形调整板拉簧的自由长度增长率达 5%，则应更换新弹簧。

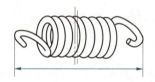

图 7-17　后制动器定位弹簧及复位弹簧的检查

**2. 盘式制动器检修**

1）专用工具

盘式制动器检修专用工具如图 7-18、图 7-19 所示。

图 7-18　百分表磁性支架

图 7-19　百分表

2）拆卸

（1）松开车轮螺栓，举升并支撑车辆前部。

（2）拆下前轮和前制动衬块。

（3）拆下螺栓 a 和制动钳托架，如图 7-20 所示。

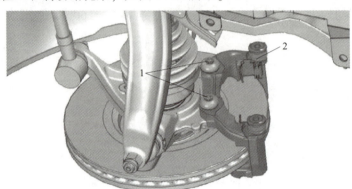

图 7-20　拆下螺栓和制动钳托架

1—螺栓 a；2—制动钳托架

（4）拆下螺栓 b 和制动盘，如图 7-21 所示。

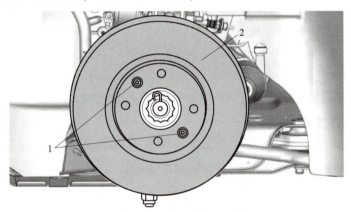

图 7-21　拆下螺栓和制动盘

1—螺栓 b；2—制动盘

（5）清洁。

①使用推荐的制动器清洁产品清洁制动盘和制动钳。

②可干燥和排空。

③用纸巾擦净。

④使用制造商认可的除尘设备。

注意：不要用压缩空气来清洁制动系统。

3）安装

（1）安装制动盘。

（2）安装螺栓 b。

（3）安装制动钳托架。

（4）安装螺栓 a。

(5) 安装前制动衬块。

(6) 安装前轮。

(7) 拧紧车轮的螺栓,力矩为 90 N·m。

4) 制动器的检修

(1) 制动盘厚度检查。

制动盘磨损会使其厚度减小,厚度过小会引起制动踏板振动、制动噪声及颤动。

检查制动盘厚度时,可用 0/50 mm 千分尺直接测量,如图 7-22 所示,前制动盘标准厚度为 26 mm,使用极限为 24 mm;后制动盘标准厚度为 9 mm,最小允许厚度(磨损)7 mm;同一圆周上的最大厚度偏差为 0.01 mm,超过极限尺寸时应予更换。

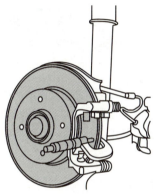

图 7-22 制动盘厚度检查

(2) 制动盘轴向跳动检查。

制动盘过度的轴向跳动会使制动踏板抖动或使制动蹄片磨损不均匀。图 7-23 所示为制动盘轴向跳动检查。

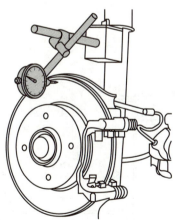

如图 7-23 制动盘轴向跳动检查

①将磁性支架固定到后减震器上,如图 7-23 所示。

②将百分表固定到磁性支架上。

③将百分表的探针置于距离制动盘边缘 10 mm 的位置。

④将制动盘转动一周。

注意:装配在轮毂上的制动盘的许可轴向跳动应小于 0.05 mm。

(3) 制动衬片厚度检查。

制动衬片厚度检查，如图 7-24 所示。若制动衬片已拆下，可直接用游标卡尺测量。制动衬片摩擦片的厚度为 14 mm（不包括底板），使用极限为 7 mm。若车轮未拆下，对外侧的摩擦片，可通过轮辐上的检视孔，用手电筒目测检查。内侧摩擦片，利用反光镜进行目测。

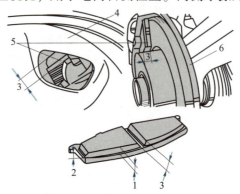

**图 7-24　制动衬片厚度的检查**

1—制动衬片摩擦片厚度；2—制动衬片摩擦片磨损极限厚度；
3—制动衬片的总厚度；4—轮辐；5—外制动衬片；6—制动盘

### （三）制动传动装置检修

**1. 液压式制动传动装置检修**

液压式制动传动装置是利用制动液，将制动踏板力转换为油液压力，通过管路传至车轮制动器，再将油液压力转变为制动蹄张开的机械推力。

液压式制动传动装置的基本组成，如图 7-25 所示。液压式制动传动装置由制动踏板、推杆、制动主缸、储油罐、制动轮缸、油管、制动开关、指示灯、比例阀等组成。

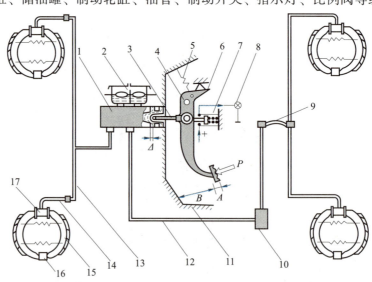

**图 7-25　液压式制动传动装置的基本组成**

1—制动主缸；2—储油罐；3—推杆；4—支承销；5—复位弹簧；6—制动踏板；
7—制动灯开关；8—指示灯；9—软管；10—比例阀；11—地板；12—后桥油管；13—前桥油管；
14—软管；15—制动蹄；16—支撑座；17—制动轮缸；$\Delta$—自由间隙；$A$—自由行程；$B$—有效行程

1）制动主缸

（1）制动主缸的拆解。

图7-26所示为串联式双腔制动主缸的分解图。

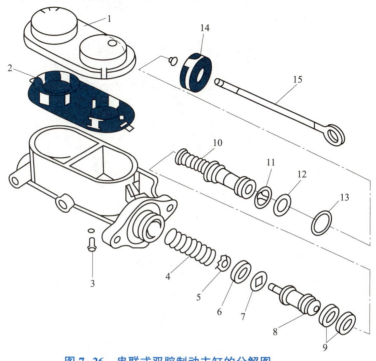

**图7-26 串联式双腔制动主缸的分解图**

1—储油罐盖；2—膜片；3—活塞定位螺钉；4—弹簧；5—皮碗护圈；
6—前皮碗；7—皮碗保护垫圈；8—前活塞；9—后皮碗；10—后活塞；
11—推杆座；12—垫圈；13—锁圈；14—防尘套；15—推杆

拆解制动主缸的步骤如下：

①打开储油罐放出制动液。

②拆下制动开关等附件。

③将主缸夹在台钳上，用螺丝刀顶住后活塞，拆下弹簧挡圈，然后慢慢放松螺丝刀，依次取出后活塞、皮碗及后活塞弹簧。

④旋下限位螺钉，用压缩空气吹出前活塞后，依次取出皮碗及弹簧。

⑤用清洗液将解体后的制动主缸内孔及活塞等零件清洗干净。

（2）制动主缸的检修。

①检查储油罐是否破损，出现破损应更换。

②图7-27所示为制动主缸与活塞的检查，检查制动主缸泵体内孔和主缸活塞表面，其表面不得有划伤和腐蚀；用内径表检查泵体内孔的直径$B$，用千分尺检查活塞的外径$C$，并计算出内孔与活塞之间的间隙值，其标准值为0.04~0.06 mm，使用极限为0.15 mm，超过极限应更换。

③检查制动主缸皮碗、密封圈是否老化、损坏与磨损，若是则应更换。

（3）制动主缸的装配。

如图7-27所示，在制动主缸泵体内孔和活塞、密封圈及皮碗上涂上制动液，使前腔活塞的回位弹簧小端朝向活塞，各皮碗的刃口方向按图中所示，将前活塞装入制动主缸的内孔，并旋入限位螺钉。装入后活塞组件时，皮碗的刃口方向按图中所示，最后装上止推垫圈、挡圈和防尘罩。

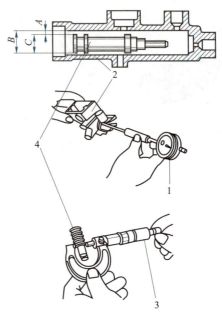

图7-27 制动主缸与活塞的检查

1—内径表；2—制动主缸泵体；3—千分尺；4—主缸活塞；
$A$—泵体与活塞的间隙；$B$—泵体内孔的直径；$C$—活塞的外径

在将主缸安装到车上之前，要除去检修安装后主缸内部的空气，避免主缸内的空气进入车上的制动管路里。放气的方法是：

将主缸固定于工作台上，用软管接主缸制动液出口，软管的另一端放入储油罐，将制动液加入储油罐；用钝杆顶动活塞到达缸筒的底部，观察储油罐内制动液中是否有气泡；慢慢释放活塞，使其回到开始位置，如果是快速回退，则要等15 s后再顶动活塞；不断地顶动、放松活塞，直到制动液中不再有气泡为止；拆下软管，用塞子封堵主缸出口。

2）制动轮缸

制动轮缸的作用是将制动主缸传来的液压力转变为使制动蹄张开的机械推力。

轮缸分解的一般方法是：从轮缸体的固定槽中拉下轮缸防尘套，拆下活塞。然后从缸筒中拆下橡胶皮碗和弹簧。

分解轮缸后，用清洗液清洗轮缸零件。清洗后，检查制动轮缸缸体内孔与活塞外圆表面的烧蚀、刮伤和磨损情况。如果轮缸内孔有轻微刮伤或腐蚀，可用细砂布磨光。磨光后的缸内孔应用清洗液清洗后，用无润滑油的压缩空气吹干。然后测出轮缸内孔直径$B$，活塞外圆直径$C$，并计算出内孔与活塞的间隙值，标准值为0.04~0.06 mm，使用极限为0.15 mm。图7-28所示为制动轮缸缸体与活塞的检查。

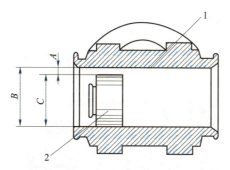

图 7-28 制动轮缸缸体与活塞的检查

1—制动轮缸缸体；2—活塞；A—缸体与活塞的间隙；
B—缸体内孔的直径；C—活塞的外径

重新安装轮缸元件时，先用干净的制动液润滑密封件和所有内部元件。将轮缸的放气螺钉拧入轮缸上，安装回位弹簧总成，将活塞放进缸筒内，安装好防尘套。

3）液压传动装置的放气

以桑塔纳轿车制动系统的排气为例。该车制动系统的排气应使用 VW/238/1 型制动系统加油—放气装置，如图 7-29 所示。

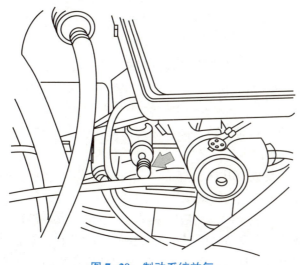

图 7-29 制动系统放气

其排气的步骤如下：

（1）接通 VW/238/1 型制动系统加油—放气装置。
（2）按规定顺序打开放气螺钉。
（3）排出制动钳和制动分泵中的气体。
（4）用专用排液瓶盛放排出的制动液。

放气的顺序如下：

（1）车轮制动分泵/右后制动器。
（2）车轮制动分泵/左后制动器。
（3）右前制动钳。
（4）左前制动钳。

若没有专用的加油—放气装置,可用以下通用方法进行排气:

(1) 起动发动机,使其处于怠速运转。

(2) 将软管一头接在放气螺塞上,另一头插在一个盛有部分制动液的容器中,如图7-30所示。

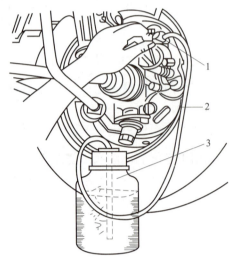

**图 7-30 制动系统放气**
1—放气螺塞;2—连接管;3—回收罐

(3) 一人坐于驾驶室内,连续踩下制动踏板,直到踩不下去为止,并且保持不动。

(4) 另一人将放气螺塞拧松一下,此时,制动液连同空气一起从软管喷入瓶中,然后,尽快将放气螺塞拧紧。

(5) 在排出制动液的同时,踏板高度会逐渐降低,在未拧紧放气螺塞之前,切不可将踏板抬起,以免空气再次侵入。

(6) 每个轮缸应反复放气几次,直至将空气完全放出(制动液中无气泡)为止,按照右后轮→左后轮→右前轮→左前轮的顺序逐个放气。

(7) 在放气过程中,应及时向储液室内添加制动液,保持液面的规定高度。

**注意**:在装有制动压力调节器的汽车上,在放气过程中,应不断地按动汽车后部,要时刻观察制动液储液室内的制动液液面,随时添加制动液直至制动系统中的空气放净为止。

**2. 真空液压制动传动装置检修**

为了兼气压制动和液压制动二者之长,在普通的液压制动系统中,加装真空加力装置,可以减轻驾驶员施加于制动踏板上的力,增加车轮的制动力,达到操纵轻便、制动可靠的目的。

真空加力装置可分为增压式和助力式两种。增压式是通过增压器将制动主缸的液压进一步增加,增压器装在主缸之后;助力式是通过助力器来帮助制动踏板对制动主缸产生推力,助力器装在踏板与主缸之间。

1) 真空增压器

真空增压器的作用是将发动机产生的真空度转变为机械推力,使从制动主缸输出的液力进行增压后再输入各轮缸,增大制动力。

真空增压器的检验可分为简单试验和仪表试验两种。

简单试验包括制动踏板高度试验、控制阀检验及伺服气室膜片行程检验。

（1）制动踏板高度试验。

起动发动机并使其怠速运转。此时，踩下制动踏板，并测出踏板距地板高度。然后，将发动机熄火，连续几次踩制动踏板，使真空度降为零，此时再踩下制动踏板，并测出踏板距地板的距离。正常情况下，后一次测得的距离应小于前一次，若两次距离相等，说明真空增压器不起作用。

（2）控制阀检验。

起动发动机不踩下制动踏板，将一团棉丝置于增压器空气滤清器口处。此时，棉丝不被吸入；若棉丝被吸入，说明空气阀漏气。踩下制动踏板，棉丝应被吸入，若棉丝不被吸入，或者吸力过小，说明空气阀开度过小，或者助力器膜片破损。

（3）伺服气室膜片行程检验。

发动机不工作而且不踩下制动踏板时，取下伺服气室加油孔橡胶盖，从该孔测出膜片位置。测完后再塞紧橡胶盖。

将发动机起动，并踩下制动踏板。取下伺服气室加油孔橡胶盖，再次测出膜片位置，两次测出的位置差，即为膜片行程。若膜片行程过小说明增压器工作不良；若膜片行程过大，说明制动系统存在泄漏，或者制动间隙过大。

仪表试验包括气密性试验、油密性试验、单向阀气密性试验和伺服气室的气密性试验。

（1）不工作情况下真空增压器的气密性试验。

如图 7-31 所示，将真空表和开关串联于真空罐与伺服气室真空接孔之间。在真空增压器不工作的情况下，打开开关，使真空表达到 66.66 kPa 的真空度，然后关闭开关。在 15 s 之内，真空表读数应不低于 63.23 kPa。若真空度下降过快，则可能存在膜片破裂和空气阀关闭不严的故障。

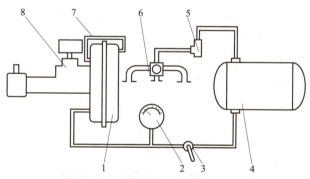

**图 7-31 不工作情况下真空增压器的气密性试验**
1—真空加力气室；2—真空表；3—开关阀；4—真空储气筒；
5—单向阀；6—发动机进气歧管；7—通气管；8—辅助缸

（2）油密性试验。

如图 7-32 所示真空增压器油密性试验，在辅助缸出口处接压力表和开关。首先将开关关闭，使制动主缸至辅助出口之间充满压力油，并将气体从放气螺钉处放净。然后，打开开关，从 A 处充入压力为 11.8 kPa 的制动液，关闭开关。10 s 内压力表数值不得低于 10.8 kPa，否则，辅助缸存在泄漏问题。

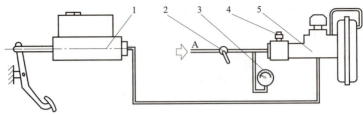

图 7-32 真空增压器油密性试验

1—制动主缸；2—开关；3—压力表；4—放气螺钉；5—真空增压器

（3）单向阀气密性试验。

图 7-33 所示为单向阀气密性试验，在发动机进气歧管与单向阀之间装一开关，在单向阀的另一端安装一个带真空表的容器。先打开开关，起动发动机，使密封容器上真空表的真空达 67 kPa。然后，关闭开关，真空表指针下降至 64 kPa 的时间不得少于 15 s。

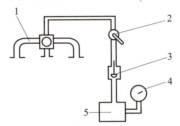

图 7-33 单向阀气密性试验

1—发动机进气歧管；2—开关；3—单向阀；4—真空表；5—密封容器

（4）伺服气室的气密性试验。

图 7-34 所示为伺服气室的气密性试验，将伺服气室与控制阀之间的通气管拆下，并把控制阀一侧的管口堵住。打开开关，使真空表指针达 35 kPa，然后再将开关关闭。此时，真空泵压力下降到 27 kPa 时的时间应不少于 1 分钟，否则，说明膜片密封不严。

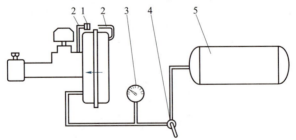

图 7-34 伺服气室的气密性试验

1—制动阀；2—通气管；3—真空表；4—开关；5—真空储气筒

2）真空助力式液压制动传动装置

下面介绍真空助力式液压制动传动装置的组成和工作情况。

图 7-35 所示为轿车双管路真空助力式液压制动传动装置。串联双腔制动主缸的前腔通向左前轮制动器轮缸，并经感载比例阀通向右后轮制动器轮缸。主缸的后腔通向右前轮制动器轮缸，并经感载比例阀通向左后轮制动器轮缸。真空伺服气室和控制阀组成一个整体部件，称为真空助力器。制动主缸直接装在真空伺服气室的前端，真空单向阀装在伺服气室上。真空伺服气室工作时产生的推力，也同踏板力一样直接作用在制动主缸的活塞推杆上。

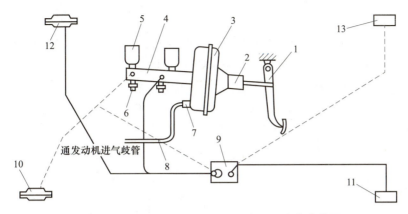

**图 7-35 轿车双管路真空助力式液压制动传动装置**

1—制动踏板机构；2—控制阀；3—真空伺服气室；4—制动主缸；5—储油罐；
6—制动信号灯液压开关；7—真空单向阀；8—真空供能管路；9—感载比例阀；
10—左前轮制动器轮缸；11—左后轮制动器轮缸；12—右前轮制动器轮缸；13—右后轮制动器轮缸

（1）真空助力器的拆装。

目前，轿车采用的真空助力器有可拆卸的和不可卸的两种。图 7-36 所示为可拆卸的串联膜片式真空助力器分解图。

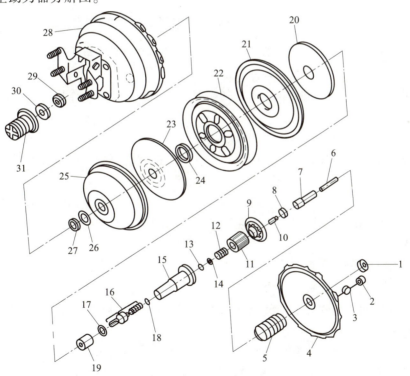

**图 7-36 可拆卸的串联膜片式真空助力器分解图**

1—前壳体密封圈；2—真空单向阀；3—垫圈；4—前壳体；5—回位弹簧；6—主缸推杆；
7—反作用杆；8—反作用盘；9—反作用体座圈；10—反作用活塞；11—反作用体；12—阀门弹簧；
13—固定卡环；14—反作用缓冲垫；15—控制阀柱塞；16—控制阀推杆；17—保持圈；18—O 形圈；
19—毛毡过滤环；20—第二托板；21—第二膜片；22—隔板；23—第一托板；24，29—衬套；
25—第一膜片；26—膜片保持圈；27，30—消音器；28—后壳体；31—防尘套

拆解步骤如下：

①拆下伺服气室后壳体上的防尘套和消音器，从前壳上卸下单向阀、垫圈及油封。

②在前后壳体间做好配合记号，以便安装时对照。

③将伺服气室后壳体朝下放在夹具中，转动手柄拧紧螺杆压住伺服气室壳体，如图7-37所示。不要压得过紧，以便伺服气室前壳体能够转动。用一个杠杆套在前壳体的主缸固定螺栓上，沿逆时针方向转动前壳体，使前后壳体分开。

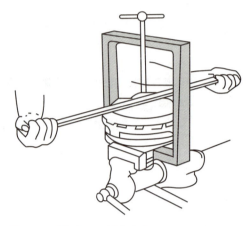

图7-37 转动手柄拧紧螺杆压住伺服气室壳体

④缓慢松开夹具手动螺杆（防止膜片回位弹簧突然伸张，击伤人体），分离壳体为上下两半。拆下膜片复位弹簧和控制阀柱塞组件。

⑤压出后壳体中的推杆衬套。从控制阀上拆下主缸推杆、反作用杆、反作用体座圈和反作用盘。

⑥依次拆下第一、第二膜片及托板。

⑦拆下控制阀阀门弹簧及反作用缓冲垫，拆下控制阀上的固定卡环。

⑧拆下空气毛毡过滤环、座圈以及O形圈等。

⑨检查助力装置的各元件是否有腐蚀、刮痕、裂纹、弯曲变形或磨损迹象。用干净的脱脂酒精清洗各个元件。不要把柱塞泡在酒精中，可用蘸了酒精的纱布擦拭，再用干燥不含润滑油的压缩空气吹干。

（2）真空助力器的装配。

可拆卸的串联膜片式真空助力器装配参考步骤如下：

①用聚硅酮润滑剂或规定的其他润滑剂薄薄地涂敷O形圈，然后将其安装到空气控制阀推杆总成上。

②将空气控制阀装入柱塞，用专用工具安装新的反作用体座圈。

③将控制毛毡过滤环装入柱塞，将固定卡环安装到空气控制阀推杆上，将反作用缓冲垫、阀门弹簧装在控制阀推杆顶部，将反作用活塞及反作用盘装入反作用体，然后将反作用体装入柱塞。

④将第二膜片放到第二托板上，用聚硅酮润滑剂涂敷膜片内径或第二膜片内孔周边。将第二膜片及托板穿过柱塞及推杆，如图7-38所示。

图 7-38　将第二膜片及托板穿过柱塞及推杆

1—第二膜片；2—膜片内孔周边；3—第二托板；4—柱塞

⑤将衬套装入隔板，在衬套的内径上涂敷聚硅酮润滑剂。将衬套及隔板放在柱塞上，如图 7-39 所示。

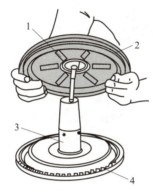

图 7-39　将衬套及隔板放在柱塞上

1—衬套；2—隔板；3—柱塞；4—第二膜片

⑥在第一膜片内孔周边涂敷聚硅酮润滑剂，将第一膜片放入第一托板，并将第一膜片向上翘折，将第一膜片及托板安装到柱塞上。将向上翘着的第一膜片的外边缘向下翻，并套在隔板法兰上，如图 7-40 所示。

图 7-40　将第一膜片套在隔板法兰上

1—第一托板；2—第一膜片；3—柱塞；4—隔板；5—第二膜片

⑦安装新的膜片保护圈，用橡胶或木质手槌轻敲保持圈，使其与膜片配合平顺。

⑧安装消音器、反作用杆、反作用体座圈和主缸推杆。用聚硅酮润滑剂涂敷衬套内外径表面，并将其装入后壳体。

⑨将柱塞以及膜片隔板等装入后壳体，安装膜片回位弹簧。将前壳体装入，并注意对准记号。将前后壳体等装入夹具，确保所有元件都正确对正。转动夹具螺杆手柄，对壳体加

压，待前后壳体对正吻合后，顺时针转动前壳体，使前后壳体锁住。

⑩安装前后壳体的垫圈、消音器和防尘套等。

（3）真空助力器的试验。

①就车检查真空助力器。

将发动机熄火，首先用力踩几次制动踏板，以消除真空助力器中残余的真空度。用适当的力踩住制动踏板，并保持在一定位置，然后起动发动机，使真空系统重新建立起真空度，并观察踏板。如图7-41所示就车检查真空助力器。

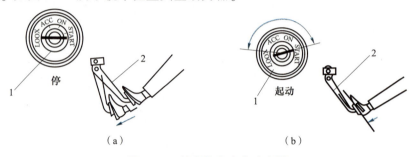

图7-41 就车检查真空助力器

1—点火开关；2—制动踏板

（a）踩下制动踏板；（b）松开制动踏板

若踏板位置有所下降，说明真空助力器正常；若踏板位置保持不动，则说明助力器或真空单向阀损坏。

②真空助力器就车真空试验。

如图7-42所示为真空助力器就车真空试验，将T形管、真空表、软管及卡紧装置等按图7-42所示连接好。

起动发动机，急速运转1 min。

卡紧与进气歧管相连的真空管上的卡紧装置，切断助力器单向阀与进气歧管之间的通路。

将发动机熄火，观察真空表的变化。如果在规定时间内真空度下降过多（BJ2020规定在15 s内真空度下降不大于3 386.35 Pa），说明助力器膜片或真空阀损坏。

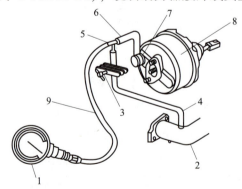

图7-42 真空助力器的就车真空试验

1—真空表；2—进气歧管；3—卡紧装置；4，6，9—软管；
5—三通接头；7—单向阀；8—真空助力器

③真空助力器单向阀试验。

如图7-43所示真空助力器单向阀试验，拆下与单向阀相连的真空管，将手动真空泵软管与单向阀真空源接口相连。

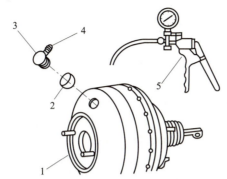

图7-43 真空助力器单向阀试验
1—真空表；2—单向阀密封圈；
3—真空助力器单向阀；4—单向阀真空源接口；5—手动真空泵

扳动手动真空泵手柄给单向阀加上 50.80~67.70 kPa 的真空度，在正常情况下，真空度应保持稳定。如果真空泵指示表上显示出真空度下降，则表明单向阀损坏。

### （四）制动系统故障检修

制动系故障一般表现为：制动效能不良、制动跑偏或拖滞等。

**1. 制动失效**

1) 故障现象

踩下制动踏板，车辆不减速，即使连续踩几脚制动踏板也无明显减速作用。

2) 故障原因

（1）制动踏板至制动主缸的连接松脱。

（2）制动储液室无液或严重缺液。

（3）制动管路断裂漏油。

（4）制动主缸皮碗破裂。

3) 诊断与排除

首先踩动制动踏板，根据踩制动踏板时的感觉，检查相应的有关部位。

（1）若制动踏板与制动主缸无连接感，说明制动踏板至制动主缸的连接松脱，应检查修复。

（2）踩下制动踏板时，若感到很轻，稍有阻力感，则应检查主缸储液室内制动液是否充足。若主缸储液室内无液或严重缺液，应添加制动液至规定位置。再次踩下制动踏板时，若仍没有阻力感，则应检查制动主缸至制动轮缸的制动软管或金属管有无断裂漏油。

（3）踩下制动踏板时，虽然感到有一定的阻力，但踏板位置保持不住，明显下沉，则应检查制动主缸的推杆防尘套处是否制动液泄漏。若有制动液泄漏，说明制动主缸皮碗破裂；若车轮制动鼓边缘有大量制动液，则应检查制动轮缸皮碗是否压翻、磨损严重。

## 2. 制动不灵

1) 故障现象

（1）汽车制动时，踩一次制动踏板不能减速或停车，连续踩几次制动踏板，效果也不好。

（2）汽车紧急制动时，制动距离太长。

2) 故障原因

（1）制动踏板自由行程太大。

（2）制动主缸储液室内存油不足或无油。

（3）制动液变质（变稀或变稠）或管路内壁积垢太厚。

（4）制动管路内进入空气或制动液汽化产生了气阻。

（5）制动主缸、轮缸、管路或管接头漏油。

（6）制动主缸、轮缸的活塞及缸筒磨损过度；制动主缸、轮缸的皮碗老化或磨损引起密封不良。

（7）制动主缸的进油孔、储液室的通气孔堵塞。

（8）制动主缸的出油阀、回油阀不密封；活塞复位弹簧预紧力太小；活塞前端贯通小孔堵塞。

（9）制动器的制动鼓与制动蹄片间隙不当；制动鼓与制动蹄片接触面积太小；制动蹄片质量不佳或沾有油污，制动蹄片铆钉松动；制动鼓产生沟槽磨损或失圆，制动时变形。

（10）真空增压器或助力器的各真空管路接头松动、脱落，管路有破裂处；膜片破裂或者密封圈密封不良；单向阀、控制阀密封不良；辅助缸活塞、皮碗磨损过甚；单向球阀不密封。

3) 诊断与排除

踩动制动踏板做制动试验，根据踩制动踏板时的感觉，检查相应的部位。

（1）一脚踩下制动踏板，踏板到底且无反力；连续几次踩制动踏板都能踩到底，且感觉阻力很小，则应检查储液室中制动液液面高度是否符合要求，若液面低于下限或"MIN"线以下，说明制动液液面太低；检查制动踏板连动机构有无松脱。

（2）连续几脚踩制动踏板时，踏板高度仍过低，并且在第一脚制动后，感到总泵活塞未回位，踩下制动踏板即有制动主缸与活塞碰击响声，则应检查主缸的活塞回位弹簧是否过软；主缸的皮碗是否破裂。

（3）若连续踩几次制动踏板时，踏板高度低，则应检查制动主缸的进油孔或储液室的通气孔是否堵塞。

（4）若一脚踩下制动踏板时，踏板高度过低，连续几脚踩下制动踏板时，踏板高度稍有增高，并有弹性感，则应检查系统内是否存有气体。

（5）一脚踩下制动踏板时，踏板高度较低；连续几脚踩下制动踏板时，踏板高度随之增高且制动效能好转，则应检查制动踏板的自由行程及制动器的间隙。

（6）维持制动踏板高度时，若缓慢或迅速下降，则应检查制动管路是否破裂、管接头是否密封不良，主缸、轮缸皮碗或皮圈密封是否良好。

（7）安装真空增压器或助力器的车辆，踩下制动踏板时，若踏板高度适当但太硬，且制动不灵,则应检查增压器或助力器的工作情况,检查制动系统油管是否有老化、凹瘪,制动液黏度是否太大。

(8)踩制动踏板时,若踏板有向上反弹、顶脚的感觉,且制动力不足,则应检查增压器的辅助缸活塞磨损是否过度,辅助缸活塞、皮碗是否密封不良,辅助缸单向球阀是否密封不良。

(9)路试车辆时,观察各车轮的制动情况。若个别车轮制动不良,则应检查该车轮的制动软管是否老化,摩擦片与制动鼓间的间隙是否不当,摩擦片是否有硬化、油污、钉外露现象,制动鼓内臂是否磨损成沟槽,摩擦片与制动鼓的接触面积是否过小。

### 3. 制动跑偏

1)故障现象

(1)汽车行驶制动时,行驶方向发生偏斜。

(2)紧急制动时,方向急转或车辆甩尾。

2)故障原因

(1)左右车轮轮胎气压、花纹或磨损程度不一致;左右车轮轮毂轴承松紧不一致、个别轴承破损。

(2)左右车轮的制动蹄摩擦衬片材料不一或新旧程度不一;左右车轮制动蹄摩擦片与制动鼓的接触面积、位置不一样或制动间隙不等。

(3)左右车轮轮缸的技术状况不一,造成起作用时间或张力大小不相等。

(4)左右车轮制动鼓的厚度、直径、工作中的变形程度和工作面的粗糙度不一。

(5)单边制动管路凹瘪、阻塞或漏油;单边制动管路或轮缸内有气阻。

(6)单边制动蹄与支承销配合过紧或锈蚀。

(7)一侧悬架弹簧折断或弹力过低,一侧减震器漏油或失效。

(8)前轮定位失准,转向传动机构松旷。

(9)车架、车桥在水平平面内弯曲,车架两边的轴距不等。

(10)感载比例阀故障。

3)诊断与排除

(1)若车辆正常行驶时亦有跑偏现象,则首先做以下外观检查:检查左右车轮轮胎气压、花纹和磨损程度是否一致;检查各减震器是否漏油或失效;检查悬架弹簧是否折断或弹力是否一致。

(2)支起车轮,用手转动和轴向推拉车轮轮胎。若一侧车轮有松旷或过紧感觉,应重新调整轴承的预紧度;若转动车轮有发卡或异响,应检查该轮轮毂轴承是否破损或毁坏。

(3)对汽车进行路试。制动后,若汽车向一侧跑偏,则为另一侧的车轮制动不良。

首先对该车轮制动器进行放气,若无制动液喷出,则说明该轮制动管路堵塞,应予以更换。若放出的制动液中有空气,则说明该轮制动管路中混入空气,应予以排放。

观察该轮制动器间隙,若制动器间隙过大,则说明制动蹄摩擦片磨损严重或制动自调装置失效,应更换。

上述检查正常,应拆检该轮制动器。检查制动盘或制动鼓是否磨损过甚或有沟槽,若磨损过甚,则应更换;若有严重沟槽,则应车削或镗削;检查制动蹄摩擦片(摩擦衬块)是否有油污或沾水及磨损过甚，若摩擦片（衬片）有油污或沾水，则应查明原因并清理，若摩擦片磨损过甚，则应更换；检查制动轮缸或制动钳活塞，若有漏油或发卡现象，则应更换。

（4）若制动时，出现忽左忽右跑偏现象，则应检查前轮定位是否符合要求，若前轮定位不正确，则应调整；检查转向传动机构是否松旷，若松旷，则应紧固、调整或更换。

（5）若在制动时，车辆出现甩尾现象，则应检查感载比例阀是否有故障。

**4．制动拖滞**

1) 故障现象

抬起制动踏板后，全部或个别车轮的制动作用不能立即完全解除，以致影响了车辆重新起步、加速行驶或滑行。

2) 故障原因

（1）制动踏板无自由行程，制动踏板拉杆系统不能回位。
（2）制动总泵回位弹簧折断或失效。
（3）制动总泵回油孔被污物堵塞，密封圈发胀或发黏与泵体卡死。
（4）通往分泵的油管凹瘪或堵塞。
（5）制动盘摆差过大。
（6）前制动器密封圈损坏，造成活塞不能正常复位。
（7）前、后制动器分泵密封圈发胀或发黏与泵体卡死。
（8）鼓式制动器制动蹄回位弹簧折断或过软。
（9）鼓式制动器制动蹄摩擦片破裂或铆钉松动。
（10）鼓式制动器制动鼓严重失圆。

3) 诊断与排除

（1）将汽车支起，在未踩制动踏板的情况下，用手转动车轮。若某一车轮转不动，则说明该轮制动器拖滞；若全部车轮转不动，说明全部车轮制动器拖滞。

（2）若个别车轮制动器拖滞，首先旋松该轮制动轮缸的放气螺钉，若制动液急速喷出，随即车轮能旋转自如，则说明该轮制动管路堵塞，轮缸未能回油，应更换。若车轮仍转不动，则拆下车轮，解体检查制动器。

①对于盘式制动器：

检查制动盘的轴向跳动量，若误差过大，则应磨削或更换。

拆检制动轮缸，若轮缸活塞发卡或密封圈损坏，则应更换。

②对于鼓式制动器：

检查制动蹄摩擦片状况，若摩擦片破裂或铆钉松动，则应更换摩擦片。

检查制动器间隙自调装置，若有损坏，则应更换。

检查制动鼓状况，若制动鼓圆度误差过大，则应镗削或更换；检查制动蹄回位弹簧，若有折断或弹力减弱，则应更换。

检查制动轮缸，若轮缸活塞发卡或密封圈损坏，则应更换。

（3）若全部车轮制动器拖滞，则首先检查制动踏板自由行程是否符合要求，若自由行程过小，应调整。

检查制动踏板的回位情况，用力将制动踏板踩到底并迅速抬起，若踏板回位缓慢，则说明制动踏板回位弹簧失效或踏板轴发卡，应更换或修复。

检查制动主缸的工作情况。打开制动液储液室盖，由一人连续踩制动踏板，另一人观察制动主缸的回油情况。若不回油，则说明制动主缸回油孔堵塞，应清洗、疏通；若回油缓慢，则说明制动液过脏或变质，应更换。

#### 5．驻车制动不良

1）故障现象

（1）拉紧驻车制动器，汽车很容易起步。

（2）在坡道上停车时，拉紧驻车制动器，汽车不能停止而发生溜车现象。

2）故障原因

（1）驻车操纵杆的自由行程过大。

（2）驻车操纵杆或绳索断裂或松脱、发卡等。

（3）驻车制动器间隙过大。

（4）驻车制动器摩擦片磨损过甚或有油污。

（5）驻车制动鼓磨损过甚、失圆或有沟槽。

（6）驻车制动蹄运动发卡。

（7）驻车制动蹄摩擦片与制动鼓的接触面积太小。

3）诊断与排除

（1）将汽车停放在平坦的地面上，拉紧驻车制动器操纵杆，挂入低速挡起步，若汽车很容易起步而发动机不熄火，则说明驻车制动不良。

（2）从驻车制动器操纵杆放松位置往上拉，直至拉不动为止。检查操纵杆的行程，若行程过大，则说明操纵杆的自由行程过大，应调整。检查拉动操纵杆的阻力，若感觉没有阻力或阻力很小，则说明操纵杆或绳索断裂或松脱，应更换或修复；若感觉很沉，则说明操纵杆或绳索及制动器发卡，应拆检修复。

（3）检查驻车制动器的间隙是否符合要求，若制动器间隙过大，则应调整。

（4）若上述检查均正常，则应拆检驻车制动器。检查制动蹄摩擦片是否磨损过甚或有油污；检查制动鼓是否磨损过甚、失圆或有沟槽；检查制动蹄运动是否发卡，若有发卡现象，则应修复或润滑；检查制动蹄摩擦片与制动鼓的接触面积是否符合要求，若接触面积过小，则应更换或修整。

### （五）ABS系统故障检修

大多数ABS系统都具有较高的工作可靠性，但在使用过程中仍免不了出现工作不良现象，对此应及时进行检修，以确保制动系统的正常工作。ABS系统与普通的制动系统相比，有其自身的特点，在检修过程中应在以下几个方面特别加以注意：

在点火开关处于点火位置时，不要拆装系统中的电气元件和线束插头，以免损坏电子控制单元。

在车上用外接电源给蓄电池充电时，要先断开蓄电池正、负极柱上的电缆线，然后对蓄电池充电，以免损坏电子控制单元。

电子控制单元对高温环境和静电都很敏感，为防止其损坏，在对汽车进行烤漆作业时，应将电子控制单元从车上拆下；在对车体进行电焊之前，应拔下电子控制单元的插接器，并戴好防静电器。

在拆卸制动管路或与其关联的部件之前，应首先释放 ABS 系统蓄电器内的压力，防止高压制动液喷射伤人。

在更换 ABS 系统的制动管路或橡胶件时，应按规定使用标准件（高压耐腐蚀件），以免管路破损而引起制动突然失灵。

为保证维修质量，应保持维修场地和拆卸器件的清洁干净，防止尘埃物进入压力调节器或制动管路中。

制动液侵蚀油漆能力较强，因此在维修液压部件和加注制动液时，应防止制动液溅污油漆表面而使油漆失去光泽和变色。

在维修车轮转速传感器时，应防止碰伤齿圈的轮齿和传感头，也不可将齿圈作为支点撬动；否则，将造成轮齿变形，致使车轮转速传感器信号不正常，影响 ABS 系统的正常工作。

**1. ABS 故障诊断的一般程序**

不同车型，甚至同一系列不同年代生产的汽车，由于装用的 ABS 型号不同，其具体诊断方法与步骤均不尽相同。ABS 故障诊断的一般流程如图 7-44 所示。

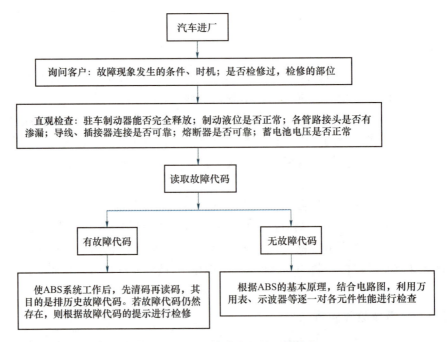

图 7-44　ABS 故障诊断的一般流程

**2. 常规检查**

做好常规检查，发现比较明显的故障，可以节省时间、提高效率。常规检查主要包括以下几个方面：

检查制动液面是否在规定范围内。

检查所有继电器、熔断器是否完好，插接是否牢固。

检查电子控制装置导线插头、插座是否连接良好，有无损坏，搭铁是否良好。

检查下列各部件导线插头、插座和导线的连接是否良好：电动液压泵、液压单元、4 个车轮转速传感器、制动液面指示灯开关。

检查传感器头与齿圈间隙是否符合规定，传感头有无脏污。

检查蓄电池电压是否在规定范围内。

检查驻车制动器是否完全释放。

检查轮胎花纹高度是否符合要求。

1）制动液的更换与补充

更换或补充制动液的流程如下：

（1）先将新制动液加至储液室的最高液位标记处，如图7-45所示。

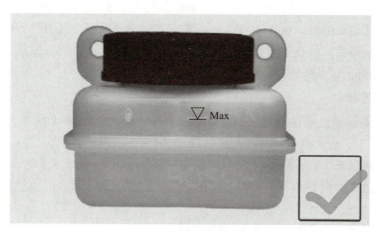

图7-45 储液室最高液位标记

（2）如果需要对制动系统中的空气进行排除，应按规定的程序进行空气排除。

（3）将点火开关置于点火位置，反复踩下和放松制动踏板，直到电动泵开始运转为止。

（4）待电动泵停止运转后，再对储液室中的液位进行检查。

（5）如果储液室中的制动液液位在最高液位标记以上，则先不要泄放过多的制动液，而应重复以上的（3）和（4）过程。

（6）如果储液室中的制动液液位在最高液位标记以下，则应向储液室再次补充新的制动液，使储液室中的制动液液位达到最高标记处，但切不可将制动液加注到超过储液室的最高标记，否则，当蓄能器中的制动液排出时，制动液可能会溢出储液室。

2）制动系统的排气

ABS系统的排气方法有仪器排气和手动排气等。应根据不同的车型和条件进行选择。

（1）仪器放气。

①将车辆停放在水平地面上，抵住车轮前后，将变速器置于停车位置。

②松开驻车制动器。

③安装ABS检测仪（具有排气的控制功能）的接线端子。

④向用于主缸和液压组件的储液器加注制动液到最大液面高度。

⑤起动发动机并以怠速运转几分钟。

⑥稳稳地踩下制动踏板，使检测仪器进入排气程序，并且感到制动踏板有反冲力。

⑦按规定顺序打开放气螺钉。

（2）手动排气。

准备必要的工具、制动液容器、擦布和软管等，仔细阅读对应车型的维修手册中的相关内容。

清洗储液器盖及周围区域。

拆下储液器盖，检查储液器中的液面高度，必要时，加注到正确液面高度。

安装储液器盖。

（3）制动压力调节器与主缸及制动轮缸的排气。

①将排气软管装到后排气阀上，将软管的另一端放在装有一些制动液的清洁容器中。踩下制动踏板并保持一定的踏板力，缓慢拧开后排气阀1/2~3/4圈，直到制动液开始流出。关闭该阀后松开制动踏板。重复进行以上步骤，直到流出的制动液内没有气泡为止。

②拆下储液器盖，检查储液器中的液面高度，必要时，加注到正确液面高度。

③按规定的排气顺序，在其他车轮上进行排气操作。

### 3. 警告灯诊断

装有 ABS 系统的汽车在仪表盘上设有制动警告灯（红色）和 ABS 系统故障警告灯（黄色）。正常情况下，点火开关打开，ABS 故障警告灯和制动装置警告灯应闪亮一下（约2 s），一旦发动机运转起来，驻车制动杆在释放位置，两个警告灯应熄灭，否则说明 ABS 系统有故障。可利用两灯的闪亮规律，粗略地判断出系统发生故障的部位。警告灯诊断如表7-1所示。

表 7-1 警告灯诊断

| 警告灯 | 故障现象 | 可能原因 |
| --- | --- | --- |
| ABS 故障警告灯亮 | ABS 不起作用 | 1. 车轮转速传感器不起作用；<br>2. 液控单元不良；<br>3. ABS 电子控制单元不良 |
| ABS 故障警告灯不亮 | 踩制动踏板时，踏板振动强烈 | 1. 制动开关失效或调整不当；<br>2. 制动开关线路或插接件脱落；<br>3. 制动鼓（盘）变形；<br>4. 车轮转速传感器信号不良；<br>5. 液控单元不良 |
| ABS 故障警告灯偶尔或间歇点亮 | ABS 作用正常，只要点火开关关闭后再打开，ABS 故障警告灯即会熄灭 | 1. ABS 电子控制单元插接器松动；<br>2. 车轮速度传感器导线受干扰；<br>3. 车轮速度传感器内部工作不良；<br>4. 车轮轮毂轴承松旷；<br>5. 制动管路中有空气；<br>6. 制动轮缸工作不良；<br>7. 制动蹄片不良 |
| 制动装置警告灯亮 | 制动液缺乏或驻车制动拖滞 | 1. 驻车制动器调整不当；<br>2. 制动油管或制动轮缸漏油；<br>3. 制动装置警告灯搭铁 |

续表

| 警告灯 | 故障现象 | 可能原因 |
| --- | --- | --- |
| ABS故障警告灯和制动装置警告灯亮 | ABS不起作用 | 1. 两个以上车轮转速传感器故障；<br>2. ABS电子控制单元故障；<br>3. 液控单元工作不良 |

**4. 故障代码诊断**

大多ABS系统具有自诊断和故障保险功能，当点火开关开始处于点火位置时，电子控制单元将会自动地对自身、车轮转速传感器、制动压力调节器中的电气元件进行静态测试。在此期间，如果ABS电子控制单元发现系统中存在故障，则电子控制单元会以故障代码的形式储存记忆故障情况，持续点亮ABS警告灯。当汽车的速度达到一定值时，ABS系统的电子控制单元还要对系统中的一些电气元件进行动态测试，如果发现系统中有故障存在，则电子控制单元会以故障代码的形式存储记忆故障情况。

诊断ABS系统故障时，按照设定的程序和方法可读取故障代码。维修人员可根据故障代码的含义确定故障的范围。

1) 故障代码的读取与清除

故障代码的读取方法有人工和仪器两种，具体应用根据车载电子控制单元的功能及维修设备条件选择。

（1）人工读取故障代码。

人工读取故障代码的方式通常有：通过ABS警告灯闪烁读取、通过电子控制单元盒上的二极管灯读取、通过自制的发光管灯读取、通过自动空调面板读取等几种。但读取故障代码的一般程序是：

①将点火开关置于断开位置。

②用跨接线跨接诊断插座中的相应端子。

③将点火开关置于点火位置，以正确的方法计数警告灯或发光二极管的闪烁次数，确定故障代码。

④从维修手册中查找故障代码所代表的故障情况。

⑤排除故障后，按规定程序清除故障代码。

（2）仪器读取故障代码。

故障代码扫描仪可以从ABS电子控制器存储器中读取故障代码，同时还具有故障代码翻译、检测步骤指导和基本判断参数提供等功能。

2) 根据故障代码诊断故障

故障代码能够显示故障的性质和范围，维修人员可根据故障代码的提示迅速、准确地确定故障的性质和部位，有针对性地检查有关部位、元件和线路，将故障排除。

根据故障代码进行故障的诊断与排除时，调出故障代码后应对照《维修手册》查看故障代码的含义，结合该车电路和有关元件的检测方法，按相应步骤诊断和排除故障。

3) 无故障代码时的故障诊断

电子控制单元的故障诊断系统是检测它的输入、输出信号是否在规定的范围内变化，若信号超出了规定的范围，则判定为故障。但有时输入、输出信号虽然在规定范围内，却不能正确地反映系统的工况，造成 ABS 系统工作不良。此时应借助测试仪读取系统各传感器的数据并与标准数据比较，进一步检查各传感器或开关信号是否正常，以确认故障原因和部位。而且，系统中的机械故障也不能通过电子回路反映出来。因此，应根据其表现出来的现象进行分析，以确认故障原因和部位。

4) 偶发性故障

在电子控制系统中，在电气线路和输入、输出信号的地方，可能出现瞬时接触不良问题，从而导致偶发性故障或在 ABS 电子控制单元自检时留下故障代码。如果故障原因持续存在，那么只要按照故障代码诊断步骤就可以发现不正常的部位，不过有时候故障发生的原因会自行消失，所以不容易找出问题的原因。在这种情况下，可按下列方式模拟故障，检查故障是否再现。

(1) 当振动可能是主要原因时：

①将接头轻轻地上下、左右摇动。

②将线束轻轻地上下、左右摇动。

③将传感器轻轻地上下、左右摇动。

(2) 当过热或过冷可能是主要原因时：

①用吹风机加热被怀疑有故障的部件。

②用冷喷雾剂检查是否有冷焊现象。

(3) 当电源回路接触电阻过大可能是主要原因时：打开所有电器开关，包括前照灯和后窗除霜开关。

如果此时故障没有出现，则要等到下次故障再次出现时才能诊断故障。

## 二、任务实施

### 项目1 制动液的检查与更换

**1．项目说明**

汽车制动液的更换是保养项目中很重要的一部分内容，因为制动液的更换直接关系到客户的安全问题，要求两个学员配合按照厂家技术要求完成。

**2．技术要求与标准**

(1) 两个学员能在 45 min 内完成此项目。

(2) 技术标准：参照东风雪铁龙 0716—2002—12 技术标准。

**3．设备器材**

(1) 爱丽舍轿车两辆。

(2) 常用工具一套。

(3) 诊断仪。

**4．作业准备**

(1) 准备车辆。 □任务完成

（2）准备新制动液。　　　　　　　　　　　　　　　　　☐任务完成
（3）准备常用工具。　　　　　　　　　　　　　　　　　☐任务完成
（4）准备诊断仪。　　　　　　　　　　　　　　　　　　☐任务完成
（5）准备记录单。　　　　　　　　　　　　　　　　　　☐任务完成

### 5. 操作步骤

1）保护措施

在下列部位安放保护用品：前翼子板、驾驶员座椅、地毯（驾驶员座位侧）、转向盘，如图7-46所示。

图7-46　安放保护用品

2）制动液检查

（1）液体渗漏：检查制动管路连接部分是否有液体渗漏。

（2）检查制动管路是否有凹痕或者其他损坏。检查制动管路软管是否扭曲、磨损、开裂、隆起等。如果保护盖上有飞石的痕迹，制动管路可能有相同的损坏。

（3）检查制动管道和软管，确保车辆运动时或者转向盘完全转动到任何一侧时，不会因为振动而与车轮或者车身接触。手动转动轮胎直到转向盘被完全转向一侧，如图7-47所示。

资源7-3　手动转向轮胎

图7-47　手动转动轮胎

3）工具

二级排气操作必须使用 PROXIA 诊断仪。

4）排空

最大限度地排空制动液储液罐，拆卸制动液液位传感器。取出制动液储液罐，方向朝上。

排空制动液储液罐，清洗制动液储液罐，重新安装制动液储液罐，重新连接制动液液位传感器。

5）加注

加注制动液到最低和最高液位之间。

**注意**：只能使用被认可的制动液。

6）一级制动管路排气

**注意**：进行排气时，ABS 系统禁止运行。排气时，注意保持制动液储液罐中的液位，并只能使用新的制动液。

必须两名学员配合操作。按以下顺序进行各管路的排气，如图 7-48 所示。

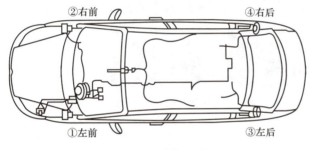

图 7-48 排气顺序

资源 7-4 排气顺序

排气顺序：左前轮、右前轮、左后轮、右后轮。

（1）无加注机的情况下进行排气，取下排气螺钉的保护帽，如图 7-49 所示。

图 7-49 取下排气螺钉的保护帽

（2）分别对各制动器排气：将一塑胶管连接到排气螺钉上，另一头插入到一个干净的容器中，如图 7-50 所示。

图 7-50 塑胶管连接到排气螺钉上

（3）拧开排气螺钉并来回踩制动踏板，直到流出的制动液无气泡为止，如图 7-51 所示。

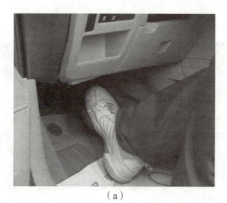 

（a）　　　　　　　　　　　　　　（b）

资源 7-5　踩制动踏板排放制动液

图 7-51　踩制动踏板排放制动液

（a）踩制动踏板；（b）制动液流出

（4）拧紧排气螺钉。检查制动液的液位（位于最高和最低液位之间），必要时补充制动液，如图 7-52 所示。

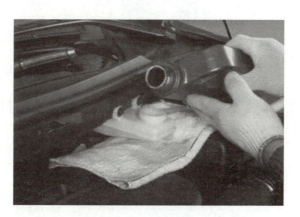

资源 7-6　补充制动液

图 7-52　补充制动液

7）二级制动管路排气

在排气操作过程中，一定要保持制动液储液罐中的液位并及时补充制动液。

(1) 起动发动机，如图 7-53 所示。

图 7-53　起动发动机

(2) 连接 PROXIA 诊断仪，轮缸连接干净容器，如图 7-54 所示。

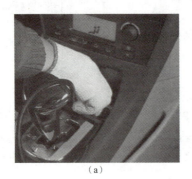　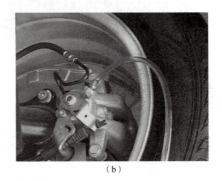

（a）　　　　　　　　　　　　　（b）

图 7-54　连接诊断仪，轮缸连接容器

（a）连接诊断仪；（b）轮缸连接容器

资源 7-7　连接诊断仪　　　　　资源 7-8　按诊断仪提示操作

(3) 选择对应车型 ABS 菜单中的排气菜单，按 PROXIA 诊断仪上的提示进行操作，如图 7-55 所示。

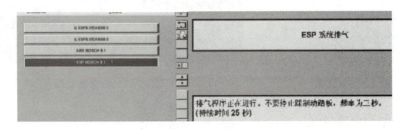

图 7-55　按 PROXIA 诊断仪上的提示进行操作

（4）排气操作结束后，检查制动液的液位（位于最高和最低液位之间），必要时补充制动液。

（5）进行路试，检查制动踏板的行程。若制动踏板行程加长，重新进行全部的排气操作。

## 项目 2　检查调整驻车制动器

1. 项目说明

检查调整东风雪铁龙 C2 轿车驻车制动器。

2. 技术要求与标准

（1）一个学员能在 45 min 内完成此项目。

（2）技术标准：严格按照东风雪铁龙 1018C—2006—12 标准操作。

3. 设备器材

（1）东风雪铁龙 C2 轿车两辆。

（2）两柱举升机。

4. 作业准备

（1）准备两辆东风雪铁龙 C2 轿车。　　　　　　　　　　□任务完成

（2）准备常用工具一套。　　　　　　　　　　　　　　　□任务完成

（3）准备作业单。　　　　　　　　　　　　　　　　　　□任务完成

5. 作业步骤

1）检查

（1）使后车轮悬空。

（2）当手刹操纵杆放下时，检查车轮是否可以自由转动、无发卡现象，驻车指示灯（仪表板）是否熄灭。

（3）检查拉起 2 个棘齿时驻车制动器是否开始起作用。

（4）检查 4 至 6 个棘齿是否正常，如图 7-56 所示。

**注意**：检查最大行程不超过 8 个棘齿。

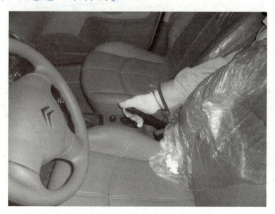

图 7-56　驻车制动器检查

（5）如果检查结果不正确，则应检查所有的拉索是否均正确布置；检查并确保拉索不受限制（内外拉索钩挂有误、调节有误）；检查所有的手刹控制部件是否均可自由移动或滑动；调整手刹。

2）调整

升起车辆，使车轮悬空。

**注意**：必须给主制动回路排气。

断开接头，并将其移到旁边。拆下螺栓和中控台将手刹拉杆置于静止位置，如图7-57所示。

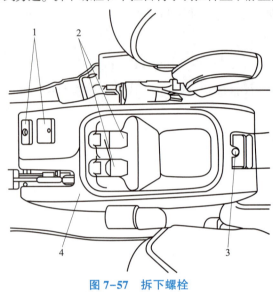

图 7-57　拆下螺栓

1—后视镜调节按钮；2—玻璃升降开关；3—螺栓；4—中控台

使拉索松弛，应拧松螺母。松开手刹：按下40次制动踏板（发动机运转）。将螺母稍微紧固，如图7-58所示，直到拉索开始张紧。

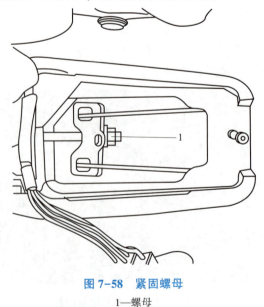

图 7-58　紧固螺母

1—螺母

正常拉驻车制动杆约 10 次。将手制动手柄定位在从其完全释放位置开始起的第 2 个槽齿处。

转动螺母，如图 7-59 所示，直到制动摩擦衬块与制动盘开始接触。检查并确认正常使用的行程不会超过 8 个凹槽。检查并确认平衡杆上的两个辅助拉索一起移动。

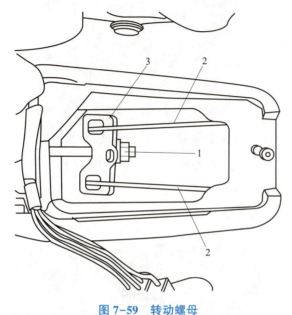

图 7-59 转动螺母
1—螺母；2—辅助拉索；3—平衡杆

在手刹已解除的情况下，检查并确认后轮可以用手自由转动。检查并确认手刹警告灯从手刹手柄达到整个行程的第 1 个槽齿时开始亮起。

## 项目 3　更换制动灯开关

**1. 项目说明**

东风雪铁龙凯旋轿车更换制动灯开关。

**2. 技术要求与标准**

（1）一个学员能在 45 min 内完成此项目。

（2）技术标准：严格按照东风雪铁龙凯旋汽车 0918—2006—04 技术标准操作。

**3. 设备器材**

（1）凯旋轿车。

（2）两柱举升机。

**4. 作业准备**

（1）准备凯旋轿车。　　　　　　　　　　　　　　　　　　　□任务完成

（2）准备车辆的防护用具（五件套）。　　　　　　　　　　　□任务完成

（3）准备作业单。　　　　　　　　　　　　　　　　　　　　□任务完成

5. 操作步骤

1）更换工具

制动灯开关更换工具，如图 7-60 所示。

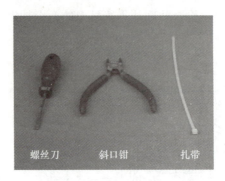

图 7-60　制动灯开关更换工具

2）拆卸开关

（1）安装五件套，如图 7-61 所示。

图 7-61　安装五件套

（2）关闭发动机，如图 7-62 所示。

图 7-62　关闭发动机

（3）反复踩制动踏板 3~4 次，确保不再有真空助力，如图 7-63 所示。

资源 7-9 踩制动踏板

图 7-63 踩制动踏板

（4）拆下保险丝盒盖板，断开保险丝盒盖板上的线束，如图 7-64 所示。

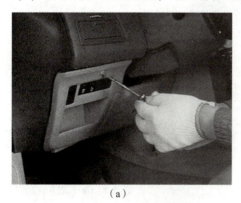
（a）

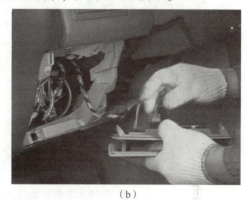
（b）

图 7-64 拆下保险丝盒盖板并断开线束

（a）拆下保险丝盒盖板；（b）断开保险丝盒盖板上的线束

（5）拆下转向柱下方的装饰板，如图 7-65 所示。

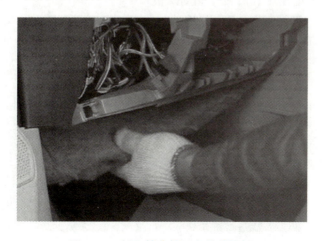

图 7-65 拆下转向柱下方的装饰板

(6) 断开制动灯开关插接器,如图7-66所示。

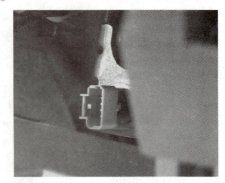

图7-66　断开制动灯开关插接器

(7) 逆时针转动90°,使制动灯开关脱出支架,取出制动灯开关,如图7-67所示。

图7-67　取出制动灯开关

资源7-10　取出制动灯开关

3) 安装开关

(1) 安装新制动灯开关前,确保制动踏板处于最高位置,如图7-68所示,在整个操作过程保持该位置,不能用手和脚按压制动踏板。

图7-68　制动灯踏板处于最高位

（2）检查新的制动灯开关，确保处于非锁止状态，如图7-69所示。

图7-69 新制动灯开关检查

（3）保证推杆露在外面的长度要有11个齿，如图7-70所示。

资源7-11 制动开关检查　　图7-70 推杆露在外面的长度要有11个齿

（4）将新的制动灯开关放在支架上，使推杆和支架接触，将开关在中心线稳稳按住，调节推杆支架上的推杆，直至开关底座接触其支架，如图7-71所示。

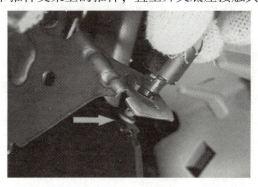
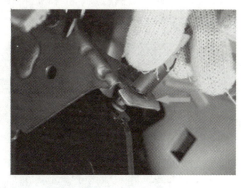

图7-71 制动灯开关放在支架上并接触支架

（5）将开关顺时针转动90°，直至止口卡住为止，如图7-72所示。

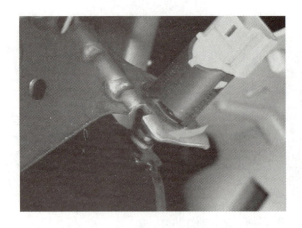

图7-72 顺时针转动开关

资源7-12 制动灯开关放支架并顺时针制动

4）检查安装状况

（1）制动踏板处于停止位置，推杆支架必须与开关本体齐平，并且推杆必须接触到制动踏板，如图7-73所示。

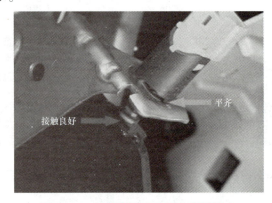

图7-73 制动踏板处于停止位置检查

（2）踩下制动踏板检查，推杆支架可自由活动，且推杆不再与制动踏板接触，如图7-74所示。

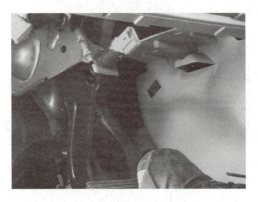

图7-74 踩下制动踏板检查

资源7-13 制动开关安装状况检查

5）安装线束

（1）部分车辆需要安装制动灯开关附加线束，如图7-75所示。

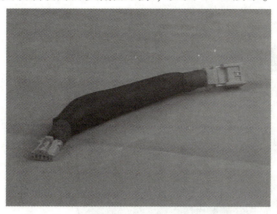

图7-75　附加线束

（2）附加线束的一端连接新制动灯开关，另一端连接主线束，并用线束自带卡夹卡在支架上，如图7-76所示。

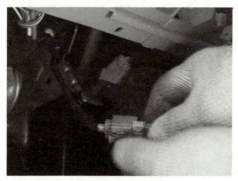 

图7-76　连接附加线束

（3）用扎带将附加线束与其他线束捆扎在一起，并将多余的扎带去掉，如图7-77所示。

资源7-14　制动开关附加线束安装　　　　图7-77　捆扎线束

(4) 检查线束与其他线束之间是否产生异响和干涉。

(5) 打开点火开关，检查制动灯的亮起状况，如图 7-78 所示。

图 7-78  检查制动灯的亮起状况

资源 7-15  制动灯亮起状况检查

(6) 装上转向柱下方装饰板，接上线束，装上保险丝盒盖板。

(7) 取出五件套。

## 项目 4  更换后轮毂轴承

### 1. 项目说明

爱丽舍轿车更换后轮毂轴承。

### 2. 技术要求与标准

(1) 一个学员能在 45 min 内完成此项目。

(2) 技术标准：严格按照东风雪铁龙 1012C—2006—12 标准操作。

### 3. 设备器材

(1) 爱丽舍轿车。

(2) 两柱举升机。

### 4. 作业准备

(1) 准备一辆爱丽舍轿车。　　　　　　　　　　　　　　　　□任务完成

(2) 准备车辆的防护用具（五件套）。　　　　　　　　　　　□任务完成

(3) 准备作业单。　　　　　　　　　　　　　　　　　　　　□任务完成

### 5. 操作步骤

1）专用工具

用于拆卸后轮毂轴承的衬垫，如图 7-79 所示。

2）拆卸

(1) 拆下后轮毂。

(2) 拆卸卡簧和卡环，保留后轮毂轴承，如图 7-80 所示。

(3) 使用衬垫拔出后轮毂轴承，如图 7-81 所示。

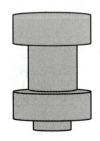

图 7-79  衬垫

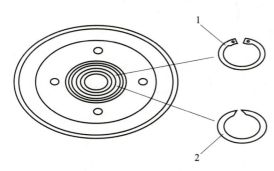

图 7-80 拆卸卡簧和卡环

1—卡簧；2—卡环

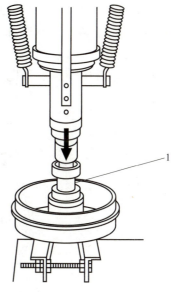

图 7-81 拔出后轮毂轴承

1—衬垫

3）安装

（1）清洁后轮毂。

（2）使用新的原装备件。

（3）用 MOLYKOTE 321R 型润滑脂涂抹后轮毂轴承外部，使其易于安装。

（4）使用衬垫安装后轮毂轴承（直到停止），如图 7-82 所示。

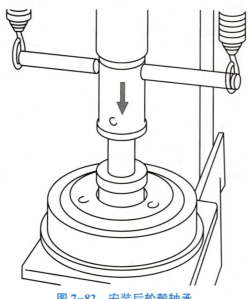

图 7-82 安装后轮毂轴承

（5）安装卡簧和卡环，保留后轮毂轴承。

（6）替换后轮毂。

4）后轮毂（制动鼓）的拆卸安装

(1) 拆卸。
①将车辆放置在两柱举升机斜面上。
②升起并支撑住车辆。
③拆下车轮和轮毂盖，如图 7-83 所示。

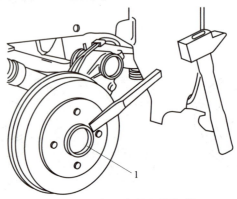

图 7-83　拆下车轮和轮毂盖
1—轮毂盖

④拆下螺母、垫圈和鼓，如图 7-84 所示。
⑤拆下密封圈，如图 7-85 所示。

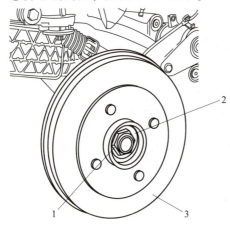 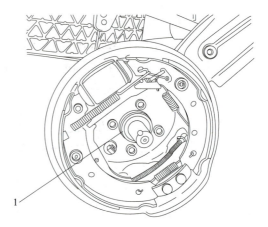

图 7-84　拆下螺母、垫圈和鼓　　　　图 7-85　拆下密封圈
1—螺母；2—垫圈；3—鼓　　　　　　　　1—密封圈

(2) 安装
制动鼓和制动衬片不要有任何油脂或机油。
①安装新密封圈。
②安装鼓。
③安装垫圈。
④安装新螺母，拧紧至（200±20）N·m，然后锁止。
⑤安装新盖板。
⑥安装车轮，拧紧到（90±10）N·m。
⑦将车辆放下，由车轮支撑。

## 三、学习评价

### （一）理论知识

**1. 自评自测**

评测

**2. 思考**

（1）什么是制动力？分析制动力是如何产生的。
（2）轮缸式制动器有哪几种形式？
（3）什么是蹄式制动器？简述其结构及其工作原理、并指出哪一蹄是领蹄，哪一蹄是从蹄。
（4）什么是制动助势蹄和减势蹄？装有此两种蹄的制动器是何种制动器？
（5）什么是双向双领蹄式制动器？其结构特点如何？
（6）单向自增力式制动器的结构特点如何？
（7）钳式制动器分成哪几类？它们各自的特点是什么？
（8）盘式制动器与鼓式制动器比较有哪些优缺点？
（9）汽车为什么要安装防抱死制动装置？

### （二）技能操作（见工单册）

## 四、拓展学习（详见"拓展学习二维码"）

**制动系统新技术介绍**

拓展学习

# 参 考 文 献

[1] 张宏坤. 汽车底盘检修 [M]. 沈阳：东北大学出版社，2011.
[2] 周林福. 汽车底盘构造与维修 [M]. 北京：人民交通出版社，2010.
[3] 张广辉，张宏坤. 汽车故障诊断技术 [M]. 北京：高等教育出版社，2005.
[4] 张红伟，王国林. 汽车底盘构造与维修 [M]. 北京：高等教育出版社，2004.
[5] 赵英勋. 汽车检测与诊断技术 [M]. 北京：机械工业出版社，2009.
[6] 邹小明. 汽车检测诊断技术 [M]. 北京：人民交通出版社，2006.
[7] 熊建国. 大型运输车辆底盘构造与维修 [M]. 北京：人民交通出版社，2006.
[8] 欧春华，崔华安. 汽车传统底盘实训教程 [M]. 重庆：重庆大学出版社，2009.
[9] 沈锦. 汽车底盘技术与检修 [M]. 北京：机械工业出版社，2010.
[10] 范爱民，成伟华. 汽车维护与保养 [M]. 北京：清华大学出版社，2010.
[11] 李东. 东风雪铁龙爱丽舍和富康轿车备件目录 [M]. 北京：人民交通出版社，2004.
[12] 童敏勇，孟杰. 汽车底盘构造 [M]. 北京：科学出版社，2009.
[13] 徐义华. 日产轿车底盘维修手册 [M]. 沈阳：辽宁科技出版社，2002.
[14] 梁其续. 汽车底盘检修 [M]. 北京：中国劳动社会保障出版社，2008.
[15] 刘建民. 汽车底盘构造与检修 [M]. 西安：西北工业大学出版社，2008.
[16] 丛树林，张彬. 汽车底盘构造与维修 [M]. 北京：人民交通出版社，2011.
[17] 天天汽车工作室. 轿车底盘维修技能实训 [M]. 北京：机械工业出版社，2003.